21世纪经济管理新形态教材·物流学系列

U0369442

现代物流学

李 翠 ◎ 主 编

李正浩　阚功俭　王冠宇 ◎ 副主编

清华大学出版社

北京

内 容 简 介

本书详细介绍了物流的起源、现状和发展趋势,现代物流学的基本知识、理论和方法;按照运输、仓储、配送、装卸搬运、包装、流通加工、信息七大功能要素分章节详细说明,并对应急物流、国际物流等特殊物流形态单独讲解。每一章配有引导案例、即测即练、课后复习题和阅读案例等资料,方便读者学习,并为教师提供了课件、教学大纲、教学周历、参考试卷、复习题答案等丰富的教学资源。

本书可以作为高等院校物流管理、物流工程、电子商务、国际商务等本科专业相关课程的教材,也可以作为物流、交通运输等行业从业者的参考书。

图书在版编目(CIP)数据

现代物流学 / 李翠主编. -- 北京 :清华大学出版社,2025.2.
(21 世纪经济管理新形态教材).
ISBN 978-7-302-68246-2

Ⅰ. F252

中国国家版本馆 CIP 数据核字第 2025DD1109 号

责任编辑:张　伟
封面设计:汉风唐韵
责任校对:王荣静
责任印制:刘海龙

出版发行:清华大学出版社
　　　　网　　　址:https://www.tup.com.cn,https://www.wqxuetang.com
　　　　地　　　址:北京清华大学学研大厦 A 座　　　邮　　编:100084
　　　　社 总 机:010-83470000　　　　　　　　　　邮　　购:010-62786544
　　　　投稿与读者服务:010-62776969,c-service@tup.tsinghua.edu.cn
　　　　质量反馈:010-62772015,zhiliang@tup.tsinghua.edu.cn
　　　　课件下载:https://www.tup.com.cn,010-83470332
印 装 者:三河市东方印刷有限公司
经　　销:全国新华书店
开　　本:185mm×260mm　　　印　张:13.75　　　　　字　　数:323 千字
版　　次:2025 年 2 月第 1 版　　　　　　　　　　　印　　次:2025 年 2 月第 1 次印刷
定　　价:45.00 元

产品编号:098801-01

前言

我国改革开放 40 多年,也是现代物流业发展的 40 多年。现代物流已经成为人们耳熟能详的词语,交通、快递、物流、外卖、配送等为人们的工作和生活带来越来越多的便利。而物流业与金融、地产、电商、信息等产业的深度融合形成了复合型服务业,逐渐成为国民经济发展的支柱性产业。在国家"十四五"规划和党的二十大报告中,现代物流业的战略性、先导性和基础性的地位更加凸显。现代物流的理论与实践相互融合,助推人类社会经济不断发展。

现代物流学是一门涉及交通运输、仓储管理、流通加工(distribution processing)、装卸搬运、包装、配送、信息技术等多学科和行业的交叉、联动和整合的学科,是研究物流系统及环境系统的系统优化理论和科学运筹方法,是综合性、应用性很强的应用学科。经济全球化发展进程的加快和现代科技进步推动了现代物流的快速发展,促进了现代物流学的发展和完善。各国经济在生产、流通、分配、消费各领域呈现一体化的发展趋势。现代物流对经济全球化和区域经济一体化有更为重要的作用。

"现代物流学"是物流管理(logistics management)、物流工程、采购管理、供应链管理等物流类专业的专业基础课和必修课,也可以作为经济管理、交通运输类专业的选修课,在整个教学体系中占据非常重要的地位。随着生产社会化程度的不断提高和市场经济的建立与发展,现代物流作为一个系统,对宏观经济和企业的微观经济起到越来越重要的作用。通过该课程的学习,学生可以掌握现代物流学的基本知识、理论和方法,了解物流的起源、现状和发展趋势,知道现代物流的分类和典型代表企业,掌握运输、仓储、配送、装卸搬运、包装、流通加工、信息七大功能要素,为学习其他后续专业课程打下良好的基础。

随着新技术、新理念的快速发展,以及复杂的国际新形势,物流行业出现了很多新形态、新变化,本书采用国家最新标准重新梳理物流的相关概念,把物流行业最新案例和数据编写到教材中,为全国师生呈现最新的物流概念、理论和案例。

本书由青岛理工大学硕士生导师李翠副教授主编。全书共有 10 章,其中第 1、2、3 章由青岛理工大学李翠副教授编写,第 4 章由临沂大学程磊副教授编写,第 5、6 章由青岛理工大学李正浩老师编写,第 7、8 章由青岛理工大学王冠宇老师编写,第 9、10 章由青岛理工大学张光涛老师、山东财经大学阚功俭副教授编写。另外,青岛理工大学居姗、严明茜、曹洋、张孝静和冯海侠五位老师提供了协助,青岛理工大学李家辉、吴信宇、张欢娣、孙赫、孙士馨、孙嘉艺、宋亚宁、刘莹琦等同学承担了收集资料等工作。

在本书编写和出版的过程中,京东物流集团、山东顺和商贸集团、临沂商贸物流科技产业研究院、荣庆物流集团等提供了企业案例和行业数据等资料,以及在写作过程中参考了一些作者的文献,在此一并表示感谢。本书是山东省本科教学改革研究重点项目(基于产教融合共同体的商贸物流新形态实践教学体系研究,编号 Z2023145)、青岛理工大学自编教材项目(现代物流学自编教材)的相关成果。

为了满足广大师生的教学和学习需求,本新形态教材提供扩展阅读、视频、课后复习题、参考答案、课件、教学大纲、周历等比较全面的配套资料,随后青岛理工大学"现代物流学"课程团队积极推动智慧树线上课程建设,为全国高校师生提供更加优质的配套服务。同时,由于现代物流学科发展迅速,现代物流业呈现多层次性和综合性,作者水平有限,不足之处在所难免,敬请读者批评指正。

李翠

2024 年 6 月

目 录

第 1 章　现代物流学概述 ………………………………………………………… 1

　引导案例 ………………………………………………………………………… 1

　1.1　物流的起源与发展 ……………………………………………………… 2

　1.2　物流的概念 ……………………………………………………………… 4

　1.3　物流的分类 ……………………………………………………………… 6

　1.4　几个重要的理论和学说 ………………………………………………… 7

　1.5　物流的意义和作用 ……………………………………………………… 9

　即测即练 ……………………………………………………………………… 12

　课后复习题 …………………………………………………………………… 12

　阅读案例 ……………………………………………………………………… 12

第 2 章　国内外物流发展动态与趋势 ……………………………………… 14

　引导案例 ……………………………………………………………………… 14

　2.1　国外物流发展动态 ……………………………………………………… 15

　2.2　我国物流发展动态 ……………………………………………………… 20

　2.3　物流的发展趋势 ………………………………………………………… 26

　即测即练 ……………………………………………………………………… 29

　课后复习题 …………………………………………………………………… 29

　阅读案例 ……………………………………………………………………… 29

第 3 章　运输 ………………………………………………………………… 31

　引导案例 ……………………………………………………………………… 31

　3.1　运输的概念及作用 ……………………………………………………… 32

　3.2　基本运输方式及选择 …………………………………………………… 35

　3.3　运输线路规划 …………………………………………………………… 41

　即测即练 ……………………………………………………………………… 46

　课后复习题 …………………………………………………………………… 46

　阅读案例 ……………………………………………………………………… 47

第 4 章　仓储 ………………………………………………………………… 48

　引导案例 ……………………………………………………………………… 48

4.1　仓储的概念与现状 ·· 49

4.2　仓储管理 ·· 55

4.3　仓库管理 ·· 58

4.4　仓储管理合理化 ·· 68

即测即练 ·· 69

课后复习题 ·· 70

阅读案例 ·· 70

第 5 章　配送 ·· 73

引导案例 ·· 73

5.1　配送的概念与现状 ·· 74

5.2　配送管理 ·· 84

5.3　配送中心 ·· 90

5.4　配送合理化 ·· 101

即测即练 ·· 108

课后复习题 ·· 108

阅读案例 ·· 109

第 6 章　装卸搬运 ·· 112

引导案例 ·· 112

6.1　装卸搬运概述 ·· 113

6.2　装卸搬运机械 ·· 120

6.3　装卸搬运合理化 ·· 129

即测即练 ·· 132

课后复习题 ·· 132

阅读案例 ·· 132

第 7 章　包装 ·· 134

引导案例 ·· 134

7.1　包装概述 ·· 134

7.2　现代包装技术和包装机械 ·· 141

7.3　包装标记与标识 ·· 147

7.4　集装化与集合包装 ·· 147

即测即练 ·· 154

课后复习题 ·· 154

阅读案例 ·· 154

第 8 章　流通加工 ·· 156

引导案例 ·· 156

8.1　流通加工概述 ……………………………………………………… 156

8.2　流通加工形式 ……………………………………………………… 160

8.3　流通加工合理化 …………………………………………………… 164

即测即练 ………………………………………………………………… 166

课后复习题 ……………………………………………………………… 166

阅读案例 ………………………………………………………………… 166

第9章　信息 ………………………………………………………………… 167

引导案例 ………………………………………………………………… 167

9.1　物流信息概述 ……………………………………………………… 168

9.2　物流信息技术 ……………………………………………………… 169

9.3　物流信息系统概述 ………………………………………………… 177

9.4　新技术在物流行业的应用 ………………………………………… 180

即测即练 ………………………………………………………………… 187

课后复习题 ……………………………………………………………… 187

阅读案例 ………………………………………………………………… 188

第10章　几种特殊的物流 ………………………………………………… 190

引导案例 ………………………………………………………………… 190

10.1　快速物流 ………………………………………………………… 190

10.2　应急物流 ………………………………………………………… 192

10.3　冷链物流 ………………………………………………………… 196

10.4　电商物流 ………………………………………………………… 199

10.5　国际物流 ………………………………………………………… 204

即测即练 ………………………………………………………………… 205

课后复习题 ……………………………………………………………… 206

阅读案例 ………………………………………………………………… 206

参考文献 ……………………………………………………………………… 208

第 1 章

现代物流学概述

本章学习目标

1. 了解物流的起源和发展；
2. 掌握物流的概念；
3. 学会物流的分类；
4. 熟悉物流相关的理论和学说；
5. 明白物流的意义和作用。

引导案例

"物流"在哪里

物流活动是随着商品生产活动日益繁荣而产生的活动,我国物流领域就有着众多家喻户晓、耳熟能详的故事。

驿站是古代供传递宫府文书和军事情报的人或来往官员途中食宿、换马的场所。我国是世界上最早建立组织传递信息的国家之一。唐代诗人杜牧曾作过"长安回望绣成堆,山顶千门次第开。一骑红尘妃子笑,无人知是荔枝来"的诗歌。这首脍炙人口的诗歌,阐述了唐玄宗动用国家驿站运输系统,从南方运送荔枝到长安的故事。

视频1.1 中国的古代物流

漕运是利用水道(河道和海道)调运粮食的一种专业运输制度。其中,最为著名的就是被世人广为诟病、痛恨的隋炀帝动员大量人力开凿通济渠,联结河、淮、江三大水系,形成沟通南北的新的漕运通道,奠定了京杭大运河的基础。

镖局可谓最早的物流公司了。古时,水陆交通非常不便,但随着经济发展,各地区之间的交易却日趋频繁,因驿站仅限于官方使用,为了保护行旅安全,将货物平安送达目的地,镖局便应运而生。随着社会生活日益复杂,镖局承担的工作越来越广泛,不但将一般私家财物承接保送,地方官上缴的饷银亦靠镖局运送。

从古到今,物流活动一直存在并发挥着重要作用,国家经济发展、安全稳定、居民生活等各方面都离不开物流活动的支撑和保障。

资料来源:我国古代物流活动典故,物流相关耳熟能详的趣味故事[EB/OL]. https://bbs.kuguanyi. com/thread-786-1-1.html.

1.1 物流的起源与发展

物流的概念起源于 20 世纪初的美国。从 20 世纪初到现在近一个世纪的时间内,物流的概念的产生和发展经历了三个阶段。

1.1.1 物流概念的孕育阶段

从 20 世纪初到 20 世纪 50 年代,这一个阶段是物流概念的孕育和提出阶段。这一阶段有三个特点:一是局部范围,主要是在美国;二是少数人,是几个人提出来的;三是意见不统一。其主要有两种意见、两个提法:一是美国市场营销学者阿奇·W. 萧(Arch W. Shaw)于 1915 年提出的称为"physical distribution"的物流概念,他是从市场分销的角度提出的;二是美国少校琼西·B. 贝克(Chauncey B. Baker)于 1905 年提出的称为"logistics"的物流概念,他是从军事后勤的角度提出的。

应该说,这两个概念的实质内容是不一样的。萧是从市场营销的角度来定义物流的,physical distribution 直译应该是"实体分配",按中国人的语言习惯应该译成"分销物流"。它实际上就是指把企业的产品怎样分送到客户手中的活动。而 logistics 是后勤的意思,主要是指物资的供应保障、运输储存等。

这两个不同的概念,之所以都能存续下来,是因为它们都分别在各自的专业领域中得到了一定程度的响应、应用和发展,二者之间没有发生冲突,没有一个统一的物流学派来进行规范,也不需要得到社会广泛一致的公认。因此,这个阶段可以说是物流概念的孕育阶段,是市场营销学和军事后勤孕育了物流学。

1.1.2 分销物流学阶段

此阶段从 20 世纪 50 年代中开始到 80 年代中期,可以称为分销物流学(physical distribution)阶段。这个阶段的基本特征是,分销物流学的概念发展而占据了统治地位,并且从美国走向全世界,为世界各国公认,形成了一个比较统一的物流概念,形成和发展了物流管理学,因而也形成了物流学派、物流产业和物流领域。

1. physical distribution 概念继续在美国得到发展和完善,基本形成了比较完整的物流管理学

1961 年,爱德华·W. 斯马凯伊(Edward W. Smykay)、唐纳德·J. 鲍尔索克斯(Donald J. Bowersox)和弗兰克·H. 莫斯曼(Frank H. Mossman)撰写了《物流管理》,这是世界上第一本物流管理的教科书,建立起了比较完整的物流管理学科。20 世纪 60 年代初期,密歇根州立大学以及俄亥俄州立大学分别在大学部和研究生院开设了物流课程。1963 年成立了美国物流管理协会,该协会将各方面的物流专家集中起来,提供教育、培训活动,这一组织成为世界第一个物流专业人员组织。

2．physical distribution 概念从美国走向世界，成为世界公认的物流概念，在世界范围内形成了物流管理学的理论体系

20 世纪 50 年代中期，美国的 physical distribution 概念传到了日本，在日本得到了承认、发扬和光大，以后又逐渐传到了欧洲，70 年代末也传到了中国。这样，基本上全世界各个国家都接受了这样的物流概念和物流管理学。

分销物流学主要把物流看成运输、储存、包装、装卸(loading and unloading)、加工(包括生产加工和流通加工)、物流信息等各种物流活动的总和。在分销物流学中，主要研究这些物流活动在分销领域的优化问题。各个物流专业理论和应用取得了很大的进展，如系统理论、运输理论、配送理论、仓储理论、库存理论、包装理论、网点布局理论、信息化理论及它们的应用技术等。

3．在分销领域各专业物流理论竞相发展的同时，企业内部物流理论异军突起

1965 年，美国约瑟夫·A．奥列基博士(Dr. Joseph A. Orlicky)提出独立需求和相关需求的概念，并指出订货点法的物质资源配置技术只适用于独立需求物资。而企业内部的生产过程相互之间的需求则是一种相关需求，应当用 MRP(material requirement planning，物料需求计划)技术。在 MRP 发展的基础上，受 MRP 思想原理的启发，20 世纪 80 年代产生了应用于分销领域的 DRP(distribution requirement planning，配送需求计划)技术，在 MRP 和 DRP 发展的基础上，为了把二者结合起来运用，20 世纪 90 年代又出现了 LRP(logistics resources planning，物流资源计划)技术和 ERP(enterprise resources planning，企业资源计划)。

20 世纪五六十年代日本丰田公司创造的准时化(just in time，JIT)生产技术以及相应的看板技术是生产领域物流技术的另外一朵奇葩。它不光在生产领域创造了一种革命性的哲学和技术，而且为整个物流管理学提供了一种理想的物流思想理论和技术，现在已经应用到物流的各个领域。企业内部另一个重要的物流领域是设施规划与工厂设计，包括工厂选址、厂区布局、生产线布置、物流搬运系统设计等，也都成为物流学强劲应用和发展的领域，形成了物流管理学一门非常重要的分支学科。

这些企业内部物流理论和技术的强劲发展，逐渐引起了人们的关注。到了 20 世纪 80 年代中期，随着物流活动进一步集成化、一体化、信息化的发展，人们改换物流概念的想法日趋强烈，于是就进入物流概念发展的第三个阶段。

1.1.3　现代物流学阶段

此阶段从 20 世纪 80 年代中期开始一直到现在，称为现代物流学(logistics)阶段。第二阶段物流业的发展，使全世界都自然意识到，物流已经不仅仅限于分销领域，而已经涉及包括企业物资供应、企业生产、企业分销及企业废弃物再生等全范围和全领域。原来的分销物流"physical distribution"概念，已经不适应这种形势，应该扩大概念的内涵，因此决定放弃使用"physical distribution"，而采用"logistics"作为物流的概念。

值得指出的是，这个时候的物流概念"logistics"虽然和第一阶段的军事后勤学上的物流概念"logistics"字面相同,但是意义已经不完全相同了:第一个阶段军事后勤学上的"logistics"概念主要是指军队物资供应调度上的物流问题,而新时期的"logistics"概念则是在各个专业物流全面高度发展的基础上基于企业供、产、销等全范围、全方位物流问题,无论是广度、深度还是涵盖的领域、档次,都有不可比拟的差别,因此这个阶段的"logistics"不要译为"后勤学",更不要译为"军事后勤学",而应当译为"现代物流学"。它是一种适应新时期所有企业(包括军队、学校、事业单位)的集成化、信息化、一体化的物流学概念。

物流外包和第三方物流的产生,进一步导致物流专业化、技术化和集成化,实现了生产和物流的分工合作,提升了各自的核心竞争力。20世纪90年代供应链理论的诞生、供应链管理系统的形成进一步导致物流管理的联合化、共同化、集约化和协调化。21世纪物联网(Internet of Things,IoT)、人工智能(artificial intelligence,AI)、云计算等新技术的快速发展推动物流进入现代化、智能化、系统化的新阶段。

1.2 物流的概念

我国在国家标准《物流术语》(GB/T 18354—2021)中将物流定义为:根据实际需要,将运输、储存、装卸、搬运、包装、流通加工、配送、信息处理等基本功能实施有机结合,使物品从供应地向接收地进行实体流动的过程。把物流管理定义为:为达到既定的目标,从物流全过程出发,对相关物流活动进行的计划、组织、协调与控制。

1.2.1 物流的研究对象和目的

广义的"物"包括物品、货物、在制品、乘客等,但是由于"物"与"人"在很多性质上不同,研究有很大难度。狭义的"物"仅指原材料、半成品、产成品等,不包括乘客。"流"是指一切可能的物理状态,包括静止和移动。

现代物流管理追求的目标可以概括为"7R":将适当的数量(right quantity)、适当的产品(right product)、适当的时间(right time)、适当的地点(right place)、适当的条件(right condition)和适当的成本(right cost)交付给适当的用户(right customer)。

1.2.2 物流的职能要素

物流有运输、储存、装卸搬运、包装、流通加工、配送、信息七大职能要素,包括用户服务、需求预测、订单处理、运输、配送、存货控制、仓库管理、工厂和仓库的布局与选址、搬运装卸、采购、包装、情报信息等具体的物流活动。

1.2.3 物流的效用

1. 空间效用

物流可以通过从集中生产地流入分散需求地、从分散生产地流入集中需求地、从甲地流入乙地等不同形式创造空间效用。例如,粮食是由众多小农户分散生产出来的,而大城市的需求却相对集中,可以通过运输把粮食从产地运到销地,实现最高价值。

2. 时间效用

物流可以通过缩短时间、延长时间或弥补时间差来创造价值。例如,粮食的生产具有季节性,而粮食每天都要消费,可以通过合理的仓储,弥补生产与消费之间的时间差,获得理想的效益。

3. 形质效用

形质效用也称加工附加效用,现代物流可以根据市场需求和商品特点,从事一定的补充性加工活动改变商品的形态或者某些性质,这种活动并不创造商品的主要实体,而是带有完善、补充、增加性质的加工活动,如钢卷剪成钢板、把原木加工成板材、蔬菜清洗分类等,从而提高商品价值。

4. 占有效用

产品或者服务的占有效用是企业通过广告、技术支持、销售等手段,帮助客户或者消费者获得产品或者服务,一般指所有权的转移即商流。在商品经济时代,物流依赖占有效用存在。只有当客户对产品或者服务有需求时,时间效用和空间效用才得以实现。随着物流不断发展,物流增值服务变多。随着代收货款、代理采购、物流金融等一系列的新型物流服务方式的出现,物流也在不同程度上改变了占有效用。例如,消费者会因为某网店的物流效率更高而选择在此店购物,甚至愿意付出更高的价格购买商品。

1.2.4　物流是供应链的一部分

供应链是围绕核心企业,通过对信息流、物流、资金流的控制,从采购原材料开始,制成中间产品以及最终产品,最后由销售网络把产品送到消费者手中的将供应商、生产商、批发商、零售商,直到最终用户连成一个整体的功能网链结构。供应链包括物流、商流、资金链和信息流等,物流只是供应链的一部分(图 1-1)。

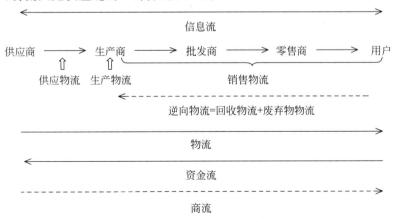

图 1-1　物流与供应链示意图

1.3 物流的分类

1.3.1 按物流业务活动的性质分类

按物流活动的性质,物流可分为供应物流(supply logistics)、生产物流(production logistics)、销售物流(distribution logistics)、回收物流(returned logistics)和废弃物物流(waste material logistics)。

1. 供应物流

供应物流又称输入物流,是指为生产企业提供原材料、零部件或其他物料时所发生的物流活动,也就是物品在提供者与需求者之间的实体流动。

2. 生产物流

生产物流是指生产企业内部进行的涉及原材料、在制品、半成品、产成品等的物流活动。生产物流是制造产品的企业所特有的,它和生产流程同步。流动过程中还包括分类拣选、包装,以及原材料的采购、运输、装卸搬运、储存及产成品出入库等物流环节。

3. 销售物流

销售物流是指企业在销售商品过程中所发生的物流活动,即商品经过采购、运输、储存、装卸搬运、加工或包装、拣选、配送、销售,到达顾客手中。

4. 回收物流

回收物流是指不合格物品的返修、退货以及周转使用的包装容器从需方返回到供方所形成的物品实体流动。

5. 废弃物物流

废弃物物流是指将经济活动或人民生活中失去原有使用价值的物品,根据实际需要进行收集、分类、加工、包装、搬运、储存等,并分送到专门处理场所的物流活动。

1.3.2 按物流活动范围大小分类

按物流活动范围大小,物流可分为社会物流(external logistics)、行业物流(industry logistics)、企业物流(enterprise logistics)等。

1. 社会物流

社会物流是全社会范围内企业外部即企业相互之间错综复杂的物流活动的总称。它是指超越一家一户地以一个社会为范畴面向社会为目的的物流。由于它涉及在商品的流通领域所发生的一切物流活动,因此其具有宏观性和广泛性,属于宏观物流范畴。因为每一个企业作为社会经济集体中的个体,都要与外部社会发生联系,所以也被称为大物流。其标志是伴随商业活动的发生,物流过程通过商品的转移,实现商品的所有权转移。

2．行业物流

行业物流是指在一个行业内部发生的物流活动,属于中观物流范畴。同一个行业中的企业在经营上是竞争对手,但是拥有共同的利益,因此在物流领域又常常协作,这降低了整个行业的物流成本,促进了行业物流的系统化发展。其结果是行业内的各个企业都得到了丰厚的利益。常见的行业物流有铁路物流、水路物流、钢铁物流、汽车物流、邮政物流、旅游物流等。

3．企业物流

企业物流是指生产与流通企业在经营活动中所发生的物流活动。就工业企业而言,其等同于生产物流。企业作为一个经济实体,是为社会提供产品或某些服务的。从企业角度研究与之有关的物流活动,是具体的、微观的物流活动的典型领域。

此外,随着物流理念的深入和运作实践的发展,物流领域出现了众多新的分支。例如精益物流、智慧物流、电商物流等,本书将在第 10 章讲解几种典型的物流。

1.4　几个重要的理论和学说

物流学的核心内涵是物流的优化,可以说：物流学是研究物流优化的科学。特别需要指出的是：系统性是物流学的最基本而且最重要的特征,系统是物流得以形成的内在条件。

1.4.1　商物分离(商物分流)理论

商物分离是物流赖以存在的条件。商物分离,是指流通中两个组成部分商业流通和实物流通从过去的统一概念和统一运动之中分开,按自己的规律和渠道独立运动。"商"指"商流",是商品价值运动,商品所有权的转让;"物"即"物流",是商品实体的流通。商物分离形式如图 1-2 所示,与物流、商流不实现分离比较,物流与商流分离的运动显然要合理得多。

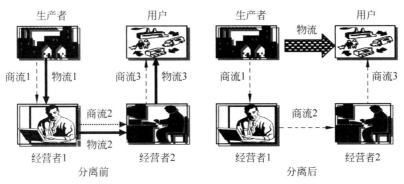

图 1-2　商物分离形式

从经济学角度看,在流通这一统一体中,商流偏重经济关系、分配关系、权力关系,属于生产关系范畴;物流偏重工具、装备、设施及技术,因而属于生产力范畴。商流运作和物流运作责任人的分离,是现代商物分离的标志。商物分离实际是流通总体中的分工,这是物流科学重要的理论基础。正是在商物分离基础上才得以对物流进行独立的考察,进而形成科学门类。独立于商流的物流也是供应链的重要基础。

1.4.2 "黑暗大陆"学说

1962年,管理学家彼得·德鲁克(Peter Drucker)在《财富》杂志上发表了《经济的黑色大陆》一文,他将物流比作"一块未开垦的处女地",强调应高度重视流通及流通过程中的物流管理。德鲁克曾经讲过,"流通是经济领域的黑暗大陆"。德鲁克泛指的是流通,但由于流通领域中物流活动的模糊性特别突出,它是流通领域中人们认识不清的领域,所以"黑暗大陆"学说主要针对物流而言。

扩展阅读1.1 彼得·德鲁克

1.4.3 物流冰山学说

物流冰山学说是日本早稻田大学的西泽修教授在1970年提出的,是指当人们对物流费用的总体内容并不掌握,读财务报表时,提起物流费用,大家只注意到企业公布的财务统计数据中的物流费用,这只是露出海面的冰山一角,而潜藏在海水下面的冰山主体却看不见,这只能反映物流成本的一部分,海水中的冰山才是物流费用的主要部分,因此有相当数量的物流费用是不可见的。

1.4.4 "第三利润源"学说

"第三利润源"学说最初是由日本早稻田大学教授西泽修提出的。1970年,西泽修教授在其著作《流通费用——不为人知的第三利润源泉》中,认为物流可以为企业提供大量直接或间接的利润,是形成企业经营利润的主要活动。非但如此,物流也是国民经济中创造利润的主要领域。

"第三利润源"的理论基于两个前提条件:第一,物流可以完全从流通中分化出来,自成一个独立运行的系统,有本身的目标、管理,因而能对其进行独立的、总体的判断;第二,物流和其他独立的经营活动一样,它不是总体的成本构成因素,而是单独盈利因素,即物流可以成为"利润中心"型的独立系统。

第一利润源泉是通过降低物料消耗而获取利润;第二利润源泉是通过节约活劳动消耗而增加利润;第三利润源泉是通过降低物流费用来取得利润。随着科学技术的进步,在经济发达国家,前两种源泉的潜力越来越小,而第三种源泉的潜力却很大。

1.4.5 "效益背反"理论

"效益背反"指的是物流的若干功能要素之间存在着损益的矛盾,即某一个功能要素的优化和利益发生的同时,会导致另外功能要素的利益损失,是一种此长彼消、此盈彼亏的现象。比如包装采用更加厚重的材料会更加保护商品,但同时会带来增加重量、装卸搬运和运输成本的现象;整车运输能够降低单位运输成本,但可能带来仓储费用的提升。

物流有与商流不同的特性而独立运动,是物流科学走出的第一步。认识“效益背反”的规律,物流学也就迈出了认识物流功能要素这一步。将功能要素的有机联系寻找出来成为一个整体,进而解决“效益背反”的问题,追求总体的效果,这是物流学的一大发展。

1.4.6　“中心”作用理论

1.成本中心理论

成本中心理论认为,物流主要对企业经营成本产生影响,是企业成本的重要产生点,因而物流的问题,不主要在支持保障其他活动,而主要是降低成本。

2.利润中心理论

利润中心理论认为,物流可以为企业提供大量直接和间接的利润,是形成企业经营利润的主要活动。

3.服务中心理论

服务中心理论代表了美国和欧洲的学者对物流的认识,他们认为:物流活动的最大作用不在于为企业节约消耗、降低成本、增加利润的微观利益,而在于提高服务水平,进而提升企业的竞争力。我国现在对物流业的定位体现了对服务中心理论的认同,明确物流业属于服务业。

4.战略学说

战略学说是当前盛行的学说。越来越多的人逐渐认识到物流更具有战略性。物流会影响企业的生存和发展,起战略作用,而不仅仅节省成本、增加利润而已。现代社会中,企业之间的竞争演变成供应链之间的竞争,以用户为出发点的精益的、柔性化的、准时的采购、生产和营销等,都需要高效率、高质量物流作为支持,物流的决定作用和战略地位更加凸显。

1.5　物流的意义和作用

1.现代物流是生产和流通的物质前提

物流作为现代经济的重要组成部分,在国民经济和社会发展中发挥着重要作用。商品的采购、生产和销售都需要物流作为支持。随着技术和理念的不断更新,商业涌现新形式、新业态,我国的产业结构也在不断优化调整,而现代物流是生产和流通基本的物质前提。发展现代物流对于提高国民经济运行的质量和效益、优化资源配置、改善投资环境、促进产业结构调整、提高我国经济实力,具有十分重要的意义。

以配送中心(distribution center,DC)为例,配送中心的设立为连锁商业提供了广阔的发展空间。利用计算机网络,将超市、配送中心和供货商、生产企业连接,能够以配送中心为枢纽形成一个商业、物流业和生产企业的有效组合。有了计算机迅速、及时的信息传递和分析,通过配送中心的高效率作业、及时配送,并将信息反馈给供货商和生产企业,可以形成一个高效率、高能量的商品流通网络,为企业管理决策提供重要依据,同时,还能够大大加快商品流通的速度、降低商品的零售价格、提升消费者的购买欲望,从而促进国民经济的发展。

2. 现代物流是企业获取竞争优势的重要源泉

现代企业的经营理念在从"生产导向"过渡到"顾客导向"之后,迅速转为"为顾客创造价值"。在"为顾客创造价值"的时代,价值不仅意味着有形的金钱,还意味着无形的、可以感知的利益,这是当前企业参与市场竞争的新规则。高效、合理的物流管理,既能降低企业经营成本,又能为顾客提供优质的服务;既能使企业获得成本优势,又能使企业获得价值优势。因此,物流管理日益受到企业的重视,被纳入企业战略管理的范围,甚至成为企业发展战略的基石。

一家拥有卓越物流能力的企业,可以通过向客户提供优质服务获得竞争优势;一家物流管理技术娴熟的企业,如果在存货的可得性、配送的及时性和交付的一贯性等方面领先于同行业的平均水平,就能成为有吸引力的供应商和理想的业务伙伴,构筑现代高效的供应链,从而在激烈的竞争中求得生存和发展。可以说,物流管理已成为当今企业最具挑战性的领域之一。发展物流、强化物流管理不仅能使企业获取第三利润源泉,而且是企业获取竞争优势的重要源泉。

比如家电生产企业相互之间的竞争主要表现在价格、质量、功能、款式、售后服务的竞争上。在工业科技如此进步的今天,质量、功能、款式及售后服务,各企业的水平已经没有太大的差别,唯一可比的地方往往是价格。在物资短缺年代,企业可以靠扩大产量、降低制造成本去攫取第一利润。在物资丰富的年代,企业又可以通过扩大销售攫取第二利润。可是在21世纪和新经济社会,第一利润源和第二利润源已基本到了一定极限,目前剩下的"未开垦的处女地"就是物流。降价是近几年家电行业企业之间主要的竞争手段,降价竞争的后盾是企业总成本的降低,即功能、质量、款式和售后服务以外的成本降价,也就是降低物流成本。我国的海尔集团很早就认识到了物流是企业竞争力的法宝,把物流能力定位为形成企业竞争优势的核心能力,重组成立了专业从事物流改革的推进本部,使原料采购、生产支持、物资配送从战略上实现了一体化。通过物流优化提升用户体验,构筑企业供应链,增强企业核心竞争力,实现"以最低的物流总成本向客户提供最大附加值的服务"的管理目标。

3. 现代物流是国家战略实施的重要保证

国家会依据国际国内情况,制定国家战略,综合运用政治、军事、经济、科技、文化等国家力量,指导国家建设与发展,维护国家安全,达成国家目标。而现代物流是各个行业发展的基础,也是实现国家战略的重要保证。例如:为了加快中西部地区的发展,我国在 2000 年提出西部大开发战略。实施西部大开发,就是要依托亚欧大陆桥、长江水道、西南出海通道等交通干线,发挥中心城市作用,以线串点,以点带面,逐步形成中国西部有特色的西陇海兰新线、长江上游、南(宁)贵、成昆(明)等跨行政区域的经济带,带动其他地区发展,有步骤、有重点地推进西部大开发。西部大开发重点工程——青藏铁路起到了至关重要的作用,截至 2022 年 6 月底,青藏集团公司累计运送旅客 2.6 亿人次,旅客运送量由 2006 年的 648.2 万人增长到 2021 年的 1 870.5 万人,其中累计运送进出藏旅客 3 169.69 万人。[①] 青藏铁路为西部城市经济发展、科技进步、文化交融等提供了重要的保障,同时为我国"一带一路"倡议的推动奠定了基础。

扩展阅读 1.2 西部大开发战略

4. 现代物流是实现可持续发展的有力保障

视频 1.2 智慧物流国力之争

首先,现代物流是解决环境问题的重要一环。环境问题是当今时代的主题,保护环境,治理污染和公害是世界各国的共同目标。物流活动较多、范围广,对环境的影响较大,绿色化是其发展方向。比如:从网上购买了心仪的商品,客户收到快递打开层层包装却发现商品已经损坏;马路上堵车越来越厉害,连骑自行车都通不过去,人们在通勤路上的时间越来越长;深夜的运货车辆不断地轰鸣,疲劳的人们翻来覆去睡不着……这一切问题都与物流的落后有关。快递商品损坏是物流包装不当;马路堵车属物流设施建设不足;货车夜间轰鸣是运输管理不当。这些如果从物流的角度去考虑,都会迎刃而解。

其次,现代物流是实现循环低碳的重要手段。物流活动消耗能源大,如果利用现代化技术手段提高物流效率、降低能源消耗,可以让各个行业受益。例如,物流包装使用新型材料,改进包装设计循环使用,不仅可以降低包装成本,还可以更好地保护商品,提高装卸效率,提升客户体验;新能源货车不但减少尾气排放,降低石油能源依赖,还可以更快实现智能化和无人化作业。绿色、循环、低碳是现代化物流的重要标志。现代物流是我国实现可持续发展的有力保障。

5. 现代物流是实现人们美好生活的基础

习近平总书记在二十大报告中指出,江山就是人民,人民就是江山。中国共产党领导人民打江山、守江山,守的是人民的心。必须坚持在发展中保障和改善民生,鼓励共同奋斗创造美好生活,不断实现人民对美好生活的向往。人民的美好生活由衣、食、住、行等各方面组成,现代物流提供了基本的物质条件。

我国高效、安全的高铁网络让人们的出行更加便利、舒适;装卸搬运作业机械化、智能化的快速发展,不仅能提高劳动生产率,并且能把工人从繁重的体力劳动中解脱出来;快速发展的快递业强有力地支撑了电子商务的发展,让大家可以身居家中自由线上购物;冷链物流(cold chain logistics)的发展让人们不仅可以品尝到新鲜的荔枝,还可以喝到刚刚做好的奶茶;那些繁重的滑雪设备,不需要自己扛、自己搬,只需要一个电话,人还没到滑雪场,

---

① 青藏铁路通车 16 年安全运送旅客 2.6 亿人次[EB/OL]. (2022-07-01). https://china. qianlong. com/2022/0701/7368602. shtml.

滑雪设备也许先到了。现代物流和我们的生活息息相关,是人们实现美好生活的坚实基础。

 **即测即练**

 课后复习题

一、填空题

1. 物流的产生和发展经历了( )、( )、( )三个阶段。

2. 物流由商品的( )、( )、( )、( )、( )、( ),以及相关的( )等环节构成。

二、名词解释题

物流　物流管理　供应物流　生产物流　销售物流　回收物流　废弃物物流

三、简答题

1. 简述物流的意义与作用。
2. 简述物流"第三利润源"学说。
3. 简述物流"效益背反"理论。

阅读案例

中国物流集团有限公司

中国物流集团有限公司(以下简称"中国物流集团")于2021年12月6日经国务院批准组建,由中国铁路物资集团有限公司与中国诚通控股集团有限公司物流板块的中国物资储运集团有限公司、港中旅华贸国际物流股份有限公司、中国物流股份有限公司、中国包装有限责任公司4家企业为基础整合而成,同步引入中国东方航空集团有限公司、中国远洋海运集团有限公司、招商局集团有限公司作为战略投资者,形成紧密战略协同,是国务院国有资产监督管理委员会直接监管的股权多元化综合物流类中央企业集团。

中国物流集团注册资本300亿元。目前,经营网点遍布国内30个省(区、市)及海外五大洲,国际班列纵横亚欧大陆,在国际物流市场具有较强的竞争优势。拥有中国铁物(000927.SZ)、中储股份(600787.SH)、华贸物流(603128.SH)、国统股份(002205.SZ)等4家境内上市公司。

中国物流集团致力于打造"成为具有全球竞争力的世界一流综合性现代物流企业集团",主要业务包括铁路物资综合服务、制造业物流、工程物流、逆向物流、快消品物流、国际物流、冷链物流、期现货交割物流、危险品物流和战略物资储备等,具有涵盖仓储、运输、配送、包装、多式联运、国际货代、物流设计、供应链金融、加工制造、科技研发、电子商务等综合物流服务能力和与之相关的质量监造、研发制造、运营维护、招标代理、国际贸易、信息咨询、融资租赁等业务形态。

企业愿景是成为专业高效、值得信赖的世界一流综合物流服务商。企业使命是服务现代流通,保障国计民生。企业战略如下。

聚焦一个战略目标——成为具有全球竞争力的世界一流综合性现代物流企业集团。

构建两大基础网络——物流实体网络和物流数字网络。

推动三大重点工程——全要素整合工程、全方位创新工程和全球化发展工程。

建设四大支撑平台——资产资源平台、投资运营平台、科研创新平台和资金管控平台。

打造五大业务集群——综合物流服务集群、供应链集成服务集群、国际物流服务集群、物流设施综合服务集群和物流生态服务集群。

实施六项保障措施——优化组织体制,提升管控效能;健全市场化机制,激发整体活力;实施人才强企战略,筑牢发展根基;夯实基础管理,保障行稳致远;完善风控体系,实现安全发展;坚持党建引领,提供根本保障。

资料来源:中国物流公司简介[EB/OL]. https://www.chinalogisticsgroup.com.cn/zh-cn/about/index.shtml.

第 2 章

国内外物流发展动态与趋势

本章学习目标

1. 了解国外物流的发展现状、特点和趋势；
2. 理解我国物流的发展历程和现状，掌握我国物流发展的问题和对策；
3. 了解物流未来的发展趋势。

引导案例

FedEx 快递的成长之路

美国联邦快递（Federal Express，FedEx，以下简称"联邦快递"）是全球规模最大的快递运输公司，服务范围涵盖占全球国内生产总值90%的所有区域，能在24～48个小时之内提供户到户的清关服务，并承诺"保证准时，否则退钱"。FedEx有别的公司无可比拟的航空路线权及良好的基础设备，在每一个工作日为211个国家和地区提供运输服务，每日处理的货件量平均多达330万份。FedEx的全球服务中心大约1 200个，授权寄件中心超过7 800个，全球运输量每天大约2 650万磅，航空货运量每月大约700万磅，平均处理通话每天超过50万次，平均电子传输每天大约6 300万份。

1971年6月28日，公司正式成立。可是，弗雷德·史密斯做梦也没有想到，几周以后他得到的却是联邦储备系统拒绝接受"隔夜快递"服务的消息。用飞机为联邦储备系统快递票据的计划失败了，特地购买的两架飞机被闲置在机库里动弹不得，刚刚建立起来的联邦快递和年仅26岁的弗雷德·史密斯面临着首战失利的沉重打击。弗雷德·史密斯并没有因此而丧失信心，他以一个敢于创新、敢于冒险的杰出企业家的胆识和方式继续实现他的目标。弗雷德·史密斯根据再次调查的市场情况重新制订了营业计划，毅然决定把自己全部家产850万美元孤注一掷地投入联邦快递，然后，他竭尽全力对华尔街那些大银行家、大投资商进行游说。很快，他筹集到了9 600万美元，创下了当时美国企业界有史以来单项投入资本的最高纪录。

联邦快递一开始为25个城市提供服务，但令人失望的是，第一天夜里运送的包裹只有186件。在开始营业的26个月里，联邦快递亏损2 930万美元，欠债主4 900万美元，联邦快递处在随时都可能破产的险境，公司的早期支持者打起了退堂鼓，不肯继续投资。为得到美国邮政总局的合约，联邦快递在西部开辟了6条航线，在与其他企业的竞争中，它把价格杀得很低，以至使人怀疑还有利润。联邦快递终于走出困境，并创造了奇迹。1977年，弗雷德·史密斯被纽约一家杂志评选为全国十大杰出企业家，并称赞其"在短短的5年内，他那创新的营销体系以及成功的公众形象宣传使他一下子由一无所有变为营业额 1.1 亿美元、净利润 820 万美元的大企业家"。公司的进一步发展需要筹集更多的资金。弗雷德·史密斯决定,让公司的股票公开上市,面向社会融资。1978 年 4 月,联邦快递在纽约证券交易所正式挂牌,公开出售第一批股票。股票的发行,不仅筹集到了购买飞机的巨资,而且使公司的早期投资者得到了回报。1984 年,联邦快递完成第一次收购行动,成功地收购了位于明尼苏达州明尼阿波利斯的吉尔科快递公司。紧接着,它在英国、荷兰和阿拉伯联合酋长国进一步实施收购计划。到了 20 世纪 80 年代末期,联邦快递的年度营业收入超过 35 亿美元,纯利润 1.76 亿美元。

"员工永远是第一。"弗雷德·史密斯说,"我们很早就发现,顾客的满意度是从员工的满意开始的。在代表公司理念的口号——员工、服务、利润之中,就融有这种信念。"弗雷德·史密斯和其他联邦快递主管总是强调,员工永远是第一的。熟悉联邦快递的人们,谁也无法否认联邦快递的员工对公司的忠诚,谁也无法估量这种忠诚对于公司的价值。弗雷德·史密斯说:"善待员工,并让他们感受到公司真诚的关怀,便会得到全球一流的服务态度。"弗雷德·史密斯采取的措施之一,是让每个员工都受到公平待遇。"保证公平对待员工"的原则,"调查—回馈—行动"以及"保证公平对待"制度,让联邦快递得以落实"员工至上"的理念。在理念的建立与实现的系统里,再度显现出员工与公司组织之间的紧密关系,以及公司人文策略的优势。这位在同行中"天下第一"的老总,也把他的员工放在"天下第一"的位置上。

资料来源:FedEx 快递的成长之路[EB/OL].(2018-01-18). https://wenku. so. com/d/fe75e9e0d5f8070170efbab97f5636ab.

2.1　国外物流发展动态

近现代以来,社会生产力迅速发展,所生产的物质财富增加,物流的载体也逐渐丰富多样,汽车、火车、轮船、飞机等交通工具相继问世,极大地促进了物流行业在新形势下的迅速发展。西方国家得益于工业革命的率先展开,物流行业的发展水平较高,自现代物流的概念在美国被提出,物流业在国外已有百余年的发展历史。发达国家在物流理论与技术水平方面取得了一定成果,在第三方物流、第四方物流、供应链管理和智慧物流方面成绩斐然,对我国的物流行业发展具有积极借鉴作用。

2.1.1　发达国家物流业发展现状

世界上一些发达国家已经根据本国国情建设了完全相适应的现代物流体系,研究发达国家的物流体系建设,借鉴其物流理论,汲取其经验教训,对于发展我国物流产业具有促进作用。

1. 美国物流发展动态

1)总体概况

现阶段,美国依然是全球最大的经济体。2023 年,美国总人口约为 3.33 亿,GDP(国内生产总值)达到 26.95 万亿美元,人均 GDP 达到 8.09 万美元,巨大的购买力带来了对物流业的巨大需求。美国的物流行业体系已基本完善,包括物流内涵的拓展、过程的延伸、覆盖面的扩大以及物流管理的日益专业化、信息化和标准化。专注于物流和仓储综合业务的第三方物流快速发展,已经成为物流行业的重要参与者。

2) 物流设施状况

美国货运铁路网全长约有 14 万英里(1 英里≈1 609.34 米),是目前全球最大、最安全、最具成本效益的铁路货运网络之一,货运铁路网络主要由 7 条Ⅰ类铁路(营业收入达 4.9 亿美元或以上的铁路)、22 条地区性铁路和 584 条短途铁路组成,在美国提供了超过 16.7 万个工作岗位。

美国国内河流湖泊众多,共有 26 个大小水系,可通航河道总长 4.2 万千米,五大湖的湖岸线 4 296 千米,远洋船舶可经由圣劳伦斯深水航道驶入五大湖区,这里有贯穿美国的密西西比河系。这些为美国水上运输的发展提供了得天独厚的自然条件。内河运输适合运输散货和低价值的原材料,比如煤、石油、农产品和其他散货。每年运输货物达 6.3 亿吨,总价值超过 730 亿美元。

美国的航空货运始于 1918 年,当年 8 月,美国第一条定期邮政航线(华盛顿—费城)通航,标志着民用航空货运的开始。受飞机载运能力和政策限制,美国航空货运在 20 世纪 80年代之前发展相对缓慢。1977 年,美国政府对航空运输行业出台了管制放宽以及自由化相关政策,航空货运得以实现快速发展。

根据 NPIAS(美国国家综合机场系统规划)的统计,美国目前共有 3 304 个公共使用机场,其中包括 520 个商业服务机场。覆盖全国的商业机场使航空公司能够构造覆盖全国的货运航线网络,至 2020 年,美国航空货运行业实现货运运输量 2 853 万吨,同比增长 4.5%,成为疫情下为数不多实现正增长的运输子行业。有机构预测,2019—2027 年间航空货运行业年平均增长率为 2.4%,到 2027 年将达到 260 亿美元,其中贸易将是推动航空货运市场增长的主要驱动力。

3) 物流技术

美国物流企业的物流设备大部分都实现了高度的机械化和计算机化,正在向信息化[采用无线互联网技术、卫星定位技术、地理信息系统(geographical information system, GIS)、射频识别技术]、自动化(自动引导小车技术、搬运机器人技术)、智能化(电子识别和电子跟踪技术、智能运输系统)、集成化(集信息化、机械化、自动化、智能化于一体)方向发展。先进的物流技术促进了物流企业的规模化、网络化发展。

射频识别技术受到美国国防部(DOD)、沃尔玛公司、美国食品和药品管理局等组织的大力支持和推广。在美国,现代物流公司一般使用条形码、电子数据交换(EDI)、自动存储和提取系统、仓库管理系统等管理技术和自动化设备,如叉车(forklift truck)、传送带、升降车等。而在配送环节,其主要采用了配送控制系统、货舱管理软件、斜槽分类技术、无线导引拣货系统等,使企业内部实现高度自动化管理。

4) 第三方物流的发展

鉴于全球整体低迷的经济发展环境,企业为了减小成本压力,越来越依赖第三方物流企业来缓解风险和降低不稳定性,因为托运人(客户)认为,第三方物流企业可为客户提供基于全球范围的战略和运营价值,物流和供应链管理核心能力为它们的全球业务取得成功作出关键贡献,并且大部分客户认为第三方物流企业能采取新方法和革新思路提升物流效率。目前托运人(客户)主要外包交易、操作重复性的业务,很少外包战略、面向客户和 IT(信息技术)功能方面的业务。调查显示,国际运输占外包比例最大,国内运输、仓储、货运、反向物流等外包比例依次下降,所以降低运输成本是双方面临的最大挑战。

2. 日本物流发展动态

1) 总体概况

日本作为当今物流大国之一,自 20 世纪 50 年代从美国引进物流概念后,在政府对物流的重视程度、企业对物流的管理体系、物流设施的基础建设、现代物流的发展等方面,都有很大的提高。20 世纪 70 年代,日本西泽修教授在研究物流成本时发现,先进的财务会计制度和会计核算方法都不能掌握物流费用的实际情况,导致对物流费用的了解只是冰山一角,提出“物流冰山”学说,同时提出“第三利润源”的说法,进一步促进了日本物流管理理论的发展。日本物流业经过半个多世纪的发展,在理论体系、政策体系、物流运作等方面都拥有丰富的经验,在物流人才储备方面更有着强大优势,尤其在“产学研”一体化方面,诸多经典物流模式都产生于日本制造业。

2) 物流业发展的特点

(1) 以法律法规为保障。日本政府通过建立并完善与物流相关的各项同层次的法律和政策,来推动和保障物流的快速与良性发展。与日本物流发展相关的法律主要包括以下几类。

综合性物流发展法规:全面指导日本物流发展的专门法律,如《物流法》《物流二法》《物流效率化法》等。

物流节点规划与建设类法规:物流中心、物流园区、配送中心、物流基地等规划和投资的法规与政策,如《汽车终端战场法》《流通业务市街道整备法》《大规模物流基地的合理配置构想》《物流据点整体状态的规划设计》《物流基的整备目标》等。

陆海空交通运输基础设施建设与经营类法规:铁路、公路、港口、公路运输、海运、空运的有关法律,如《运输法》《铁路建设法》《铁路事业法》《民航法》。

信息技术与标准化类法规:信息技术推广与标准化推广的相关法规,如《日本高度信息网络社会形成基本法》《E-Japan 战略》《电子签名法》等。

资源利用与环境保护类法规:如《环境污染控制基本法》《能源保护和促进回收法》《汽车再生利法》。

日本政府正是通过相关法规的制定与执行来推动和保障物流改革与发展的。

(2) 以现代物流技术为支撑。现代技术装备是日本物流企业占据制高点的关键所在,主要包括:①物流系统的信息化。进出口和港口手续的无纸化、一条龙服务,物流电子数据交换技术的推进。②物流系统的标准化。集装箱、托盘的日本工业标准(JIS)国际化整合,全程托盘化运输的推进。③其他技术开发以及商业惯例的改善等。在日本,几乎所有的物流企业都充分利用当今最新的物流技术来开展物流服务业务。比如,日本大型物流企业或从事长途运输的货运车辆都安装了全球定位系统(GPS)。日本仓库和配送中心基本上都使用射频识别(RFID)系统对存储物品进行掌控,可在极短的时间内查找到所需的物品,提高快速反应能力。

（3）以完善的基础设施为平台。全面完善物流基础设施建设，使日本物流发展具有坚实的依托和优越的条件。日本政府建设和完善的物流基础设施包括：满足客户需求的拥有多种选择方式的基础设施，如建设高规格干线公路、地区性高规格公路、港湾和机场的铁路，增强主要干线铁路的货物运输力等；建设并完善国际中心港湾、中心机场，日本拥有236 707万千米铁路，路网密度为533.5千米/百平方千米，处于世界领先地位，其中大部分是电气化铁路。日本交通运输网络是世界上最复杂且最完善的交通运输系统，路网的衔接与管理均为世界一流水平。日本已建成东京和平岛、葛西等20多家大规模的物流中心，平均占地74公顷（1公顷＝1万平方米），以东京物流中心为例。

（4）以发达的第三方物流为依托。20世纪90年代以来，第三方物流在全球获得了发展，在日本也备受关注。在物流业市场规模不断缩小、运输业不断兼并重组的情况下，第三方物流成为日本物流新的成长领域。在日本，第三方物流企业往往指既不是货主企业（第一方）也不是一般仓储企业和运输企业（第二方），独立接受货主物流服务的委托，策划最佳物流方式并提供物流全过程服务的新兴企业。第三方物流从货主的立场出发设计最佳物流路线和方式，帮助货主企业提高物流效率、降低物流成本。第三方物流的迅猛发展适应了日本流通市场的变化和企业对改进物流的需要。第三方物流通过优化整合工商企业的物流业务流程与物流资源，大大降低工商企业的运营成本，从而被广为推崇，并呈现出蓬勃的生命力。

2.1.2　国外物流发展的主要特征

1．物流反应快速化

物流服务提供者对上游、下游的物流、配送需求的反应速度越来越快，前置时间越来越短，配送间隔越来越短，物流配送速度越来越快，商品周转次数越来越多。

2．物流功能集成化

现代物流着重于将物流与供应链的其他环节集成，包括物流渠道与商流渠道的集成、物流渠道之间的集成、物流功能的集成、物流环节与制造环节的集成等。

3．物流服务系列化

现代物流强调物流服务功能的恰当定位与完善化、系列化。除了传统的储存、运输、包装、流通加工等服务外，现代物流服务在外延上向上扩展至市场调查与预测、采购及订单处理，向下延伸至配送、物流咨询、物流方案的选择与规划、库存控制策略建议、货款回收与结算、教育培训等增值服务；在内涵上则提高了以上服务对决策的支持作用。

4．物流作业规范化

现代物流强调功能、作业流程、作业、动作的标准化与程式化，使复杂的作业变成简单的易于推广与考核的动作。

5. 物流目标系统化

现代物流从系统的角度统筹规划一个公司整体的各种物流活动,处理好物流活动与商流活动及公司目标之间、物流活动与物流活动之间的关系,不求单个活动的最优化,但求整体活动的最优化。

6. 物流手段现代化

现代物流使用先进的技术、设备与管理为销售提供服务,生产、流通、销售规模越大、范围越广,物流技术、设备及管理越现代化。计算机技术、通信技术、机电一体化技术、语音识别技术等得到普遍应用。世界上最先进的物流系统运用了 GPS、卫星通信、射频识别装置、机器人,实现了自动化、机械化、无纸化和智能化,如 20 世纪 90 年代中期,美国国防部为在前南地区执行维和行动的多国部队提供的军事物流后勤系统就采用了这些技术,其技术之复杂与精尖堪称世界之最。

7. 物流组织网络化

为了保证对产品促销提供快速、全方位的物流支持,现代物流需要有完善、健全的物流网络体系,网络上点与点之间的物流活动保持系统性、一致性,这样可以保证整个物流网络有最优的库存总水平及库存分布,运输与配送快速、机动,既能铺开,又能收拢。分散的物流单体只有形成网络才能满足现代生产与流通的需要。

8. 物流经营市场化

现代物流的具体经营采用市场机制,无论是企业自己组织物流,还是委托社会化物流企业承担物流任务,都以"服务-成本"的最佳配合为总目标,谁能提供最佳的"服务-成本"组合,就找谁服务。国际上既有大量自办物流相当出色的"大而全""小而全"的例子,也有大量利用第三方物流企业提供物流服务的例子。比较而言,物流的社会化、专业化已经占主流,即使是非社会化、非专业化的物流组织,也都实行严格的经济核算。

9. 物流信息电子化

由于计算机信息技术的应用,现代物流过程的可见性(visibility)明显增强,物流过程中库存积压、延期交货、送货不及时、库存与运输不可控等风险大大降低,从而加强供应商、物流商、批发商、零售商在组织物流过程中的协调和配合以及对物流过程的控制。

扩展阅读 2.1　智能化对零售物流的影响:基于联华华商的实证研究

2.1.3　国外物流发展趋势

21 世纪是全球化物流的时代,对物流企业来说既是机遇又是挑战,企业之间的竞争将十分激烈。要满足全球化或区域化的物流服务,企业规模必须扩大,形成规模效益,可以是企业间的收购兼并,也可以是企业间的合作与联盟。世界上各行业企业间的国际联合与并购,必然带动国际物流业加速向全球化方向发展,而物流业全球化的发展走势,又必然推动和促进各国物流企业的联合与并购活动。比如,德国邮政公司出资 11.4 亿美元收购了美国大型的陆上运输企业 AEI。AEI 公司是美国国内排在前 10 位的大型物流运输公司。德国邮政公司这一举动,目的是把自己的航空运输网与 AEI 公司在美国的运输物流网合并统一,增强竞争力,以与 UPS(美国联合包裹运送服务公司)和联邦快递相抗衡。

21 世纪将是一个消费多样化、生产小量化、流通高效化时代,对物流服务的要求越来越高,客户对物流的个性化要求也越来越多。因此,物流服务的优质化是今后发展的重要趋势。五个 right 的服务,即把正确的产品(right product),在规定的时间(at the right time)、规定的地点(in the right place),以适当的数量(in the right quantity)、合适的价格(at the right price)提供给客户将成为物流企业优质服务的共同标准。

物流企业是为特殊市场提供物流服务、突出个性化服务特色方向发展,将物流、资金流、信息流"三流"合一的现代供应链综合服务,来拓展物流发展空间,提升企业知名度。比如根据市场确立业务重点,是瑞士物流区域 Fiege 的首个重要经营特色。在欧洲,Fiege 清晰地在不同市场上确立了不同的业务重点:在意大利,业务重点为零配件、化学品、药品、食品、服装和消费品品牌物流;在瑞士,业务重点为纸板和纸张物流;在德国和捷克,业务重点为印刷品物流。

共同配送(joint distribution)是由多个企业为了实现运输规模经济而联合组织实施的配送活动。运输的规模经济要求运输批量尽可能大、多,运输工具尽可能满载运行,从而实现运输的规模效益,大大降低运输成本、提高运输效率、提升市场竞争力,同时也节约了社会运力,减少了对环境的污染。共同配送是物流企业配送模式的发展趋势。

物流既是经济发展和消费生活多样化的支柱,同时物流的发展又会给城市环境带来不利影响,如运输和配送工具的噪声、排放污染对交通阻塞的不利影响等。另外,生产产品的厂商在生产过程中的废料以及社会生活废料,如不处理,也会对环境造成污染。为此,21 世纪对物流提出新的要求,即绿色物流。

从总的发展趋势的角度来讲,美国物流企业在规模化方向发展相比欧洲、日本要突出些,像 UPS、FedEx 都是世界级顶级物流企业,在规模和实力上都占有相当大的市场份额;欧洲物流企业则更趋向于提供个性化服务,如欧洲的瑞士物流区域 Fiege;日本更加注重的是向精细物流方向发展,广泛采用共同配送。

2.2　我国物流发展动态

物流产业是现代社会化大生产和专业化分工不断加深的产物,是促进经济发展的"加速器"和"第三利润源",其发展程度是衡量一国现代化程度和国际竞争力的重要标志之一。当前,伴随经济全球化以及世界范围内服务经济的发展,物流产业作为一个新兴的服务部门,正在全球范围内迅速兴起,跨国化、规模化和网络经济化等现象已经成为全球物流产业发展的重要趋势。

2.2.1　我国物流行业发展历程

我国的物流活动源远流长,如融通南北的物流基础工程京杭大运河(南北交通大动脉)、驿运与八百里快递(古代快递)、张骞出使西域及横跨东西的丝绸之路(世界上最早、最长的物流通道和范围最广的物流交通网络），一项项伟大的"物流工程"充分展现出我们先人的智慧，并为世界范围内的物流理论和物流技术的发展奠定了深厚的基础、提供了良好的借鉴。中国古代的物流活动始终闪耀着智慧的光芒，对古代经济的发展影响深远。作为新时代的青年，我们需树立和提升文化自信，为我国的历史、文化和古人的杰出智慧而感到骄傲与自豪。新中国成立以后，我国物流业得到了空前的发展，主要体现在以下几个阶段。

1. 计划经济体制下的物流（1949—1977 年）

这一阶段是新中国成立后工农业发展时期，国家长期对生产资料和主要消费品实行计划生产、计划分配和计划供应。商业、粮食、供销物资、外贸等流通部门自成系统，按计划储存和运输，分别建起了本部门的供销公司、批发零售网点和仓储、运输队伍；交通、铁路、航空等专业运输部门也各自拥有储运企业。由于生产、流通和消费完全在计划经济体制下管理和运行，部门经济和条块分割造成的物流不合理现象普遍存在。因为生产是经济发展的主体，所以流通结构不合理和物流效益低下的矛盾并不十分突出。当时还没有现代物流概念。

2. 有计划的商品经济下的物流（1978—1992 年）

这一阶段伊始，正值中国共产党的十一届三中全会胜利召开，在改革开放方针政策指引下，我国全面推进经济体制改革，流通体制改革随之不断深化。1979—1984 年，按照计划与市场调节相结合的原则，改革长期以来全面统一管理的旧体制，扩大了市场调节范围。重点调整了农副产品和日用工业品的计划管理体制。改变了商品统购统销制度，打破了"国有商业一统天下"的固有局面，发展了计划购销、市场购销等多种流通渠道和购销形式，初步形成了多种经济成分和多种经营形式的流通格局。1984—1987 年，围绕建立有计划的商品经济框架，全面改革了流通领域的企业体制、批发体制、价格制度、经营制度，扩大了企业经营自主权，促进了流通管理向市场经济的转变。1987—1992 年，根据国家建立和培育社会主义市场体系的要求，大力发展了多层次、多形式、多功能的商品批发交易市场，同时，对生产资料的经营管理体制进行了全面改革，计划管理的品种和数量大幅度减少。物资流通企业大踏步走向市场，积极开展了木材、平板玻璃、机电产品的配进试点，物流的重要性开始在物资、商业、外贸、交通、铁路、货代等各个领域引起关注，铁路、公路、港口、码头、机场、货运枢纽等物流基础设施建设投入加大。

3. 社会主义市场经济下的物流（1993—1998 年）

1993 年，党的十四届三中全会通过了《中共中央关于建立社会主义市场经济体制若干问题的决定》，从此计划经济开始向市场经济转变，中国经济走向一个崭新的发展阶段。国家为了加强对流通的管理，同年组建了国内贸易部，把生产资料流通与生活资料流通融为一体，依照建立社会主义市场经济体制的目标，进一步加大了流通领域改革开放的力度，使我国的流通体制朝着社会化、市场化、现代化和国际化方向迈进。交通运输基本设施建设的飞速发展为物流现代化建立了良好的物质基础。这个阶段，我国掀起了改革开放后的又一个经济建设热潮，生产规模和产量的迅猛扩大，导致生产与消费严重失衡，库存商品的积压创下了空前纪录，流通问题特别是物流发展滞后的矛盾再度暴露，经济的持续健康发展迫切期待物流水平的提高。经济形势发展的要求推动了物流事业的发展。在物流学术领域，

1994 年,中国机械工程学会在上海召开现代物流技术与装备国际学术会议;中国物资流通协会于 1995 年成立并于 1997 年举办亚太国际物流会议。这一阶段是中国物流发展成长时期。

4. 新经济发展形势下的物流(1999 年至今)

新经济的表现形式之一是网络经济。大起大落的电子商务浪潮让人们几乎一夜之间转而聚焦物流这个"瓶颈",意识到物流才是问题的症结所在。新经济的表现形式之二是信息经济。互联网信息平台、EDI、GPS、条形码和射频识别等现代信息手段在物流管理与物流技术中的广泛运用,使物流现代化达到了新的水平,物流的功能和作用转眼间令世人刮目相看。新经济的表现形式之三是全球经济一体化。全球化生产、全球化流通、全球化消费格局的形成,促进了国际贸易和国际物流的大发展。加入 WTO(世界贸易组织)以后,全球化商品饱和、全球化市场竞争,把我国的经济活动推向了国际化竞争的舞台,使我国企业面临前所未有的严峻考验,迫使其不得不在接受挑战中寻出路。彩电、空调等家电销售中此起彼伏的价格大战,终于使中国企业不得不重视物流这一"第三利润源"。对外开放 20 多年后的中国,在新经济发展形势下,迎来了物流发展的春天,中国物流从此走上了康庄大道。2001 年,国家经济贸易委员会、铁道部、交通部、信息产业部、对外贸易经济合作部、中国民用航空总局联合印发《关于加快我国现代物流发展的若干意见》的通知。我国物流领域第一个跨部门、跨行业、跨地区、跨所有制的行业组织——中国物流与采购联合会成立;我国国家标准《物流术语》正式实施;海尔集团被中国物流与采购联合会授予"中国物流示范基地"称号。《中国物流年鉴》《中国物流发展蓝皮书》出版发行。这一阶段是中国物流大发展的年代,中国物流正在和世界经济接轨,和国际水平的差距也越来越小。

2.2.2   我国物流行业发展现状

中国是全球最大的物流市场,我国物流需求持续增长。据中国物流与采购联合会的数据,2024 年全国社会物流总额预计超过 360 万亿元,同比增长 5.6% 左右。从结构看,农产品、工业品、消费、进口领域物流需求均保持稳定增长。其中,农产品物流总额 4.2 万亿元,按可比价格计算,同比增长 5.6%;工业品物流总额同比增长 5.6%,增速比 2024 年 1—8 月提高 0.1 个百分点;单位与居民物品物流总额同比增长 8.7%,增速比 2024 年一季度回落 2.9 个百分点,其中网上零售物流需求仍保持稳步增长,实物商品网上零售额同比增长 8.8%;进口物流总额增速由降转升,同比增长 13.0%。再生资源领域保持较快增长,增速明显高于其他领域。物流基础设施网络日益完备,已发布的六批国家物流枢纽建设名单,枢纽总数达到了 151 个,形成了覆盖全国的枢纽网络。

视频 2.1   物流企业经营成本快速上涨势头缓解

视频 2.2   物流运行延续平稳恢复势头

1. 社会物流需求企稳回升,结构化升级态势持续

据中国物流与采购联合会的数据,2024 年 1—10 月,全国社会物流总额 287.8 万亿元,按可比价格计算,同比增长 5.7%,增速比 1—9 月提高 0.1 个百分点;10 月当月增长 5.7%,增速为

6 月以来的最高水平,环比提高 0.3 个百分点。从近期走势来看,自 2024 年 6 月以来,社会物流总额增速呈逐月回升态势,累计增速总体平稳,月度波动幅度有所减小,显示物流需求恢复势头有所稳固。从结构看,物流需求主要呈现以下几个特点。

(1) 工业物流总体平稳,结构进一步稳固。2024 年 1—10 月,工业品物流总额保持平稳增长,同比增长 5.8%,增速与 1—9 月基本持平;10 月当月增长 5.7%,增速比 9 月提高 0.1 个百分点。从细分行业看,超过八成行业物流总额实现增长,增长面比 2024 年 9 月进一步扩大。特别是装备制造等基础领域持续发挥支撑作用,工业品物流恢复势头得到有力巩固。2024 年 10 月,装备制造物流总额同比增长 6.2%,较上月加快 0.7 个百分点,连续 3 个月回升,对全部工业品物流总额贡献率超过四成。

(2) 政策效能逐步显现,进口物流持续改善。2024 年 1—10 月,进口物流总额同比增长 4.2%,10 月当月增长 1.9%,增速比 9 月回落 0.9 个百分点。在扩内需政策持续推进落实的同时,"一带一路"合作进入高质量发展的新阶段,"一带一路"合作伙伴关系持续深化,多重利好因素共同影响下进口物流量延续良好增势。从流向看,2024 年 10 月,我国对东盟进口改善明显,增速超过 10%;对俄罗斯和澳大利亚等大宗商品进口增长均在 10% 左右;对美国、日本等国进口降幅有所收窄。从货类看,2024 年 10 月,在消费带动下粮食、大豆、食用油等进口量增速超过 20%;原油、煤及褐煤、铜矿砂及其精矿等原材料大宗商品进口物流量持续回升,分别增长 13.5%、23.3% 和 23.6%。机电产品和高新技术产品进口量则仍有所回落。

(3) 新业态和新动能物流协同发展,带动作用显现。在电商直播购物等快速增长的驱动下,2024 年 1—10 月,全国实物商品网上零售额同比增长 6.8%,占社会消费品零售总额比重提升 0.8 个百分点。在新业态带动下,相关的智能消费品物流需求同步扩大,带动智能车载设备制造、智能无人飞行器制造物流需求增长超过 50%,新业态、新动能物流协同发展,对社会物流总额的带动作用持续显现。

(4) 假日经济效应助力消费物流持续释放。随着线下场景全面恢复,在促消费政策的助力推动下,中秋国庆假期带动餐饮、住宿、零售等消费物流需求持续回升向好。2024 年 10 月,全国餐饮相关物流需求同比增长超过 17%,增速比 9 月提高 3.3 个百分点,连续两个月加快;商品零售额同比增长 6.5%,增速比 9 月提高 1.9 个百分点。

2. 物流进入供需动态平衡调整期,行业效益边际改善

2024 年 1—10 月,物流业总收入为 12.5 万亿,同比增长 4.0%,增速较 1—9 月提高 0.2 个百分点,增速已连续 3 个月回升。显示物流供给或进入自适应调整阶段,部分细分领域市场调节机制逐步发挥作用,供大于求、产能过剩的局面有所改善。

从行业运行情况看,主要有以下几个特点。

(1) 行业景气季节性回调,行业升级步伐稳健。受到假期等季节因素影响,物流景气水平、业务量指数小幅回调。2024 年 10 月,中国物流业景气指数为 52.8%,环比回升 0.2 个百分点,但仍保持在扩张区间。分行业来看,大宗商品物流、电商快递及生鲜冷链等领域仍保持在景气区间,铁路运输、航空物流及邮政快递等升级类行业景气指数稳中有升。

(2) 行业供需改善,物流服务价格止跌回升。2024 年 10 月,公路、沿海散货等细分领域供需有所改善,部分区域、线路价格稳步回升。水运方面,沿海散货需求有所回暖,价格止跌回升。2024 年 10 月,中国沿海散货运价指数平均为 1 031.72 点,比上月回升 3.6%。公路方面,在"十一"假期和电商活动带动下,区域备货、物流周转需求增加,推动部分重点线路价格回暖。2024 年 10 月,中国公路物流运价指数为 105.1 点,比上月回升 0.65%。

(3)微观经营有所改善,物流业务量保持增长。从重点调查来看,物流企业经营调整能力有所增强,积极与产业链各领域融合发展,通过拓展服务项目和扩大服务范围,实现物流业务的多样化和增长。2024 年 1—10 月,重点调查物流企业物流业务收入同比增长 4.8%,业务量、业务收入实现平稳较快增长,增速比 1—9 月提高 0.8 个百分点。其中大宗商品供应链、仓储物流相关业务收入增势明显,增速高于平均水平超过 3 个百分点。

(4)物流企业着力降本增效,行业效益边际改善。受到上游需求不足制约,物流行业竞争日趋激烈,企业降本增效行动力明显提升,通过精细化经营、调整供给产能、数字化赋能等手段实现成本节约。但受原材料价格上涨、服务人员增加等因素影响,重点企业物流业务成本同比增长 5.0%,增速快于收入增长 0.2 个百分点,每百元物流收入成本比 2024 年 1—9 月提高 0.4 元,物流企业盈利效益有所趋缓。

综合来看,2024 年物流需求呈现恢复向好态势,新动能、新业态需求带动作用显著。物流供给结构同步优化,产业加速转型升级,服务价格止跌回升,行业效益出现改善迹象,业务活动预期指数仍维持 52% 的较高景气区间,企业对市场预期保持乐观。后期随着扩内需、促消费等政策的持续显效,物流运行有望延续稳步回升的发展态势。

2.2.3　我国物流发展的特点

1. 物流企业加大并购力度,行业整合提速

物流行业集中度低,导致市场竞争激烈,以降低服务价格为主要竞争手段,行业整体缺乏差异化的产品和服务。进入门槛低是导致物流业集中度低、价格竞争激烈的重要原因之一。近年来集中度不断提升,但行业仍缺乏具有定价权的龙头型公司。

规模较大的物流公司,可利用规模经济,在网络覆盖、运力配置等方面发挥及时、安全、低成本等优势。小企业服务功能少,综合化程度低,管理能力弱,竞争能力弱,信息能力弱,经济秩序不规范,不适应现代物流追求动态运作、快速响应的要求。

2. 服务范围不断向供应链两端延伸

目前,我国物流企业与制造业的联动深入发展、建立深度合作关系,物流服务范围不断向供应链两端延伸。

一些物流企业从只承担少量简单物流功能外包的第三方物流拓展到全面介入制造企业供应链的第四方物流,在供应链上游为制造企业提供原材料与零部件采购服务、原材料入场物流服务、原材料库存管理服务等,在供应链下游为制造企业提供生产线后端物流加工服务、产成品销售物流服务、零部件、售后物流服务等,物流专业化服务水平和效益显著提高。

自 2014 年以来,业内形成一批具有一定规模、富有国际竞争力的领先供应链管理企业,与此同时,国家政策大力支持,鼓励和引导更多的物流企业向供应链两端延伸服务范围。

3．通用物流与专业物流分化

近年来，物流行业内的通用与专业分化趋势日益明显，专业化逐渐成为物流企业的发展方向。物流向专业化发展

扩展阅读 2.2　乡村振兴战略下现代农业与物流业耦合协调机制研究

的趋势是由需求来决定的，企业对降低物流成本的需求越来越大，通过优化内部物流管理节约成本可增加企业利润，同时通过优化供应链管理来降低成本，对专业能力要求很高，要求物流服务的专业化。

通用物流与专业物流相比，对于客户依赖度较小，市场规模更大，但竞争相对更激烈。对一些企业在物流环节中特殊要求较少的，通用物流相比专业物流，具备客户门槛较低、对自身资源要求较少、更具成本优势的特点。通用物流与专业物流的分化，有利于为不同物流需求的企业提供更适合自身发展的服务。

2.2.4　我国物流发展中面临的问题及对策

1．面临问题

（1）物流配送基础设施和配送管理手段落后。我国运输网络的建设、配送中心的规划与管理、仓储设施的现代化配置、配送运输工具的更新换代、物流管理模式和经营方式的优化等的不到位严重阻碍了我国电子商务和现代物流的协同发展。

（2）管理体制和管理水平存在不足。目前，越来越多的物流企业开始注重信息化的投入和使用，虽然可以从市场上购买到企业物流配送所需的各种信息化系统，但企业内部的管理能力、组织设置、技术水平，甚至包括企业文化和道德观念的改变却与物流需求存在差距。

（3）标准化和信息化工作跟不上物流发展需要。如物流企业内部各岗位的操作标准未纳入企业的操作体系。多数物流企业作业手段仍然粗糙，仍通过传、帮、带的方式培养一线操作人员，使得物流企业的服务和运作无法满足客户的需求。物流企业信息系统大多仅呈现关键环节的数据，而缺乏对过程管理标准化的重视。

（4）物流管理人才稀缺。国外的物流经过多年发展，已形成了一定规模的物流教育系统，许多高校设置了与物流相关的课程，为物流行业培养并输送了大批实用人才。相比之下，我国在这方面的教育还相当落后，人才严重缺乏，无法为新的体系建立提供足够的智力支持，成为目前发展的巨大障碍。

（5）我国物流产业空间布局上呈现区域梯级发展模式。我国物流产业空间发展不平衡，东部沿海地区明显领先于中西部地区，表现为物流基础设施和规模大的物流企业多集中于东部沿海地区。根据《第六次全国物流园区（基地）调查报告》（2022），我国物流基础设施 54％分布在东部、30％分布在中部、16％分布在西部，呈现明显梯级递减模式。物流基础设施"鸿沟"已经成为制约中西部物流产业快速发展的瓶颈。我国城市物流与农村物流发展严重失衡，农产品物流与农资物流发展滞后，城乡物流"二元鸿沟"现象显著。目前，农村交通网络还不够发达，农产品物流设施、设备落后，农产品现代物流企业几乎是空白，造成我国农产品物流低效率。资料显示，我国水果、蔬菜等农副产品在采摘、运输、储存等物流

环节上的损失率高达 25%～30%。[①]

2．解决对策

（1）建立信息化为核心的现代物流体系。在电子商务模式下，现代物流企业可充分利用网络优势建立信息系统和网络平台，开展商品物流跟踪、客户响应模式，建立信息处理和传递系统，提供更加完善的配送和售后服务。

（2）建立科学的内部管理体系。现代物流企业需要从组织设计着手，结合业务运作方式，设计高效的组织运作机制，并厘清各业务流程，制定符合客户需求的业务操作标准。组织设计和调整要灵活，可根据客户的需求灵活搭建班子，迅速响应客户需求。还要结合信息技术，对各操作环节进行标准化管理和监督，提高企业运作效率，保证业务操作质量，从而提高客户满意度，降低企业运营成本，实现利润最大化。

（3）加强现代物流人才培养。一体化物流管理、一体化供应链管理物流人才是重要的支撑。重点培养具有现代物流管理理念以及先进物流技术的决策人员、管理人员、技术人员和操作人员，这将是现代物流企业提高运作效率和服务效率的重要因素，加强信息技术人才的培养和物流从业人员信息技术知识与技能的培训，是彻底改变物流领域信息技术水平落后的关键。

（4）加速城乡一体化发展进程。统一城乡物流发展规划，发挥城市物流对农村物流的辐射与带动作用，应将农村物流视为我国现代物流体系的重要组成部分和社会主义新农村建设的重要内容。要把农村物流体系建设纳入物流业发展整体系统中，从宏观性、战略性和全局性高度，制定出统一的城乡物流发展规划，合理布局全国物流系统。

2.3　物流的发展趋势

2.3.1　物流技术装备越来越呈现软硬件融合

目前物流技术与装备的创新逐步向自动化、智能化、智慧化方向升级，物流技术与装备越来越呈现出软件与硬件融合的趋势，软件的作用越来越大，特殊的技术产品，软件的进步已经逐步占据了主导作用。比如无人仓系统、智能自动化仓库系统，仓储执行系统（WES）、仓储控制系统（WCS）等越来越重要；物流机器人的指挥调度系统、自主导航系统、自动执行能力等越来越智能化，从过去的 AGV（Automated Guided Vehicle，自动导引车）向 AMR（自主移动机器人）进化；物流技术装备系统的功能化模块与软件结合，推动系统柔性化发展等。

物流技术装备的软硬件结合发展趋势：一是物流系统智慧大脑调度控制软件技术越来越得到设备供应商的重视；二是内部物流的技术装备系统越来越与企业供应链管理系统协同管理、无缝对接；三是智能硬件与智能硬件系统越来越柔性化，满足各类作业需求；四是

[①]　果蔬损耗 20% 到 5% 的差距，每年损失 4000 亿！［EB/OL］.（2021-09-14）. http://news.cjveg.com/news.aspx?id=4300.

基础智能硬件产品越来越与物流系统平台无缝对接,形成业务场景,对接服务场景,提供解决方案;五是人工智能、大数据、云计算、物联网、5G(第五代移动通信)、区块链等新技术不断与物流技术装备系统对接,提供智能加持。

2.3.2　智慧物流成为主要发展方向

国务院办公厅印发《国务院办公厅关于运用大数据加强对市场主体服务和监管的若干意见》,要求在政府层面推动大数据应用。在电子商务、物流行业等需求的推动下,大数据产业迎来年均逾 100％的增长率,市场规模将达百亿级别,基于物联网大数据的智慧物流将是现代物流的发展方向。

随着移动互联网技术成熟,在国家政策支持下,顺应"互联网＋物流"趋势崛起的新兴服务平台已经能够实现车货智能匹配、货物状态实时跟踪、精准货物推荐等服务功能,注册用户、交易数量等业务指标也随着大数据产业发展呈现翻倍增长态势,向着生态化、智能化产业链的目标发展。同时,对于"大数据"技术的充分应用,物流路线、选址及仓储等,都有望得到进一步优化,从而实现即时服务的终极目标。

目前很多企业在探索智慧供应链体系,助力企业供应链全要素整体互联互通、高效协同,以实现企业供应链与物流全面升级。例如:旷视科技,作为全球领先的以 AI 技术为核心的智慧物流产品和解决方案提供商,推出了旷视河图系统、全系列机器人及智能物流装备,全面展示了旷视智慧物流产品和解决方案。霍尼韦尔公司则推出了从数据采集到智能仓储系统的多款创新性高科技产品及解决方案,从多个维度满足物流仓储行业的个性化需求,提供的端到端供应链整体解决方案,助力企业更好地整合供应链上下游各环节,使之形成一个有机整体,实现供应链整体运营的优化和智慧升级。苏宁物流推出了 5G 赋能的电商智慧零售供应链解决方案,服务企业智慧供应链。

2.3.3　物流企业向规模化、集约化与协同化方向发展

物流行业既有的粗放增长和简单服务不可持续,也无法在产业结构调整和发展中发挥基础性作用。因此,国家积极鼓励物流企业通过参股控股、兼并重组、协作联盟等方式做大做强,也明确了要完善法规制度和规范市场秩序,物流行业将进入一个兼并收购期,这有利于我国物流市场结构逐步从分散走向集中,形成"零而不乱、散而有序"的新业态。

1. 生产企业

效率较高的生产企业内部物流可以逐渐独立,演变为专注于某个产业的第三方物流公司,比如日日顺物流、安得物流等;而效率不高的生产企业内部物流逐渐被淘汰,外包给第三方物流。

2. 物流企业

不规范或经营不佳的物流企业会逐渐被淘汰,此外还能承接部分生产企业的外包业务,网络型、高效率的物流企业将获得兼并收购和承接市场份额的发展机会。而专业化体

现在物流子行业上,比如运输领域,为鼓励无车承运物流创新发展,加快完善与新经济形态相适应的体制机制,提升服务能力,促进物流业降本增效,交通运输部在全国开展道路货运无车承运人试点工作。推进无车承运人试点,有利于去掉运输的中间环节,提升物流行业效率,降低空驶率,减少运输成本。

2.3.4　绿色物流发展趋势明显

目前,绿色发展已经成为新时代的发展主题,物流领域通过绿色物流技术装备来减少污染,降低碳排放,实现绿色物流发展成为需求方的关注焦点。

绿色物流包装已经得到习近平总书记的关注与批示,国务院、国家发改委、商务部、工业和信息化部、国家邮政局等系统针对绿色物流包装已经出台了系列文件,尤其是 2020 年底到 2021 年初,物流绿色包装各项政策更是密集出台,文件要求大力推进减量包装技术、智能包装技术、循环使用包装技术、可降解物流包装技术,减少包装垃圾尤其是电商物流包装垃圾,实现物流包装绿色化发展。除物流包装领域外,在仓储物流系统、货运物流系统,大力推进绿色物流技术装备创新,也是实现绿色物流发展的最主要路径。

在绿色自动化仓库技术设备方面,需要大力推广堆垛机蓄能技术、电机节能技术、减速器节能技术、系统集成节能技术;需要推进采购绿色货架、电动叉车、节能型内燃叉车、其他新能源叉车、绿色托盘等产品;需要推进环保材料托盘、物流周转箱、冷链物流箱产品应用。

在仓储设施领域,要大力推进仓库屋顶光伏分布式发电技术、仓储规划与设计节能技术、仓储建筑节能技术、暖通节能技术、照明节能技术、冷库建筑节能集成技术。

在绿色货运领域,要大力推进汽车轻量化技术、降低货车空气阻力技术、节能轮胎技术、发动机节能技术、智能辅助驾驶技术等。

2.3.5　电子物流发展势头强劲

基于互联网的电子商务快速发展促进了电子物流(E-Logistics)的兴起。作为有形商品商务活动基础的物流,不仅已成为电子商务的障碍,而且也是电子商务能够顺利进行和发展的关键因素。如何建立一个高效率、低成本运行的物流体系来保证电子商务的顺畅发展,已成为人们关注的焦点。而电子物流则是利用电子化的手段,尤其是利用互联网技术来完成物流全过程的协调、控制和管理,实现从网络前端到最终客户端的所有中间过程服务;同时通过物流组织、交易、服务、管理方式的电子化,使物流商务活动方便、快捷地进行,以实现物流的快速、安全、可靠、降低费用。

2.3.6　应急物流和民生物流的重要性日益凸显

我国自然环境和气候复杂多样,自然生态灾害严重。在加快推进工业化、城市化和经济社会转型时期,各类突发性事故发生概率将会加大,加之全社会安全意识不断提升,应急物流体系建设十分迫切。"三农"问题、医药卫生、社会救助、生活用品服务、邮政普遍服务、可追溯食品供应链管理等要求加快发展服务于民、方便于民、受益于民的民生物流。

 即测即练

 课后复习题

1. 简述国外物流发展的主要特征。
2. 简述我国物流行业发展历程。
3. 简述我国物流发展中面临的问题。
4. 简述我国物流发展的对策。
5. 简述我国物流发展的趋势。

📖 阅读案例

山东省临沂商贸物流的缩影——顺和集团

顺和集团成立于 1980 年,位于山东省临沂市兰山区,是集物流仓储、直播电商、物业服务等业务于一体的现代化集团公司,下辖临沂天源国际物流有限公司、山东顺和国际物流有限公司、顺和直播电商科技产业园、顺和置业有限公司等 10 余家分公司。

多年来,顺和集团始终坚持"一业为主、多元化经营"的发展理念,以物流产业带动集团其他产业板块协同发展。其中天源国际物流园是集团支柱产业,园区占地面积 1 000 余亩(1 亩≈666.67 平方米),建筑面积 70 多万平方米,现有经营户 1 000 余家,国内外运营网点 5 000 多个,运营车辆 15 万辆,年货物吞吐量 2 000 万吨,是临沂市规划面积最大的集物流仓储、信息服务、三方物流、国际贸易、国际物流、停车、维修、餐饮住宿等配套功能于一体的高档商贸物流园区,运营线路覆盖全国县级及以上城市。为了满足市场需求和提高产品质量,顺和集团积极进行技术创新。该集团引进了一批国内外先进的生产设备和技术,不断优化生产流程,提高产品的精确度和可靠性。同时,该集团还与多家高等院校和科研机构建立了紧密的合作关系,共同开展科研项目,推动产学研用的深度融合。顺和集团积极拓展国内外市场,扩大产品销售范围。该集团与国内外多家大型钢铁企业建立了长期、稳定的合作关系,开拓了南北方市场和国际市场,产品远销美国、欧洲、东南亚等地。同时,该集团还与多家大型工程公司和房地产开发商合作,为其提供定制化的钢铁产品和解决方案。随着集团的规模不断扩大,为了进一步提高资金利用效率和降低成本,顺和集团积极开展资本运作。该集团通过 IPO(首次公开募股)和债券发行等方式,成功吸引了境内外的投资者,获得了大量的资本支持。该集团还积极参与股权交易市场,通过收购、合并和重组等方式,进一步优化了产业布局和资源配置。

随着电商直播的迅猛发展,顺和集团瞄准电商直播新机遇,率先将传统商场转型为电商直播产业园,投资兴建顺和直播电商科技产业园。产业园总建筑面积 15 万平方米,其中

一期建筑面积 10 万平方米，二期建筑面积 5 万平方米，总投资近 9 亿元，是江北规模最大、影响力最广的直播基地，同时也是全国唯一一家同时服务抖音和快手的综合服务商，临沂首家形成完整服务闭环的直播电商科技产业园，是大物业、供应链经营、快递云仓、自营商家、主播孵化、统一管理的产业园。产业园已合作快手带货商家（主播）8 500 多，同步入驻产业园的有 200 多，快手电商产业带内有主播 600 多，总粉丝数量超 1 亿人，联合日均单量 60 多万单，日均客单价约 50 元/单，预计年交易额过 200 亿元。

综上所述，顺和集团凭借持续的创新能力、专业化的管理团队和稳定的市场供应能力，实现了从小型企业到大型集团的跨越式发展。该集团不仅在行业内取得了良好的口碑和市场地位，也为当地的经济发展和社会进步作出了重要贡献。

资料来源：临沂市兰山区兰山街道李庄社区编委会.李庄社区志(2011—2020)[M].北京：中国商业出版社，2022.

第 3 章

运　　输

本章学习目标

1. 理解运输的作用和重要性；
2. 掌握运输合理化的原则；
3. 熟悉各种运输方式的特点；
4. 掌握运输方式选择思路和方法；
5. 熟悉运输线路规划问题；
6. 掌握运输线路优化模型。

引导案例

推动高质量发展，中国外运做绿色物流领跑者

在"双碳"目标下，碳达峰、碳中和相关文件相继出台，对我国推进碳达峰、碳中和工作提出了新的指导思想、工作原则、主要目标和任务举措，擘画了我国绿色高质量发展蓝图。近年来，中国外运致力于全面绿色转型，重点围绕清洁能源应用、技术改造、数字化应用、管理提升以及服务社会绿色转型等方面对症下药，稳妥有序地推进绿色物流供应链、绿色物流数字化、绿色物流能源、绿色物流碳管理、绿色物流碳普惠五大解决方案，走出了一条独具特色的绿色物流转型发展之路，逐渐成为行业内高质量、可持续绿色物流解决方案的重要参与者、贡献者和引领者。

关于绿色物流供应链未来的发展趋势，中国外运认为，应用更清洁高效的生物质燃油、LNG（液化天然气）能源，增加对电动物流车、氢燃料电池物流车等的市场投放将有效减少碳排放量。在实践过程中，氢燃料电池技术相对不成熟，但整体市场活跃度较高，基于此，中国外运积极探索该领域示范应用，推动氢燃料电池重卡的市场投放，并与上下游客户及供应商互利互惠共创发展，为加快培育绿色物流供应链注入新动能。

此外，中国外运发现通过更大规模地使用动力回收系统、热回收系统、空气动力优化装置、轻量化改造、碳捕捉等技术可有效减少碳排放量。

在实际应用中，一方面，中国外运通过实施电池技术和解决方案及集装箱堆高机设备电气蓄能解决方案，将不符合排放标准的柴油叉车更换成电瓶叉车，以"租赁＋自采"的方式确保业务使用，减少对能源的消耗，有效实现了节能降耗。另一方面，中国外运鼓励上下游合作伙伴积极发现、推荐或创新有明显节能降耗效果的设备技术，如根据客户欧盟标准确认排放因子、运输货量、行驶里程等数据，以双方认可的数据采集、应用和转化标准进行

验证测算,实现了项目级的数据统计标准化目标;加速推动库内操作线上化进程,根据客户需求重塑组织流程,提升运营效率,起到降低能耗的效果;应用 eWMS(仓储管理信息系统)加强库内管理,在各地仓库应用节能灯,强化"人走灯灭"监督机制,贯穿运营过程推动全面降耗;在试点库内投入数字化设备提升人员运营效率,同时结合客户的业务场景上线"物流控制塔"项目,为客户精准管理库存并优化成本等,赋能客户有效仓储资源利用率,从而加快推动传统物流向绿色低碳转型发展。

同时,随着 AGV/AMR 类仓储机器人方案得到行业及客户广泛认可,中国外运认为进一步使用电气化/新能源类机器人将是未来降低人工成本、减少碳排放量的另一发力点。

此外,在运输方式的选择上,中国外运提出,可优先采用能耗和排放强度更低的公转铁、公转水、共同配送等多式联运方式。其中,促进多式联运商业推广方面,中国外运将大量出口货物运输方式由公路改为铁路,节能效果显著。同时,中国外运依靠其丰富的海河联运网络,不断优化省内海河联运业务网络布局,积极实施"以进带出、以内带外、以散带集"的业务发展策略,加快推进海河联运业务发展。

在中国外运看来,碳达峰、碳中和未来可能会带来产业革命新浪潮,给物流行业发展带来新的可能性,颠覆并重塑现有的行业格局。处于行业中的企业应把握战略机遇,制订长远的绿色物流发展计划,抢占在当前业务场景下的机会点和商业价值。

当前,中国外运已发布"双碳"战略规划,这既是中国外运未来绿色物流发展的重要着力点,也标志着在可持续发展的道路上,中国外运又将开启新的篇章。

作为招商局集团物流业务的统一运营平台和统一品牌,中国外运主动担当,积极践行央企责任,始终致力于为全球客户提供专业的物流服务。展望未来,中国外运将以更强的责任感、使命感,立足自身产业优势,在绿色低碳物流的高水准舞台上奏出中国外运最强音,为国家实现碳达峰、碳中和目标作出积极贡献。

资料来源:推动高质量发展,中国外运做绿色物流领跑者[EB/OL].(2023-03-06). https://mp. weixin. qq. com/s/16YkJ5QI5Ey9uDiiGCp8lQ.

3.1 运输的概念及作用

3.1.1 运输的概念及重要性

物流的运输专指"物"的载运及输送。它是在不同地域范围间(如两个城市、两个工厂之间),以改变"物"的空间位置为目的的活动,是对"物"进行的空间位移。

运输是人和物的载运及输送。《物流术语》(GB/T 18354—2021)对运输的解释是利用载运工具、设施设备及人力等运力资源,使货物在较大空间上产生位置移动的活动。运输是一种在空间上将货物在不同区域之间(例如在两个城市、两个工厂之间,或在大型企业中相距甚远的两个车间之间)移动的活动,目的是改变货物的空间位置。

运输和搬运的区别在于,运输是较大空间范围的活动,而搬运是在同一地域之内的活动。

运输一般分为输送和配送。输送是指长距离点到点的运输,配送则是到终端的短距离、小批量的运输。因此,可以说运输是指整体,配送则是指其中的一部分,而且配送的侧重点在于一个"配"字,它的主要意义也体现在"配"字上;而"送"是为最终实现资源配置的"配"而服务的。

运输是物流的主要功能之一。按物流的概念,物流是物品实体的物理性运动,这种运动不仅改变了物品的时间状态,也改变了物品的空间状态。而运输承担了改变空间状态的主要任务,是改变空间状态的主要手段;运输再配以搬运、配送等活动,就能圆满完成改变空间状态的全部任务。

运输可以创造物的空间价值。同种物品由于空间场所不同,其使用价值的实现程度不同,其效益的实现也不同。由于改变场所而最大限度发挥使用价值,最大限度提高了投入产出比。通过运输,将物品运到场所效用最高的地方,就能发挥物品的潜力,实现资源的优化配置。从这个意义来讲,也相当于通过运输提高了物品的使用价值。

运输是"第三利润源"的主要源泉。首先,运输是运动中的活动,它和静止的保管不同,要靠大量的动力消耗才能实现,且运输又承担大跨度空间转移的任务,所以活动的时间长、距离远、消耗大。消耗的绝对数量大,其节约的潜力也就大。其次,从运费来看,它在物流总成本中占据最大的比例,一般综合分析计算社会物流费用,运输费在其中占近50%的比例,有些产品运费高于其生产成本。所以,节约的潜力非常大。最后,由于运输总里程远,运输总量大,通过体制改革和运输合理化可大幅缩短运输吨千米数,从而获得比较大的节约。

3.1.2　运输分类

按不同的标准,运输有不同的分类方法。

(1) 按运输的范围,其可分为干线运输、支线运输、城市内运输和厂内运输。干线运输是指利用铁路、公路的主干线路,以及远洋和内河的固定航线进行大批量、长距离的运输,是长距离运输的一种重要形式。支线运输是与干线相接的分支线路上的运输,支线运输是干线运输与收发地点之间的补充运输形式,距离较短,运量较小。城市内运输是干线、支线运输到站后,站与用户仓库或指定接货点之间的运输,属于二次运输。厂内运输是在工业企业范围内,直接为生产服务的运输。

(2) 按运输的作用,其可分为集货运输和配送运输。集货运输,是指将分散的货物集聚起来集中运输的一种方式。因为货物集中后才能利用干线进行大批量、远距离的运输,所以集货运输多是短距离、小批量的运输。配送运输是指将被订购的货物使用汽车或其他运输工具从供应点送至顾客手中的活动,也属于短距离、小批量的运输。

(3) 按运输的协作程度,其可分为一般运输和联合运输。一般运输是指采用一种运输工具没有形成有机协作关系的运输,如汽车运输、火车运输等。联合运输简称联运,将不同的运输方式、几个运输企业,或产、供、运、销部门有机地衔接起来,对全运程进行统筹,办理一次托运手续便能把货物从产地或始发地迅速、简便、经济、安全地运达收货地,旅客能一票到达目的地;多式联运是联合运输的一种现代方式,是指由两种及两种以上的交通工具衔接、转运而共同完成的运输过程。

(4) 按运输中途是否换载,其可分为直达运输和中转运输。直达运输是指客货在某一运输工具上从始发站(始发港)直接运至到达站(终到港),旅客中途不换乘、货物中途不换装(铁路整车货物中途无改编作业)的运送方法。其优点是减少客货运输的中转环节,加速客货送达和工具周转,提高运输质量,降低运输费用。中转运输是指商品销售部门把商品送到某一适销地点,再进行转运、换装或分运的工作,如发货地用地方管辖的船舶发运,路途中换装交通运输部所管辖的船舶运输;或火车整车到达后,再用火车零担转运到目的地等。

(5) 按运输设备及运输工具,其可分为铁路运输、公路运输、水路运输、航空运输和管道运输。这五种运输方式构成了现代的综合运输体系,其中公路运输是最主要的运输方式之一。

3.1.3 运输系统合理化

运输系统合理化主要包括运输的时效性、可靠性、沟通性、便利性和经济性等几个方面。

1. 时效性

时效性是流通业客户最重视的因素,也就是要确保在指定的时间内交货。由于运输配送是从客户订货至交货各阶段中的最后一个阶段,也是最容易无计划性延误时程的阶段(配送中心内部作业的延迟较易掌握,可随时与客户协调),一旦延误,便无法弥补。即使在配送中心内部稍稍延迟,若规划一个良好的配送计划,则仍能补救延迟的时间,因而运输配送作业可以说是掌控时效的关键点。

一般未能掌握运输配送时效性的原因,除司机本身问题外,不外乎所选择的配送路径路况不佳、中途客户点下货不易以及客户未能及时配合等问题,因此合理选择配送路径或增派配送人员卸货,才能让每个客户都在期望时间收到期望的货。

2. 可靠性

可靠性是指将货品完好无缺地送达目的地,这一点与配送人员的素质有很大关系。对运输配送而言,达成可靠性目标的关键在于:装卸货时的细心程度;运送过程对货品的保护;对客户地点及作业环境的了解;配送人员的职业道德。

如果运输配送人员随时注意这几项原则,货品必能以最好的品质送到客户手中。

3. 沟通性

配送人员是将货品交到客户手中的负责人,也是客户最直接接触的人员,其表现出的态度、反应会给客户留下深刻的印象,无形中便成为公司形象的体现,因而配送人员应与顾客做好沟通,具备良好的服务态度,才能维护公司的形象,并巩固客户的忠诚度。

4. 便利性

运输的便利性就是要让顾客觉得方便,因而对于客户的送货计划,应采取弹性的系统,才能够随时提供便利的服务。例如,紧急送货、信息传送、顺道退货、辅助资源回收等。

5.经济性

满足客户的服务需求,不仅品质要好,价格也是客户非常重视的方面。因而如果让运输高效运作且成本控制得当,对客户的收费比较低廉,也就更能以经济性来抓住客户了。

3.2　基本运输方式及选择

3.2.1　基本运输方式

常见的基本运输方式包括铁路运输、公路运输、水上运输、航空运输以及管道运输五种。

1.铁路运输

铁路运输是使用铁路设备、设施运送旅客和物品的一种运输方式。其特点是运输能力大、连续性强,在长距离运输中,送达速度仅次于航空运输(但在过短距离运输中,则又不及公路运输)。

铁路运输分为车皮运输和集装箱运输。车皮运输是指租用适合物品数量和形状的车皮所进行的铁路运输方式。这种方式适合运送大宗物品,主要用来运送煤炭、水泥、石灰等无须承担高额运费的大宗物品。集装箱运输是铁路和公路联运的一种复合型直达运输,其特征是送货到门,可以由一个地点直达另一个地点,适合于化工产品、食品、农产品等多种物品的运输。

铁路运输的主要优点是速度快,受自然条件限制少,载运量大,运输成本较低;主要缺点是灵活性差,只能在固定线路上实现运输,需要与其他运输手段配合和衔接。

铁路运输经济里程一般在 200 千米以上。因此,在短距离运输中,铁路运输竞争不过公路运输。但从成本、环保等方面考虑,铁路货运有望占有重要地位。

2.公路运输

公路运输主要承担近距离、小批量的货运和水上运输、铁路运输难以到达地区的长途、大批量货运及铁路、水上运输优势难以充分发挥的短途运输。由于公路运输有很强的灵活性,近年来,随着我国高速公路的快速建设,在有铁路、水上运输的地区,长途的大批量运输也开始使用公路运输。

公路运输主要有整批货物运输、零担货物运输、特种货物运输、集装箱货物运输等。

托运人一次托运的货物在 3 吨(含 3 吨)以上,或虽不足 3 吨,但其性质、体积、形状需要一辆 3 吨及 3 吨以上汽车运输的,均为整批货物运输或称整车货物运输;托运人一次托运货物计费质量在 3 吨以下的,为零担货物运输;因货物的体积、质量的要求需要大型或专用汽车运输的,为特种货物运输;采用集装箱为容器,使用汽车运输的为集装箱货物运输。

公路运输的主要优点是灵活性强,公路建设期短,投资较低,易于因地制宜,对收到站设施要求不高,可以采取"门到门"(door to door)运输方式,即从发货者门口直到收货者门口,而不需转运或反复装卸搬运。同时,公路运输也可作为其他运输方式的衔接手段。公路运输的经济半径,一般在 200 千米以内。

3. 水上运输

水上运输是使用船舶运送客货的一种运输方式,简称水运。水上运输主要承担数量大、距离长的运输,是在干线运输中起主力作用的运输形式。在内河及沿海,水上运输也常使用小型运输工具,担任补充及衔接大批量干线运输的任务。

水上运输有内河运输、沿海运输、近海运输和远洋运输四种形式。

内河运输是使用船舶和其他运输工具,通过国内江湖河川等天然或人工水道运输物品的一种运输方式。沿海运输是沿国内海岸线,岛屿与岛屿之间或岛屿与大陆之间的货物运输。近海运输是使用船舶通过大陆邻近国家海上航道运送客货的一种运输方式,视航程可使用中型船舶,也可使用小型船舶。远洋运输是为进出口贸易、经济交流和人员往来服务的国与国之间的海上客货运输,因此又称海洋运输。

水上运输的主要优点是成本低,能进行低成本、大批量、远距离的运输。但是水上运输也有显而易见的缺点,主要是运输速度慢,受港口、水位、季节、气候影响较大,因而一年中中断运输的时间较长。

4. 航空运输

航空运输简称空运,是使用飞机运送客货的一种运输方式。其具有航线直、速度快、可以飞越各种天然障碍、长距离运输不着陆的优点,能保证贵重、急需或时间性要求很强的小批物品的运输;缺点是运载量小,运输成本高。

航空运输的单位成本很高,因而主要适合运载的物品有两类:一类是价值高、运费承担能力很强的物品,如贵重设备的零部件、高档产品等;另一类是紧急需要的物品,如救灾抢险物品、药品等。

5. 管道运输

管道运输是利用管道输送气体、液体和粉状固体的一种运输方式。其运输功能是靠物体在管道内顺着压力方向循序移动实现的。与其他运输方式相比,其最主要的区别在于管道设备是静止不动的。

管道运输的主要优点是,由于采用密封设备,在运输过程中可避免散失、丢失等损耗,也不存在其他运输设备本身在运输过程中消耗动力所形成的无效运输问题。此外,它具有运输量大、连续作业的特点,适合于批量大且连续运送的物品。

几种运输方式的综合比较如表 3-1 所示。其营运特征比较如表 3-2 所示,其中数字代表五种运输方式各种运输特性高低的排名。

表 3-1 几种运输方式的综合比较

运输方式	适用情况	优点	缺点
铁路运输	长距离、大数量的货运	速度快、受自然条件限制小、载运量大、运输成本较低	灵活性差,只能在固定线路上实现运输

续表

运输方式	适用情况	优点	缺点
公路运输	小批量、短距离	灵活性强、建设期短、投资较低	长距离运输运费相对昂贵、易污染和常发生事故、消耗能量多
水上运输	大数量、长距离	适合长距离运输、成本低、批量大、承载量大	速度慢,受港口、水位、季节、气候影响较大
航空运输	高价值货物和紧急物资	速度快、不受地形的限制	成本高
管道运输	气体、液体和粉状固体	运输量大、适合于大量连续运送的物资	灵活性差

表 3-2 几种运输方式的营运特征比较

营运特征	铁路运输	公路运输	水上运输	航空运输	管道运输
运价	3	2	5	1	4
速度	3	2	4	1	5
可得性	2	1	4	3	5
可靠性	3	2	4	5	1
能力	2	3	1	4	5

3.2.2 多式联运

1. 多式联运的概念及特点

《联合国国际货物多式联运公约》对国际多式联运所下的定义是:按照多式联运合同,以至少两种不同的运输方式,由多式联运经营人将货物从一国境内接管货物的地点运到另一国境内指定交付货物的地点。而中国海商法对于国内多式联运的规定是,必须有种方式是海运。多式联运应具有以下特点。

扩展阅读 3.1 国务院办公厅关于印发推进多式联运发展优化调整运输结构工作方案(2021—2025 年)的通知

(1) 根据多式联的合同进行操作,运输全程中至少使用两种运输方式,而且是不同方式的连续运输。

(2) 多式联的货物主要是集装箱货物,具有集装箱运输的特点。

(3) 多式联运是一票到底,实行单一运费率的运输。发货人只要订立一份合同,一次付费,一次保险,通过一张单证,即可完成全程运输。

(4) 多式联运是不同方式的综合组织,全程运输均是由多式联运经营人组织完成的。无论涉及几种运输方式、分为几个运输区段,都由多式联运经营人对货运全程负责。

2. 国际多式联运的主要组织形式

国际多式联运是采用两种或两种以上不同运输方式进行联运的运输组织形式。由于国际多式联运具有其他运输组织形式无可比拟的优越性,因而这种国际运输新技术已在世界各主要国家和地区得到广泛的推广与应用。其主要组织形式包括海陆联运和海空联运。

1) 海陆联运

海陆联运是国际多式联运的主要组织形式,也是远东/欧洲多式联运的主要组织形式之一。这种组织形式以航运公司为主体,签发联运提单,与航线两端的内陆运输部门开展联运业务。

在国际多式联运中,陆桥运输(land bridge service)起着非常重要的作用。它是远东/欧洲国际多式联运的主要组织形式。陆桥运输,是指采用集装箱专用列车或卡车,把横贯大陆的铁路或公路作为中间"桥梁",使大陆两端的集装箱海运航线与专用列车或卡车连接起来的一种连贯运输方式。

欧亚大陆桥为欧洲与亚洲两侧海上运输线连接起来的便捷运输铁路线。现有三条已运行:第一欧亚大陆桥[西伯利亚大陆桥(Siberian Land Bridge,SLB)]、第二欧亚大陆桥和第三欧亚大陆桥。

(1) 第一欧亚大陆桥是世界上第一条连接欧洲、亚洲的大陆桥。它的起点为俄罗斯东部的符拉迪沃斯托克(海参崴)[从海参崴分有支线(即原东清铁路的西部干线):由绥芬河入中国境,途中经哈尔滨、齐齐哈尔、昂昂溪、扎兰屯、海拉尔直至满洲里出中国境],横穿西伯利亚大铁路通向莫斯科,然后通向欧洲各国,最后到荷兰鹿特丹港,贯通亚洲北部。整个大陆桥共经过俄罗斯、中国(支线段)、哈萨克斯坦、白俄罗斯、波兰、德国、荷兰 7 个国家,全长 13 000 千米左右。

西伯利亚大陆桥是世界上最著名的国际集装箱多式联运线之一,通过俄罗斯西伯利亚大铁路,把远东、东南亚和中亚地区与欧洲、中东地区连接起来,因此又称亚欧大陆桥。1971 年,西伯利亚大陆桥由苏联对外贸易运输公司正式确立。全年货运量高达 10 万标准箱,最多时达 15 万标准箱。使用这条陆桥运输线的经营者主要是日本、中国和欧洲各国的货运代理公司。其中,日本出口欧洲杂货的 1/3、欧洲出口亚洲杂货的 1/5 是经这条陆桥运输的。由此可见,它在沟通亚欧大陆、促进国际贸易中所处的重要地位。

日本、东南亚、中国香港等地运往欧洲、中东地区的货物由海运运至俄罗斯的东方港或纳霍德卡后,经西伯利亚大陆桥有三种联运方式:①铁路-铁路线,经西伯利亚大铁路运至俄罗斯西部国境站,经伊朗、东欧或西欧铁路再运至欧洲各地,或按相反方向运输。②铁路-海运线,经西伯利亚大铁路运至莫斯科,经铁路运至波罗的海的圣彼得堡、里加或塔林港,再经船舶运至西欧、北欧和巴尔干地区,或按相反方向运输。③铁路-公路线,经西伯利亚大铁路运至俄罗斯西部国境内,再经公路运至欧洲各地,或按相反方向运输。

(2) 第二欧亚大陆桥指 1990 年 9 月经我国陇海铁路、兰新铁路与哈萨克斯坦铁路接轨的亚欧大陆桥,又称新亚欧大陆桥,由于所经路线很大一部分是原"丝绸之路",所以又被称作现代"丝绸之路",是亚欧大陆桥东西最为便捷的通道。

新亚欧大陆桥东起我国黄海之滨的连云港,向西经陇海铁路的徐州、商丘、开封、郑州、洛阳、三门峡、渭南、西安、宝鸡、天水等站(由东向西),兰新铁路的兰州、武威、金昌、张掖、酒泉、嘉峪关、哈密、吐鲁番、乌鲁木齐等站(由东向西),以及北疆铁路到达我国边境的阿拉山口,进入哈萨克斯坦,再经俄罗斯、白俄罗斯、波兰、德国,西至荷兰的世界第一大港鹿特丹港。

新亚欧大陆桥跨越欧、亚两大洲,连接太平洋和大西洋,全长约 10 800 千米,通向东亚、中亚、西亚、东欧和西欧 40 多个国家和地区,已于 1992 年 12 月 1 日正式投入国际集装箱运输业务。

现已开通郑欧国际铁路货运班列,首趟郑欧国际铁路货运班列于 2013 年 7 月 18 日运行,开启了中国与欧洲的"新丝绸之路",短短几年时间,它共享了丝绸之路经济带建设的机遇,成功联通了中国和欧洲,服务的境内外企业也越来越多,

视频 3.1　中欧班列助力畅通双循环

是沟通世界的国际铁路物流大通道,它标志着中国铁路物流行业的迅速发展,有力加快了郑州建设国际物流中心的步伐。

新亚欧大陆桥的贯通不仅便利了我国东西交通与国外的联系,更重要的是对我国的经济发展产生了巨大的影响。

(3) 第三亚欧大陆桥的运行路径从重庆始发,经达州、兰州、乌鲁木齐,向西过北疆铁路到达我国边境阿拉山口,进入哈萨克斯坦,再转俄罗斯、白俄罗斯、波兰,至德国的杜伊斯堡,全程 11 179 千米。

2) 海空联运

海空联运又被称为空桥运输(air bridge service),在运输组织形式上,空桥运输与陆桥运输有所不同:陆桥运输在整个货运过程中使用的是同一个集装箱,不用换装,而空桥运输的货物通常要在航空港换入航空集装箱。不过,两者的目标是一致的,即以低费率提供快捷、可靠的运输服务。

海空联运方式始于 20 世纪 60 年代,但到 20 世纪 80 年代才得以较大地发展。采用这种运输方式,运输时间比全程海运少,运输费用比全程空运低。20 世纪 60 年代,将远东船运至美国西海岸的货物,再通过航空运至美国内陆地区或美国东海岸,从而出现了海空联运。当然,这种联运组织形式是以海运为主,只是最终交货运输区段由空运承担,1960 年年底,苏联航空公司开辟了经由西伯利亚至欧洲航空线。1968 年,加拿大航空公司参加了国际多式联运。20 世纪 80 年代,出现了经由中国香港、新加坡、泰国等至欧洲航空线。

总的来讲,运输距离越远,采用海空联运的优越性就越大,同完全采用海运相比,其运输时间更短;同直接采用空运相比,其费率更低。因此,从远东出发将欧洲、中南美洲以及非洲作为海空联运的主要市场是合适的。

3.2.3　运输方式的选择

扩展阅读 3.2　道路货物运输车辆是如何分类的

在各种运输方式中,如何选择适当的运输方式是物流合理化的重要问题。一般来讲,应以物流系统要求的服务水平和允许的物流成本来决定。不仅可以使用一种运输方式,也可以使用联运方式。运输方式的选择要素有运输货物品种、运输期限、运输成本、运输距离、运输批量五个方面。

1. 运输货物品种

关于货物品种及性质、形状应在包装项目中加以说明,选择适合这些货物特性和形状的运输方式,货物对运费的负担能力也要认真考虑。

2．运输期限

运输期限必须与交货日期相联系,应保证运输期限。必须调查各种运输工具所需要的运输时间。根据运输时间来选择运输工具。运输时间由快到慢一般情况下依次为航空运输、汽车运输、铁路运输、船舶运输。各运输工具可以按照它的速度编组来安排日程,加上它的两端及中转的作业时间,就可以算出所需的运输时间。在商品流通中,要研究这些运输方式的现状进行有计划的运输,一个准确的交货日期是基本的要求。

3．运输成本

运输成本因货物的种类、重量、容积、运距不同而不同。而且,运输工具不同,运输成本也会发生变化。在考虑运输成本时,必须注意运费与其他物流子系统之间存在着互为利弊的关系,不能只考虑运输费用来决定运输方式,要由总成本来决定。

4．运输距离

从运输距离来看,一般情况下可以依照以下原则:300千米以内,用汽车运输;300千米～500千米的区间,用铁路运输;500千米以上,用船舶运输。这样的选择是比较经济合理的。

5．运输批量

从运输批量的影响上来看,因为大批量运输成本低,应尽可能使商品集中到最终消费者附近,选择合适的运输工具进行运输是降低成本的良策。一般来说,20吨及以下的商品用汽车运输;20～100吨的商品用铁路运输;100吨及以上的原材料类的商品,应选择船舶运输。

在上述五个选择要素中,运输货物品种、运输批量和运输距离三个条件是由物品自身的性质与存放地点决定的,因而属于不可变量。事实上,对这几个条件进行大幅度变更,从而改变运输方式的可能性很小。与此相反,运输期限和运输成本是不同运输方式相互竞争的重要条件,运输期限与运输成本必然带来所选择的运输方式的改变。换句话说,这两个因素作为运输机构竞争要素的重要性日益增强。

运输期限和运输成本之所以如此重要,背景在于企业物流需求发生了改变。运输服务的需求者一般是企业,目前企业对缩短运输期限、降低运输成本的要求越来越强烈,这主要是在当今市场竞争不断加剧的环境条件下,只有不断降低各方面的成本,加快商品周转,才能提高企业经营效率,实现竞争优势,达到最终提高企业经济效益的目的。所以,在企业的物流体系中,JIT运输在快速普及,这种运输方式要求为了实现客户在库的最小化,对其所需的商品在必要的时间以必要的量进行运输。JIT运输方式要求削减从订货到进货的周期。正因为如此,从进货方来讲,为了实现迅速进货,必然会在各种运输方式中选择最为有效的手段来从事物流活动。

缩短运输期限与降低运输成本是一种此消彼长的关系,如果要利用快速的运输方式,就有可能增加运输成本;同样,运输成本下降有可能导致运输速度减缓。所以,如何有效地协调这两者之间的关系,使其保持一种均衡状态,是企业选择运输方式时必须考虑的重要因素。

3.3 运输线路规划

由于在整个物流成本中运输成本占 1/3～2/3,因而最大化地利用运输设备和人员,提高运作效率是需要关注的首要问题。货物运输在途时间的长短可以通过运输工具在一定时间内运送货物的次数和所有货物的总运输成本来反映。其中,最常见的决策问题就是,找到运输工具在公路网、铁路线、水运航道和航空线运行的最佳线路,以尽可能地缩短运输周期或运输距离,从而使运输成本降低的同时,客户服务也得到改善。

尽管线路选择问题种类繁多,但我们可以将其归纳为几个基本类型:一是起讫点不同的单一路径问题;二是多个起讫点的路径问题;三是起点和终点相同(巡回)的路径问题。

1. 起讫点不同的单一路径问题

这类运输路径规划问题可以通过特别设计的方法很好地加以解决。最简单、最直接的方法就是最短路径法。

2. 多个起讫点的路径问题

如果有多个货源地可以服务多个目的地,那么要指定各目的地的供货地,同时要找到供货地、目的地之间的最佳路径,该问题经常发生在多个供应商、工厂或仓库服务于多个客户的情况下。如果各供货地能够满足的需求数量有限,则问题会更复杂。解决这类问题常常可以运用一种特殊的线性规划算法,就是所谓的运输问题。

3. 起点和终点相同(巡回)的路径问题

物流管理人员经常会遇到起讫点相同的路径规划问题。在企业自己拥有运输工具时,该问题是相当普遍的。例如:从某仓库送货到零售店然后返回的路线(如从中央配送中心送货到食品店或药店);从零售店到客户本地配送的路线(如商店送货上门);校车、送报车、垃圾收集车和送餐车等的路线。这类路径问题是起讫点不同的问题的扩展形式,但是由于要求车辆必须返回起点行程才结束,问题的难度提高了。需要找出途经点的顺序,使其满足必须经过所有点且总出行时间或总距离最短的要求。

这类问题又被称为"旅行推销员"问题,属于 NP(non-deterministic polynomial,非确定性多项式)难题,如果问题中包含的点数很多,要找到最佳路径是很难的,一般可采用近似算法或启发式算法。本书在第 5 章"配送"详细讲解节约里程法。

3.3.1 最短路径法

最短路径法是运筹学中动态规划旅行者最短路线问题的典型方法。

【例 3-1】 要找到城市 A 与城市 J 之间行车时间最短的路线,本题是单一路径问题,节点之间的每条链上都标有相应的行车时间(分钟),节点代表公路的连接城市 $A\sim J$(图 3-1)。

为求出最短路线,一种简单的方法是求出所有从 A 点至 J 点的可能走法的路长,并加

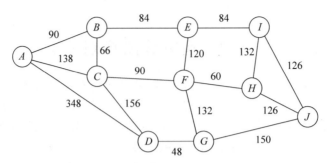

图 3-1　单一路径问题

以比较,这种方法就是穷举法。可以看出,随着问题段数的增多,当各段的状态也有很多时,这种方法的计算量会大大增加,甚至使求优成为不可能。

因此动态规划中的最短路径法是从过程的最后一段开始,用逆序递推方法求解,逐步求出各段各点到终点 J 的最短路线,最后求得 A 点到 J 点之间的最短路线。详细内容请参考动态规划理论。上述问题的求解过程如表 3-3 所示。

表 3-3　最短路径法的计算步骤

步骤	直接连接到未解节点的已解节点	与其直接连接的未解节点	相关总成本/分钟	第 n 个最近节点	最小成本/分钟	最新连接
1	A	B	90	B	90	AB^*
2	A	C	138	C	138	AC
	B	C	$90+66=156$			
3	A	D	348	E	174	BE
	B	E	$90+84=174$			
	C	F	$138+90=228$			
4	A	D	348	F	228	CF
	C	F	$138+90=228$			
	E	I	$174+84=258$			
5	A	D	348	I	258	EI^*
	C	D	$138+156=294$			
	E	I	$174+84=258$			
	F	H	$228+60=288$			
6	A	D	348	H	288	FH
	C	D	$138+156=294$			
	F	H	$228+60=288$			
	I	J	$258+126=384$			
7	A	D	348	D	294	CD
	C	D	$138+156=294$			
	F	G	$228+132=360$			
	H	G	$288+48=336$			
	I	J	$258+126=384$			
8	H	J	$288+126=414$	J	384	IJ^*
	I	J	$258+126=384$			

第一个已解节点就是起点或 A 点。与 A 点直接连接的未解节点有 B、C 和 D 点。第一步，我们可以看到 B 点是距 A 点最近的节点，记为 AB。由于 B 点是唯一选择，所以它成为已解节点。

随后，找出距 A 点和 B 点最近的未解节点。只要列出距各个已解节点最近的连接点，我们有 $A \rightarrow C$ 和 $B \rightarrow C$。记为第二步。注意从起点通过已解节点到某一节点所需的时间应该等于到达这个已辟节点的最短时间加上已解节点与未解节点之间的时间。也就是说，从 A 点经 B 点到达 C 点所需的总时间是 $AB + BC$，即 $90 + 66 = 156$（分钟）。比较到达未解节点的总时间，最短时间是从 A 到 C 点的 138 分钟，这样 C 点就成为已解节点。

第三次迭代要找到与各已解节点直接连接得最近的未解节点。如表 3-3 所示，有三个候选点，从起点到这三个候选点的总时间分别是 348 分钟、174 分钟和 228 分钟。最短时间是产生在连接 B、E 上，因此 E 点就是第三次迭代的结果。

重复上述过程，直到到达终点 J，即第八步。最短路径的时间是 384 分钟，连接各段路径，得到的最佳路径为 $A \rightarrow B \rightarrow E \rightarrow I \rightarrow J$。

最短路径法非常适合利用计算机进行求解，把网络中链和节点的资料都存入数据库中，选好某个起点和终点后，计算机很快就能算出最短路径。绝对的最短路径并不说明穿越网络的时间最短，因为该方法没有考虑各条路线的运行质量。因此，对运输时间和运输距离都设定权数，就可以得出比较具有实际意义的路线。

3.3.2　运输线路优化模型

在物流系统的设计中，如何根据已有的运输网络，制订调运方案，将货物运到各需求地，而使总运费最小，是非常典型的运输决策优化问题。

已知有 m 个生产地点 A_i，$i = 1, 2, \cdots, m$，可供应某种物资，其供应量分别为 a_i，$i = 1, 2, \cdots, m$，有 n 个销地（需求地）B_j，$j = 1, 2, \cdots, n$，其需求量分别为 b_j，$j = 1, 2, \cdots, n$，从 A_i 到 B_j 运输单位物资的运价为 C_{ij}，整理成产销平衡表。在产销平衡的条件下，试求使总运费最小的调运方案。

直达运输线路优化是一个产销平衡的运输模型，即 m 个供应点的总供应量等于 n 个需求点的总需求量，运输问题满足供需平衡。这时，由各供应点 A_i 调出的物资总量应等于它的供应量 $a_i (i = 1, 2, \cdots, m)$，而每一个需求点 B_j 调入的物资总量应等于它的需求量 $b_j (j = 1, 2, \cdots, n)$。

若用 x_{ij} 表示从 A_i 到 B_j 的运量，其数学模型如下：

$$\min z = \sum_{i=1}^{m} \sum_{j=1}^{n} C_{ij} x_{ij}$$

$$\text{s. t.} \begin{cases} \sum_{i=1}^{m} x_{ij} = b_j, j = 1, 2, \cdots, n \\ \sum_{j=1}^{n} x_{ij} = a_i, i = 1, 2, \cdots, m \\ \qquad x_{ij} \geqslant 0 \end{cases}$$

直达运输问题模型求解方法有很多,表上作业法是常用的手工求解方法。利用表上作业法,寻求运费最少的运输方案,有三个基本步骤。

步骤1:依据问题列出运输物资的供需平衡表及运价表。

步骤2:确定一个初始的调运方案。

步骤3:根据一个判定法则,判定初始方案是否为最优方案。

当判定初始方案不是最优方案时,再对这个方案进行调整。一般来说,每调整一次得到一种新的方案,而这种新方案的运费比前一种方案要少一些,如此经过几次调整,就会得到最优方案。

【例3-2】 有甲、乙、丙三个煤矿给A、B、C、D四个城市供应煤炭,运价表和产量销量表见表3-4和表3-5,如何安排运输时运输费用最省?

表3-4 运价表 元

产地	销地			
	A	B	C	D
甲	13	10	6	7
乙	9	16	7	5
丙	11	6	4	8

表3-5 产量销量表 万吨

产地	销地				
	A	B	C	D	产量
甲					550
乙					650
丙					700
销量	350	500	250	800	

解:第一步:按照最小元素法(即挑取运价最小或较小的供需点格子尽量优先分配的调运方法)找到初始方案(表3-6)。

表3-6 初始方案

产地	销地				
	A	B	C	D	产量
甲	13^{350}	10^{50}	6	7^{150}	550
乙	9	16	7	5^{650}	650
丙	11	6^{450}	4^{250}	8	700
销量	350	500	250	800	

第二步:根据位势法计算各个元素的检验数(表3-7)。

表 3-7　位势法检验

产地	销地				
	A	B	C	D	行位势
甲	13^{350}	10^{50}	6(−2)	7^{150}	0
乙	9(−2)	16	7	5^{650}	−2
丙	11	6^{450}	4^{250}	8	−4
列位势	13	10	8	7	

（1）由初始方案表列出检验表。表中行列数与方案表一样，原方案表中运价旁括号内填写检验数，原方案表中的供应量、需求量写行与列的位势，称为行或列位势格。

（2）求位势。记第 i 行位势为 u_i，第 j 列位势为 v_j，通常可任选一行位势或列位势填 0 作为该格的位势。而有分配量的格位势则可由此求得：$c_{ij} = u_i + v_j$。

（3）求检验数。若无分配量的格位于第 i 行第 j 列，则其检验数 $\sigma_{ij} = c_{ij} - u_i - v_j$。若存在负的检验数，表明不是最优的，需要进行调整。

第三步：用闭回路法进行调整（表 3-8、表 3-9）。

表 3-8　闭回路法调整（1）

产地	销地				
	A	B	C	D	行位势
甲	13^{350}	10^{50}	6(−2)	7^{150}	0
乙	9(−2)	16	7	5^{650}	−2
丙	11	6^{450}	4^{250}	8	−4
列位势	13	10	8	7	

表 3-9　闭回路法调整（2）

产地	销地			
	A	B	C	D
甲	−350	−50	+50	+350
乙	+350			−350
丙		+50	−50	

（1）闭回路：从检验数为负的空格出发，沿水平方向或垂直方向前进，而遇到填有数字的方格，折转 90°前进，当然可以直接穿过数字格和空格，但遇有数字的格才能折转，只能水平、垂直方向前进，不能对角线移动，这样经过多次折转直到回到原来出发的空格，形成一条闭回路。

（2）在闭回路上做运输量最大的调整，得出新的运输方案。从空格开始从 1 标号，沿闭回路在偶数格中挑选运量最小的作为调整量。奇数位置加调整量，偶数位置减少调整量。

由于本例题中两个闭回路没有相互影响，故两个闭回路可以同时调整。

第四步：得到新的运输方案，并且再次用位势法检验（表 3-10）。

表 3-10　新方案检验

产地	销地				
	A	B	C	D	行位势
甲	13	10	6^{50}	7^{500}	0
乙	9^{350}	16	7	5^{300}	−2
丙	11	6^{500}	4^{200}	8	−2
列位势	11	8	6	7	

所有检验数都为非负,该方案即为最佳方案。

第五步:最低运费为 $50×6+7×500+9×350+5×300+6×500+4×200=12\ 250$(元)

最佳方案为:甲煤矿向 C 运输 50 万吨,向 D 运输 500 万吨;乙煤矿向 A 运输 350 万吨,向 D 运输 300 万吨;丙煤矿向 B 运输 500 万吨,向 C 运输 200 万吨。

在如今的社会经济发展背景之下,人们对于运输方面的需求也在不断地增加,而运输在实际的管理工作当中也将面临更大的挑战,这是当前社会经济发展过程当中非常关键的一部分,也是整个社会生产力发展过程当中的基础条件。随着社会经济的改革,企业在发展的过程当中,都会引进一些现代化的技术和设备来提高自身的水平,从而有效增强其整体的竞争能力,而企业的生产力对于经济方面的收益来说有着直接的关系,并且生产力主要来源于生产需求,而生产需求能够对生产力产生一定的反作用,为了更好地去保障行业的稳定发展,需要在经济管理方面引起足够的重视,这样才能使运输行业在如今的社会发展过程当中更加符合社会方面的需求。运输管理的改革也是当前社会发展当中的必然趋势,因为在如今的社会经济发展过程当中所采取的一些发展制度,是以市场为主,从而形成多种所有制经济共同发展的局面。因此,在如今的社会经济发展背景之下,需要加强运输管理,这样才能够更好地促进我国社会经济的发展。

 即测即练

 课后复习题

1. 常用的运输方式有哪几种?各有什么特点?
2. 按运输范围运输可以分为哪几类?说明各自的特点。
3. 运输合理化的原则是什么?
4. 什么叫多式联运?多式联运的特点有哪些?
5. 多式联运两种常用的组织形式是什么?举例说明是如何运作的。
6. 运输方式的选择要素有哪些?分析其对运输方式选择的影响。

7. 常见的运输线路规划问题有哪几类？并说明各类问题可用的规划模型或方法。

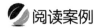 **阅读案例**

京东物流开通宁夏"牛羊肉专机"多地头天下单次日收货

为了在春节前更好保障宁夏牛羊肉速达全国千家万户，京东物流于 2024 年 1 月 22 日开通宁夏牛羊肉全货机，满载新鲜牛羊肉的全货机从宁夏银川河东国际机场起飞，在飞抵北京大兴机场后，经分运发往上海、江苏、浙江、山东、广东等多个省市的货物实现次日达，北京可实现次晨达。全货机每周飞 6 班，可运送超百吨新鲜牛羊肉。

宁夏所产牛羊肉品质优良，口感鲜美，是公认的肉类佳品，如固原黄牛肉是国家地理标志产品，盐池滩羊肉更是数次登上国宴餐桌。但受地理位置和物流条件限制，传统物流运输方式难以满足消费者对宁夏牛羊肉新鲜度和时效性要求。对此，京东物流充分发挥自身航空物流运营优势，在 2024 年 1 月发运高峰期开通牛羊肉全货机。

从牧场到餐桌，从源头产地到天南海北，京东物流为各地的生鲜特产走出产地、走向全国，提供一条高效、稳定、安全的物流通道。京东快递快运宁夏片区相关负责人表示，在销售旺季，用全货机为宁夏牛羊肉提供运输保障，能有效提升运输效率，降低物流成本，让宁夏牛羊肉更好地进入全国市场，进一步推动当地牛羊肉产业壮大。

资料来源：京东物流开通宁夏"牛羊肉专机"多地头天下单次日收货［EB/OL］.（2024-01-23）. http://www. nx. xinhuanet. com/20240123/f68822ebea614f1688cdbe2fd845cb3c/c. html.

第 **4** 章

仓　储

本章学习目标

1. 理解仓储、仓储管理的概念和作用；

2. 了解仓库的分类，掌握仓库规划与布局的具体方法；

3. 了解仓储合理化的各项指标；

4. 掌握仓储合理化的途径。

引导案例

京东亚洲一号仓

2022 年 5 月 20 日，京东在"618"活动启动之际，首次公布了其"织网计划"的建设成果。以 43 座"亚洲一号"大型智能物流园区和全国范围内运营的约 1 400 个仓库为核心，搭建了高度协同的多层级物流基础设施和仓配网络。

视频 4.1　京东亚洲一号无人仓

同时，京东物流编织的这张仓储物流大网"硬实力"，与京东的数智化技术能力、多年电商零售服务能力等"软实力"结合，对于京东一体化供应链物流服务又有新的突破。而在此次启动会上，京东还正式发布了做"有责任的供应链"。

1. 仓储物流"大网"护航

从现场京东公布的"织网计划"布局来看，其建设已经初具规模，并且成效显现。以 43 座"亚洲一号"以及 1 400 个仓库为核心的仓储配送体系，在配送效率上，京东表示，这让约 90% 的京东自营线上订单实现当日和次日达，以及全国 93% 的区县、84% 的乡镇实现当日达和次日达；在仓储管理效率上，帮更多的企业实现了库存管理优化、运营成本减少以及内部资源的高效分配；同时，在推动区域经济发展上，京东为全国 1 000 多个农特产地和产业带开展了供应链服务，形成产地产业转型与消费升级的正向循环。

除了仓储配送效率，在分拣效率上，智能化设备的大力投入也推动了操作货量的提升。目前，京东物流在全国已布局近 400 座分拣/转运中心，并投入智能分拣设备，分拣效率成倍提升。据了解，2022 年京东"618"大促期间，全国单日峰值操作货量预计超过 6 000 万件。在运力方面，京东物流已开通超过 5 万条运输线路，每日发车近 7 万次。

在仓储、物流、分拣"大网"的支撑下，京东"618"提出了打造极致的物流服务体验。启动会上，京东宣布将通过包含 185 项基础服务及上百项环节保障的"全链路服务"，为用户提供全周期、全渠道、全场景、全时段的服务保障。

在场景上,京东将联合数百万家线下实体门店,实现线上、线下同频,通过京东智能城市消费促进平台发放消费券,涵盖线上、线下众多消费场景。同时,京东零售的即时零售业务也将联合沃尔玛、华润万家、苹果授权经销商店、丝芙兰、孩子王等全国超 15 万家全品类线下实体门店,为超 1700 个县(市、区)的消费者带去同城好物小时达甚至分钟达的即时零售体验。

更多消费场景、多元化、多形式的购物体验,得益于京东物流"大网"的强力护航。

2. 一体化供应链物流服务,成企业增长新引擎

企业强大的产业链供应链成为核心竞争力,供应链价值显现。京东一体化的供应链物流服务能力,对于企业的增长赋能显现。

在山东平邑,京东物流打造的数智物流产业园内,新消费品牌"认养一头牛"正利用京东物流仓配一体的全国仓网布局,实现了从加工基地就近入仓存储、提前布置进仓的突破,在消费者下单后,京东全国物流配送体系开始显示出优势。通过京东一体化的供应链物流体系,商家大大缩短了送仓距离、节省了送仓成本。

从企业供应链强链、补链角度,京东一体化供应链物流服务既可以提供覆盖贯穿供应链战略到执行的解决方案,又可以提供从方案到网络到运营的一体化落地支撑。京东物流"织网计划"打造的高度协同的多层级物流基础设施和仓配网络,与京东数智化能力、电商零售服务能力相结合,形成的一体化供应链物流服务,能够帮助企业优化库存管理、减少运营成本、高效分配内部资源,让客户专注核心业务,实现新的增长。

3. 从商业价值到社会价值! 做有责任的供应链

面对国内复杂的环境,部分中小企业面临生存压力。此次京东"618"还提出了做有责任的供应链,希望通过"两横四纵",以及以京东云为代表的技术基础设施,让京东的数智化社会供应链可以在商业、产业、社会层面发挥出更大的价值。

会上,京东零售 CEO(首席执行官)辛利军表示:"京东对供应链的理解,已经进化到有责任的供应链,从商业价值、产业价值,进一步延伸到社会价值。"

在京东的介绍中,"两横四纵"中的"两横"代表了京东在硬供应链和软供应链方面的能力,包括京东物流遍布全国的仓配网络和物流基础设施,以及京东在智能供应链和智能物流方面充分协同和融合的能力等。"四纵"则是有责任的供应链的应用场景,具体归纳为重大节点、绿色减碳、拉动消费、产业推动。而京东云将为"两横四纵"构筑坚实技术底座,提供全方位的数字技术保障。

资料来源:43 座"亚洲一号"及 1400 个仓,京东物流"织网计划"初具规模[EB/OL].(2022-05-20). https://baijiahao.baidu.com/s?id=17333506199926807619.

4.1　仓储的概念与现状

4.1.1　仓储的概念

随着经济全球化进程的加快、国外知名物流公司的大量涌入,中国物流行业的竞争也

日趋激烈。"仓储"作为物流大系统的一个子系统,是一个十分重要的环节,具有"物品银行""物品转运站"及物品供应的作用。

"仓",即仓库;"储"即收存以备用;仓储就是用仓库对物品进行储存和保管,以满足未来所需的活动。我国国家标准《物流术语》(GB/T 18354—2021)中对仓储的定义是"利用仓库及相关设施设备进行物品的入库、储存、出库的活动"。

与"仓储"相关及相近的词语主要有以下几个。

(1) 储存(storing):贮藏、保护、管理物品。(GB/T 18354—2021)

(2) 物资储备(goods reserving):为应对突发公共事件和国家宏观调控的需要,对备用物资进行较长时间的储存和保管的活动。(GB/T 18354—2021)

(3) 库存(inventory):储存作为今后按预定的目的使用而处于备用或非生产状态的物品。注:广义的库存还包括处于制造加工状态和运输状态的物品。(GB/T 18354—2021)

(4) 保管(stock keeping):对物品进行储存,并对其进行保护和管理的活动。(GB/T 18354—2021)

仓储是商品流通的重要环节之一,有了商品的储存,社会再生产过程中物品的流通过程才能正常进行。由于储存在仓库中的物品往往表现为在一定地点、场所和一定时间内处于停滞状态,因此,仓储被认为是物流体系中唯一静态的环节。当产品不能被及时消耗掉,需要专门场所存放时,就产生了静态的仓储。但是另一方面,当把物品存入仓库以及对存放在仓库里的物品进行保管、控制、提供使用等活动以便物品更好地流通、更快地周转时,就形成了动态的仓储。只有仓库内的物资更高效地"转"起来,企业才能"赚"到更多的利润,因此现代化的仓储又被称为"时速为零"的运输。

4.1.2　仓储的功能

仓储的功能可以分为协调控制和增值服务两部分。仓储的协调控制是基本功能,也是传统仓储企业直接经济利益的来源。随着市场竞争的不断加剧,企业为了建立竞争优势,不仅要提高原有的基本功能的质量,还要大力扩展仓储业务,提供新的增值服务。

仓储的主要功能如下。

(1) 通过仓储活动可以降低运输与生产成本。基于物流活动中的效益悖反原理,仓储活动虽然会增加库存及相关成本,但会相应改善运输和生产的效率,降低运输与生产成本,使企业的生产总成本达到新的平衡或者降低。

(2) 仓储活动可以协调生产与需求的矛盾。对于某些企业而言,其生产具有比较强的季节性或不平衡性,但其产品的需求是连续且比较稳定的,因此存在着生产和需求的矛盾,通过仓储过程延迟商品的销售,可以缓和这种供需之间的不平衡。另外,从商品价格角度看,某些特殊商品和大宗原材料的价格(如石油、钢材等)随时间波动非常大,企业可以通过在商品低价期进行采购并储存来达到降低采购成本的目的,只要仓储成本低于采购成本就是合理的。

(3) 仓储活动可辅助生产活动,使其在仓储过程中延续并完善。例如,有些产品(如酒类、奶酪等)在制造过程中,需要储存一定的时间,才能完成产品生产的全过程。

(4) 仓储活动可作为生产企业市场营销的保障。合理的仓储活动能保证在市场营销过程中客户对企业产品的可得性,并以此提升企业的服务水平和市场形象。仓储协调控制的基本功能,可以较好地解决以上的企业诉求。

1. 仓储的协调控制功能

1) 储存

储存是仓储的基本功能,对于生产过程来说,对原材料和半成品适当储存,可以防止因缺货造成的生产停顿;而对于销售过程来说,储存尤其是季节性储存可以为企业的市场经营创造良机。适当的储存是市场营销的一种战略,它为市场营销中特别的商品需求提供了缓冲和有力的支持。

2) 整合

整合是仓储活动的一个经济功能,通过这种安排,仓库可以接收来自多个制造企业的产品或原材料,然后把它们整合成一个单元,进行一票装运,其好处是可以实现最低的运输成本,也可以减少由多个供应商向同一客户供货带来的拥挤和不便。为了有效地发挥仓储的整合功能,每一个制造企业都必须把仓库作为货运储备地点,或用作产品分类和组装设施。这是因为,整合装运的最大好处就是能够把来自不同制造商的小批量货物集中起来形成规模运输,使每一个客户都享受到低于其单独运输成本的服务。

3) 分类和转运

分类就是将来自制造商的组合订货分类或分割成个别订货,然后安排适当的运力运送给制造商指定的个别客户。仓库从多个制造商处运来整车的货物,在收到货物后,如果货物有标签,就按客户进行分类;如果货物没有标签,就按地点进行分类,货物不在仓库停留直接装到运输车辆上,装满后运往指定的零售店。仓库和供应商从仓储过程的分类和转运中都得到了各自的经济利益。同时,由于货物不需要在仓库内进行储存,仓库的装卸搬运费用因而降低,最大限度地发挥了仓库装卸设施的利用率。

4) 生产延期

仓库可以通过承担少量的生产加工和制造活动来延期或延迟生产。具有包装能力或简单加工能力的仓库可以把产品生产的最后一道工序一直推迟到该产品被需求时。例如,罐头生产厂可以将罐头生产的最后一道工序——贴标签推迟到产品在仓库出库之前进行,仓库中没有贴标签的罐头是没被订货的货物,一旦接到客户订货,仓库就给产品加上标签,完成最后一道工序的生产,表明该批产品已经被订货,然后根据订货特性确定包装的形式并送货。这种生产延期功能能够为双方带来两方面的好处:第一,制造商可以为特定的客户提供定制化的产品,适应了特定客户的需求,降低了盲目生产带来的风险。第二,仓库可以通过识别产品最后一道工序是否完成来检查货物的库存水平,达到控制库存、降低库存成本的目的。

5) 支持企业市场形象

尽管市场形象的功能所带来的利益不像前面几个功能利益那样明显,但对于一个企业的营销主管来说,仓储活动依然得到充分的重视。从满足客户需求的角度看,从一个距离较近的仓库供货远比从生产厂商处供货更方便也更为敏捷,从而从供应的时效性和对顾客的响应速度上为企业树立一个良好的市场形象。

扩展阅读 4.1 仓储增值服务国力之争

2. 仓储的增值服务功能

仓储的增值服务指的是在提供基本协调控制服务基础上,针对特定客户或者特定的仓储需求,以客户满意为目标提供的个性化、定制化的服务。增值服务的范围涉及大量刺激性的业务活动,承担增值服务的专业人员可以区分为五个主要的领域,分别是:以客户为核心的增值服务;以制造为核心的增值服务;以促销为核心的增值服务;以时间为核心的增值服务;其他技术及创新服务。

1) 以客户为核心的增值服务

以客户为核心的增值服务表现为向买卖双方提供利用第三方专业人员来配送产品的各种可供选择的方案。其主要包括:处理客户向制造商的订货,直接送货到商店或客户家,按照零售门店及网点的现货储备所需的明细持续提供递送服务。在仓储活动中,一种普遍的做法是提供"精选—定价—重新包装"服务,以便按连锁店、平价超市、便利店等要求的独特配置配送生产企业的标准产品。这类专门化的增值服务常见于季节性明显的本地市场配送或新兴产品的引入期推广需求。

2) 以制造为核心的增值服务

顾名思义,以制造为核心的增值服务是通过独特的产品分类和递送来支持制造活动的。既然每一位顾客的实际设施和制造装配都是独特的,那么,理想的做法,就是通过递送和引入内向流动的材料和部件进行客户定制化。例如,有一家仓储企业使用多达六种不同的纸箱重新包装一种普通消费者洗碗盘用的肥皂,以支持各种促销方案和各种等级的贸易要求。又如,有的厂商将外科手术的成套器具按需求进行装配,以满足特定医师的个性化需求。再比如,有一家仓储公司切割和安装各种长度和尺寸的软管,以适应个别客户所使用的不同规格的水泵。

增值服务一般都是由专业人员承担,他们能够把产品的最后定型一直推迟到接收客户定制化订单时。虽然雇用专业人员承担的增值服务与将这些活动结合进入高速度的制造过程成为一个组成部分相比,意味着单位成本将提高,但是,由专业人员提供增值服务能够大大减少与生产不合适产品有关的预期风险。因此,以制造为核心的增值服务,与其说是在预测基础上生产独特的产品,倒不如说是对基本产品进行了修正和调整,以适应特定客户的需求,其结果是使服务得到了极大的改善和提高。

3) 以促销为核心的增值服务

以促销为核心的增值服务涉及独特的销售点展销台的配置,以及旨在刺激销售的其他范围很广的各种服务。销售点展销可以包括来自不同供应商的多种产品,组合成一个多节点的展销单元,以便适合特定的零售商店。在有选择的情况下,以促销为核心的增值服务还对储备产品的样品提供特别介绍,甚至进行直接邮寄促销。许多以促销为核心的增值服务包括销售点广告宣传和促销材料的仓储支持等。在许多情况下,促销活动所包括的礼品和奖励商品由专业服务机构来处理和托运。

4) 以时间为核心的增值服务

在当今的市场竞争中,时间已成为获取竞争优势的关键要素。以时间为核心的增值服务,其主要特征就是消除不必要的仓库设施和重复劳动,以期最大限度地加快服务速度。以时间为核心的增值服务涉及使用专业人员在递送以前对存货进行分类、组合和排序。现阶段,较为流行的一种形式就是准时化供给仓库。在准时化的概念下,供应商向位于装配工厂附近的 JIT 供给仓库进行日常的递送,一旦某时某地产生了需要,供给仓库就会对多家卖主的零部件进行精确的分类、排序,然后递送到装配线上去。其目的是要在总量上最低限度地减少在装配工厂的搬运次数和检验次数。例如,英国英运物流集团的仓库把食品制造商的产品混合起来,按美国绍尔集团公司零售食品店的要求进行精确的分类,使制造商和美国绍尔集团公司都排除或避免了大量的库存。美国俄亥俄州马里斯维本丰田公司就是使用这类 JIT 线的。

5) 其他技术及创新服务

除了独特的或传统的增值服务形式以外,专业人员还可以执行厂商全部或部分的基本服务方案。各种范围很广的服务都可以由专业人员来提供,以支持任何的或所有的仓储需求。许多公司不但承担着仓储和运输服务,而且提供一系列附加的创新服务和独特服务,如存货管理、订货处理、开票和回收商品处理等,基本覆盖了物流供应链的全域。实际上,仓储企业可以向客户提供全套的物流服务。

4.1.3　仓储的作用

仓储在物流系统中起着很重要的作用,主要体现在物流操作、物流成本管理和物流增值服务功能实现几个方面。

1. 仓储在物流操作中的作用

(1) 利于运输整合和配载。运输前,通过在仓库中对同一运输方向上的不同货主的物资进行整合,同时在选择的运输工具上根据装载限额进行配载,化零为整,达到降低物流成本的目的。

(2) 提供流通加工。根据不同客户的需求,将不同种类的物资从不同的货区拣选到集货区。对物资进行包装、装潢、贴标签、改型、上色、定量、组装、成型等作业,不仅满足客户个性化的需要、提高客户的满意度,还可以通过一些增值性的活动为仓库创造效益。

(3) 平衡生产和保证供货。在需求旺季,加大物资的储存量以保证市场上增长的需求;淡季的时候,可以在市场上物资价格下降时进行储备,以保证旺季的需求和较高的利润。总之,进行急缓调节以满足需求。

(4) 加强存货控制。现代企业存货品种繁多,管理难度很大,可以加强存量控制、仓储点的安排、补充控制、出货安排等存货控制,有效控制费用。

2. 仓储在物流成本管理中的作用

物流成本可分为仓储成本、运输成本、作业成本、风险成本,仓储成本的控制和降低直接实现了物流成本的降低。

(1) 降低运输成本。产品在仓储中组合,妥善配载和流通加工就是充分利用运输工具,从而降低运输成本的支出,如自行车的拆散配载,托盘成组装卸运输。

(2) 减少作业成本。合理和准确的仓储会减少物资流动、减少作业次数。采取机械化和自动化的仓储作业,从而降低作业成本。例如,频繁出入的物资存在靠近仓库门口处方便出入,可缩短作业距离。

（3）防控风险成本。对物资实施有效的保养、准确的数量控制,可大大降低风险成本（风险成本是指由于企业无法控制的原因,有可能造成物资丢失、贬值或损坏等损失）。

3. 仓储在物流增值服务功能实现中的作用

流通加工提高产品的质量、改变功能、实现产品个性化;在时间控制上,使生产节奏与消费节奏同步,实现物流管理的时间效用功能;通过仓储物资的整合,开展消费个性化的服务等。

4.1.4 我国仓储业的发展趋势

1. 服务功能不断完善,向仓储配送一体化发展

仓储企业通过与工商企业、零售企业与连锁商超企业、电子商务企业、农产品批发市场、生产资料批发市场等不同需求方供应链的有机融合,向仓库、配送一体化的配送中心发展。

2. 资源整合速度加快,向仓储经营网络化发展

面对工商企业供应链的一体化物流需求,仓储企业与货运、快递、货代企业之间以及各类仓储企业之间将会加快推进资源整合、兼并重组、连锁经营与经营联盟。有条件的仓储企业将会依托自身优势,以城市共同配送为基础,通过转变经营方式与资源整合,发展区域配送网络甚至全国范围内的仓储配送网络。

3. 市场进一步细分,向仓储专业化发展

面对工商企业供应链的不断优化与创新,有条件的仓储企业必将改变同质化经营策略,转向各类专业仓储。温控仓储、化学危险品仓储、物资储备、医药仓储的管理与服务将更加集约化、精细化。

4. 行业标准广泛实施,向仓储管理规范化发展

随着国家有关部门加大物流标准化工作力度,特别是市场竞争的加剧,标准化必将成为引领仓储业转型升级和现代化建设的主要力量,仓储企业经营管理必将向规范化发展。

5. 技术改造加快推进,智慧化仓储成为新动态

机械化、自动化与信息化、智慧化成为仓储业转型升级的重要内容。信息技术的快速发展使人们的生活越来越智能,曾经存在于科幻电影的场景正在走进现实。从消费市场倒推上去,整个供应链的智能化,尤其库存、物流仓储的智能化趋势不容忽视。

6. 可持续发展理念深入,绿色环保成为新趋势

在国家政策推动与企业自身降低成本的内在驱动下,绿色环保的仓库建筑材料、节能减排的仓储设备、仓库屋顶光伏发电、冷库节能技术等将会逐步在仓储行业得到应用。

知识拓展

中国仓储与配送协会

　　中国仓储与配送协会的前身是 1995 年成立的中国商业仓储协会,1997 年更名为中国仓储协会;2016 年 5 月,经民政部核准,更名为中国仓储与配送协会,是全国仓储配送行业的非营利性社团组织。经外交部批准,其于 1998 年加入国际仓储与物流联盟(IFWL)。其是由全国仓储与配送行业的相关企业、机构、社会团体与个人自愿结成的行业性、全国性、非营利性的社会组织,现有共同配送、冷链、危险品仓储、保税与海外仓、钢材仓储、金融仓储、中药材仓储、技术应用与工程服务、自助仓储、包装与单元化物流、智慧物流、家居物流、零部件物流、经销商仓配、云仓专业委员会等分支机构。

　　协会宗旨是坚持四项基本原则和改革开放的方针,贯彻党和国家的方针政策与法规标准,充分发挥协会在政府与企业之间的桥梁纽带作用,维护会员的合法权益,为全行业提供服务,加强行业自律,完善行业管理,推动仓储配送业的持续健康发展,促进现代物流业的整体发展。

4.2　仓　储　管　理

4.2.1　仓储管理的概念

　　仓储管理(warehousing management)是对仓库和仓库中储存的物资进行管理,通过仓库对商品进行储存和保管,是仓储机构为充分利用仓储资源,提供高效的仓储服务所进行的计划、组织、控制和协调的过程。其具体包括仓储资源的获得、仓库管理、经营决策、商务管理、作业管理、仓储保管、安全管理、人力资源管理、财务管理等一系列工作。

　　"仓"也称为仓库,为存放物品的建筑物和场地,可以为房屋建筑、大型容器、洞穴或者特定的场地等,具有存放和保护物品的功能;"储"表示收存以备使用,具有收存、保管、交付使用的意思,当适用有形的物品时也称为储存。"仓储"则为利用仓库存放、储存未及时使用的物品的行为。简言之,仓储就是在特定的场所储存物品的行为。

　　我国国家标准《物流术语》(GB/T 18354—2021)对仓储管理的解释为:对仓储及相关作业进行的计划、组织、协调与控制。

　　仓储管理工作是随着储存物品种多样化和仓库结构、技术设备的科学化而不断发展变化的,主要经历了三个发展阶段(图 4-1)。

4.2.2　仓储管理的地位与作用

　　仓储管理是一门经济管理科学,同时也涉及应用技术科学,故属于边缘性学科。仓储管理的内涵随着其在社会经济领域中的作用不断扩大而变化。仓储系统是企业物流系统中不可缺少的子系统。物流系统的整体目标是以最低成本提供令客户满意的服务,而仓储系统在其中发挥着重要作用。仓储活动能够促使企业提高客户服务水平、增强企业的竞争

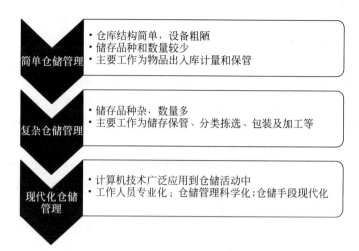

图 4-1 仓储管理工作发展阶段

能力。现代仓储管理已从静态管理向动态管理产生了根本性的变化,对仓储管理的基础工作也提出了更高的要求。

为了更好地发展仓储业,必须认清仓储物流的一些错误观点和做法,保证有的放矢,达到良好的效果。

1. 现阶段仓储管理认识的误区

仓储物流业是流通领域的骨干力量,在国民经济发展中起着举足轻重的作用,然而,当前我国仓储物流业的形势喜忧参半,发展很不均衡,不能完全适应我国社会主义市场经济的新形势和国际经济一体化的发展趋势,究其原因是多方面的,但根本的一条是对仓储物流业缺乏正确的认识。回顾近 20 年的情况不难发现,在商品流通体制改革中,人们对仓储物流业在认识上陷入一些误区,从而在实践上进程迟滞。因此,要大力振兴仓储物流业,实现供应链环境下的高效仓储管理,必须彻底转变观念,将理论和实践相结合,解决认识问题,尽快摆脱误区。

"仓储过时论"认为:仓储物流业是计划经济的产物,现在搞市场经济,仓储物流业已是"时过境迁,不合时宜"。

"仓储无用论"认为:当前科技已有了很大发展,通信和交通已经很发达,仓储物流作为流通的中间环节已没有存在的必要,应让位和退出流通领域。

"仓储高耗论"认为:从仓储物流业进货多了流通环节,增加了流通费用,不如直接从厂家进货便宜。

"仓储取消论"是前三种认识误区的继续,破除了前三种不正确的认识,"仓储取消论"也就无可立足了,但"仓储取消论"提出的零售业取代仓储物流业的问题,很有迷惑性和诱惑性,有必要予以驳斥和澄清。

"仓储回归论"认为,当前仓储物流业在某些地区的萎缩是市场经济造成的,仓储物流业在计划经济时期既然历史辉煌,重振仓储物流业就应走捷径,直接回归到传统计划经济仓储物流业上去。

"仓储观望论"认为,仓储物流业作为生产流通的必要环节,对当前仍不能全面解困的情况,国家迟早要出台政策扶持的,现在不妨等一等。

2．仓储管理的地位与作用

有效的仓储管理是社会再生产顺利进行的必要条件,是促进社会、企业资源合理配置的重要环节,是商品在流通中价值得以保护和增加的基本保障。但是在企业的仓储管理实践中,又有"仓储是把双刃剑"和"库存是魔鬼"的说法,体现了仓储管理作用既有积极有利的一面,又有消极不利的一面。

1)仓储在物流系统管理中的有利作用

仓储环节是物流活动的重要组成部分,也是整体上对物流效益实施管理的重点控制环节,仓储管理的合理化可实现物流整体系统运营绩效的优化。商品在仓储中的组合、配载、分装、组装等流通加工能够提高装卸效率,充分利用运输工具,降低运输成本。合理和科学的仓储会减少商品的作业次数,采取机械化和自动化的仓储作业,更有利于降低作业成本。科学的仓储管理对商品实施有效的养护、精益的数量及质量控制,会大大减少风险成本。

2)仓储在物流增值服务中的积极作用

合理的仓储管理不仅要做到满足商品销售、降低商品成本,更应该进行增值服务,提高商品销售的收益。商品销售的增值主要来源于商品质量的提高、功能的扩展、及时性的时间价值、削峰平谷的市场价值、个性化服务的增值等。

众多的仓储增值服务在仓储环节进行,特别是流通加工可在仓储环节进行,通过加工提高产品的质量、改变功能、实现产品个性化,仓储的时间控制可使生产节奏和消费节奏同步,实现物流管理时间效用的价值;通过仓储的商品整合,开展消费个性化的服务等。

3)仓储在库存成本管理中的消极作用

企业在仓库建设、仓库管理、仓库工作人员工资、福利等方面支出的固定成本费用增加;储存物资占用资金以及资金利息,失去投资机会,如果用于另外的项目可能会有更好的收益的机会成本;随着储存时间的增加,存货陈旧变质丧失价值及使用价值的保管成本,以及为了分担风险对仓储商品投保财产保险的保险费用成本上升等。

由此可见,仓储既有积极的一面,也有消极的一面。只有考虑到仓储作用的两面性,尽量使仓储合理化,才能有利于物流活动的顺利开展。

3．仓储管理的内容

所谓仓储管理,是指对仓储及相关作业进行的计划、组织、协调与控制。仓储管理的对象是与仓储相关的"一切库存物资",相关作业既有内部业务也包含对外运营,管理的方法既有经济性的又有技术性的,具体包括如下几个方面。

(1)仓库设施与设备选用。其包括如何根据仓库作业特点和储存商品的种类及特性选择最适宜的机械装备及数量,并对这些机械进行管理等。恰当地选用不同作业类型的仓库设施和设备将有效降低仓库作业中的人工劳动强度,并提高商品流通质量和效率。

(2)仓库规划与布局设计。其包括仓库的选址、仓库建筑面积与布局的确定等问题。其涉及公司长期战略与市场环境不断适应性的研究,并对仓库经营管理过程中的服务水平和综合成本产生非常大的影响。

(3)仓储经营管理。这是仓储经营人对仓储商务所进行的计划、组织、协调和控制的过程,属于企业商务管理的一个方面,包括仓储经营管理、货源组织等内容。仓储企业要在广泛开展市场调查和研究的基础上,向社会提供高质量的仓储服务,满足客户需求,做到诚实守信、依法办事,不断为良好的仓储市场环境创造条件。

(4) 仓储作业管理。仓储作业管理是仓储管理日常所面对的最基本的管理内容。只有不断完善和优化仓储作业过程中的每一个工作环节,才能保证仓储整体作业的良好运转。

(5) 库存控制。库存控制主要包括经济订货批量(economic order quantity,EOQ)库存控制模型、物料需求计划库存控制法、准时化库存控制方法等的理念、方法及应用,对制造业或服务业生产、经营全过程的各种物品、产成品以及其他资源进行管理和控制,使其存量保持在经济合理的水平上。库存控制是仓储管理的重要环节,是在满足顾客服务要求的前提下,通过对企业的库存水平进行控制,力求降低库存成本、提高物流作业效率,以提高企业的综合竞争力。

(6) 现代信息技术在仓储管理中的应用。现代仓储管理的重要体现是信息技术的广泛应用。如何把大数据分析、人工智能、云计算等信息技术和仓储管理结合起来,十分重要。这对仓储管理的从业人员也提出了掌握信息技术具体化应用的更高要求。

(7) 仓储安全管理。其包括仓库综合治安及消防,主要介绍治安保障能力、消防器材布置及使用、仓储生产安全及风险防范,以及特殊物品的管理与控制。现代仓储管理强调了综合运用现代科学管理和技术防范的理论和方法,不断为仓储安全提供人防和技防保障。

(8) 仓储管理经济分析。其包括仓储成本、仓储收入构成与评价指标体系。其以会计核算资料为基础,对仓储成本构成成因进行综合分析。仓储成本控制选择适用的方法和手段,既要协调各环节的相互关系,又要考虑物流环节的悖反效应,以平衡不同利益主体间的利益。

(9) 仓储保税制度。服务、贸易等领域的不断开发,对国际贸易货物仓储管理提出了新的要求,为促进贸易发展,仓储保税制度应运而生。其主要包括货物保税制度出现的背景、保税制度功能和发展历史,保税仓库的类型、储运货物保税制度的实施以及我国的进出口货物保税政策等内容。

此外,仓库业务考核问题,新技术和新方法在仓库管理中的运用问题,仓储管理未来的发展前景及趋势等,都是仓储管理所涉及的内容。

4.3　仓　库　管　理

4.3.1　仓库的分类

仓库是"用于储存、保管物品的建筑物和场所的总称"。(GB/T 18354—2021)仓库是物流系统的基础设施,按其营运形态、库存形态、建筑形态和功能等可划分为不同的类型。

1. 按营运形态分类

1) 营业仓库

营业仓库(business warehouse)是仓库业主专门为经营储运业务而修建,根据相关法律法规取得营业资格的仓库,这类仓库面向社会服务,或者以一个部门的物流业务为主,并兼营其他部门的物流业务,例如商业、外贸等系统的储运公司的仓库等。营业仓库由仓库所有人独立经营或者由分工的仓库管理部门独立核算经营。

2）自营仓库

自营仓库(private warehouse)是各生产或流通企业为了本企业物流业务的需要而修建的附属仓库。这类仓库只储存本企业的原材料、燃料、产品或货物,一般生产制造企业、商贸流通型企业的仓库以及部队的后勤仓库等多属于这一类。

3）公用仓库

公用仓库又称公共仓库(public warehouse)属于公用服务的配套设施,为社会物流服务,例如铁路车站的货场仓库、港口的码头仓库、公路货场的货栈仓库等。

2. 按库存形态分类

1）普通仓库

普通仓库(ordinary warehouse)是指常温下的一般仓库,用于存放一般性货物,对于仓库没有特殊的要求,只要求具有一般通用的库房和堆场,用于存放普通货物,如一般的金属材料仓库、机电产品仓库等。仓库设施较为简单,但储藏的货物种类繁杂,作业过程和保管方法、要求均不同。

2）恒温仓库

恒温仓库(constant temperature warehouse)是指能够调节温度、湿度的仓库,用于储存对湿度、温度等有特殊要求的货物,包括恒温库、恒湿库和冷藏库(一般在 10 ℃以下)等,如对粮食、水果、肉类等货物储存的仓库。这类仓库在建筑上要有隔热、防寒和密封等功能,并配备专门的设备,例如空调、制冷机等。

3）特种仓库

特种仓库(special warehouse)是用来储存危险品、高压气体的仓库,例如油罐仓库、化学危险品仓库等,以及专门用于储藏粮食的粮仓等。特种仓库的储藏物单一、保管方法一致,但需要特殊的保管条件。

4）水面仓库

水面仓库(surface warehouse)是指漂浮在水面的储存货物的趸船、浮驳或者其他水上建筑,或者在划定水面保管木材的特定水域,沉浸在水下保管货物的水域。近年来,由于国际运输油轮的超大型化,许多港口因水深限制,大型船舶都不能直接进港卸油,往往在深水区设立大型水面油库作为仓库转驳运油。

5）露天仓库

露天仓库(open warehouse)采用露天堆放的方式储存货物,用于存放体积比较大、价格比较低的货物。露天仓库保存不易变质的货物,如煤炭、钢材等。

3. 按建筑形态分类

按建筑构造不同,仓库可分为平房仓、楼房仓库、立体仓库、地下仓库、半圆仓、筒仓等。

按建筑结构不同,仓库可分为钢筋混凝土结构仓库、砖混结构仓库、钢结构仓库等。

4. 按功能分类

1) 储存仓库

储存仓库(storage warehouse)主要对货物进行库存,以解决生产和消费的时空不均衡。例如大米等农产品到第二年再卖是通过储存来解决的。

2) 流通仓库

流通仓库(circulation warehouse)除具有储存功能外,还具有装配、流通加工、包装、理货以及配送功能,具有周转快、附加值高等特点,可减少在连接生产和消费的流通过程中因货物停滞而产生的费用。

扩展阅读 4.2 一图读懂 海关保税仓库

视频 4.2 什么是综合保税区

3) 配送仓库

配送仓库或配送中心(distribution warehouse)直接向消费者或市场配送货物,通常要进行货物包装拆除、配货组合等作业,具有存货种类众多、存货量较少的特点。

4) 保税仓库

保税仓库或保税货场(bonded warehouse)是"经海关批准设立的专门存放保税货物及其他未办结海关手续货物的仓库"(《物流术语》GB/T 18354—2021)。也就是说,保税仓库是获得海关许可的,能长期储存外国货物的本国国土上的仓库;同样,保税货场是获得海关许可的能装卸或搬运外国货物并暂时存放的场所。

5) 出口监管仓库

出口监管仓库(export supervised warehouse)是指经海关批准设立,对已办结海关出口手续的货物进行存储、物流配送、提供流通性增值服务的海关专用监管仓库。

6) 自动化仓库

自动化仓库(automated warehouse)是由电子计算机进行管理和控制,不需人工搬运作业而实现收发作业的仓库。

7) 虚拟仓库

虚拟仓库(virtual warehouse)是建立在计算机和网络通信技术基础上,对地理上分散的、属于不同所有者物品储存、保管和远程控制的物流设施进行整合,形成具有统一目标、统一任务、统一流程的暂时性物资存储与控制组织,能够进行货物仓储保管和远程控制的物流设施,可实现不同状态、空间、时间、货主的有效调度和统一管理。

5. 新兴形式的仓库

1) 前置仓

一般的仓库大多在生产工厂附近,比较远离市场。而前置仓(preposition warehouse),顾名思义就是把仓库布置到消费者市场"前线",它是指根据消费者市场分布进行选点、建立仓库,以小于5千米范围画圈,覆盖周围社区居民,再根据大数据分析和自身供应链资源,选择适合的商品由总仓配送至前置仓,进行小仓囤货。同时组建物流团队,在消费者下单后,将商品从前置仓配送到消费者手中。前置仓理念和模式主要是为了满足消费者的即时性购物需求和快速将货物送达消费者手中的需要。

例如,京东物流很多城市设置了大量的前置仓,这些前置仓离消费者非常近,只要你在京东商城上下单,它会很快将订单配置到就近的仓库出货,大大缩短了配送距离,因而配送的速度也极快。

2) 中央仓

通过在一线城市,如省会,建立"中央仓"(central warehouse),一头连接基地或批发市场,一头连接市场端,等于用自建的"中央仓"来部分替代"批发市场"的功能。中央仓可分为中央配送中心(CDC)和区域配送中心(RDC),主要是指接受供货商所提供的多品种、大批量的货物,通过存储、保管、分拣、配货及流通加工、信息处理等作业后,按需求方要求将配齐的货物交付给物流公司或指定的组织机构。

3) 微仓

中央仓针对大批量物流极具优势,但是在面向消费者市场时,如果每个订单都从中央仓送到消费者家中,物流成本高昂,这个时候,微仓(micro warehouse)就出现了。微仓就是相对于普通仓库(占地面较大,承载功能齐全),面积较小,承载功能也单一的微小型仓库,如常见的丰巢、速递易等。

4) 前店后仓/店仓一体

前店后仓(front shop and back warehouse)就是在前端开发销售平台实现销量提升,而在后台提供仓储、配送、进出口报关通关等供应链服务。前店后仓与店仓一体的理念和运营模式相近。

店仓一体是仓库和直接面向终端消费者的场地(如零售店、体验店等)合建在一起,消费者可直接在店内选购商品,在仓内即时提货。

例如,盒马鲜生基于"新零售"构想,采用线上即时到家＋线下盒马体验店模式"店仓一体",消费者可以到店购买,也可以线上下单,以店作为仓,进行即时配送。

5) 云仓

云仓(cloud warehouse)是利用云技术和现代管理方式,依托仓储设施实现在线交易、交割、融资、支付、结算等一体化的服务。云仓主要包括三种类型。

平台类云仓——京东、亚马逊等。平台类云仓为电商企业自建云仓,主要通过多区域的协同仓储实现整体效率最优化,保证电商平台的客户体验,从而提高用户的黏性。

物流企业云仓——顺丰云仓、EMS 云仓、百世云仓等。由物流快递企业所建立的云仓,大多数是为了更好地进行仓配一体化。

第三方云仓——发网、中联网仓等。京东、亚马逊、顺丰等的自建云仓因为身份所限,无法将优质的物流提供给淘系的中小卖家使用。因此,第三方云仓应运而生,能够提供自动化、信息化和可视化的服务,可保证与快递企业的配送对接无缝化。

6) 海外仓

海外仓(overseas warehouse)是"国内企业在境外设立,面向所在国家或地区市场客户,就近提供进出口货物集并、仓储、分拣、包装和配送等服务的仓储设施"(GB/T 18354—2021)。在传统出口模式下,跨境电商在货物出关后,要经过境外进口商、境外批发商、境外零售商三个中间环节才到达消费者手中,中间环节多,物流成本高。通过海外仓,企业便能直接绕过中间环节,生产商通过网络平台直接与国外采购商面对面接触。海外仓不是简单租一个仓库,而是展示品牌、售后、咨询甚至维修服务的窗口,同时有效地缩减物流时间。

近年来,在"市场采购贸易＋海外仓"发展模式下,多家跨境电商在海外设立了海外仓,涵盖美国、澳大利亚、德国、西班牙、俄罗斯等国家,服务范围覆盖了世界各地,尤其是共建"一带一路"国家。

7) 无人仓

无人仓(unmanned warehouse)是现代信息技术应用在商业领域的创新,实现了货物从入库、存储到包装、分拣等流程的智能化和无人化。无人仓的目标是实现入库、存储、拣选、出库等仓库作业流程的无人化操作,这就需要具备自主识别货物、追踪货物流动、自主指挥设备执行生产任务、无须人工干预等条件;此外还要有一个"智慧大脑",针对无数传感器感知的海量数据进行分析,精准预测未来的情况,自主决策后协调智能设备的运转,根据任务执行反馈的信息及时调整策略,形成对作业的闭环控制,即具备智能感知、实时分析、精准预测、自主决策、自动控制、自主学习的特征。

4.3.2　仓库规划与布局

仓储规划是指在进行仓储活动前,对于仓储模式、仓储设施、储存空间、信息管理等进行决策和设计,包括选址规划、尺寸规划、通道规划、货位规划等。

1. 仓库规划布局原则

(1) 减少或消除不必要的仓储作业,运用系统分析方法求得仓储系统的整体优化。

(2) 规划布局与企业自身的需求相适应,在协调服务与成本基础上进行,同时要具有一定前瞻性,能够适应快速发展的外部环境变化。

(3) 采用高效率的物料搬运设备及操作流程,使货物在出入库时单向和直线运动,避免逆向操作和大幅度变向的低效率运动。

(4) 在仓库里采用有效的存储计划。在对所储存的货物提供足够的便利与保护的同时,要充分利用已有的空间。在物料搬运设备大小、类型、转弯半径的限制下,尽量减小通道所占用的空间。

(5) 尽可能采用单层设备,这样做,造价低,资产的平均利用效率也高。尽量利用仓库的高度,也就是说,有效地利用仓库的容积。

2. 库内作业管理

1) 入库

商品入库,是指接到商品入库申请后,经过入库准备、接运提货、装卸搬运、检查验收、办理入库手续等一系列作业环节构成的工作过程。要合理地安排和组织入库作业活动,就需要掌握入库作业的基本业务流程。入库作业的基本流程包括入库申请、编制入库作业计划、入库准备、接运卸货、核对入库凭证、物品检验、办理交接手续、入库信息处理、生成提货凭证(仓单)等。

2) 在库

商品在库,是指商品在入库之后、出库之前,处于保管与储存阶段。商品的保管与储存,是仓储管理工作的主要职能和中心环节。商品保管与储存业务的主要内容包括:库房分类、货位分区；正确运用堆码和苫垫技术，合理存放商品；科学养护好库存商品；对库存商品进行日常检查等。

3）出库

出库是仓储作业中最后一步，也是与客户的关系最为直接和密切的一步。出库作业决定着仓储企业能否为客户保质保量地提供货品，决定着企业的服务水平高低，可以认为是仓储企业进行货物流转最重要的一步。

3．库存管理方法

库存管理方法总体而言有传统库存管理方法和现代库存管理方法。

1）传统库存管理方法

传统库存管理方法主要指 ABC 分类法（ABC classification）。ABC 分类法于 1951 年由美国通用电气公司的迪基开发出来以后，在各企业迅速普及，适用于各类管理实务，取得了卓越的绩效。ABC 分类法指的是将库存物品按照设定的分类标准和要求，分为特别重要的库存（A 类）、一般重要的库存（B 类）和不重要的库存（C 类）三个等级，然后针对不同等级分别进行控制的管理方法（GB/T 18354—2021）。这样的分类管理法可以实现的作用有压缩库存总量、释放占压资金、库存合理化、节约管理投入等。

ABC 分类法的实施，需要企业各部门的协调与配合，并且建立在库存品各种数据完整、准确的基础之上。其主要操作步骤如下。

（1）收集数据。在对库存品进行分类之前，首先要收集有关库存品的年需求量、单价以及重要程度信息。这些信息可以从企业的车间、采购部、财务部、仓库管理部门获得。

（2）处理数据。利用收集到的年需求量、单价，计算出各种库存品的年耗用金额。

（3）编制 ABC 分析表。把各种库存品按照年耗用金额从大到小的顺序排列，并计算累计百分比。

（4）确定分类。按照 ABC 分类法的基本原理，对库存品进行分类。一般说来，各种库存品所占实际比例，由企业根据需要确定，并没有统一的数值。

（5）绘制 ABC 分析图。把库存品的分类情况在曲线图上表示出来。

2）现代库存管理方法

现代库存管理方法有：供应商管理库存（vendor managed inventory，VMI），联合库存管理（joint managed inventory，JMI），合作计划、预测与补给（collaborative planning forecasting and replenishment，CPFR）等。供应商管理库存的方法源自 1980 年，宝洁公司与密苏里州圣路易斯一家超市将双方计算机连接起来，形成一个自动补充纸尿布的雏形系统。联合库存管理方法源自宝洁公司与沃尔玛公司的合作，这种方法的使用改变了两家企业的营运模式，实现了双赢。合作计划、预测与补给则主要实现对供应链的有效运作和管理，以及对市场变化的科学预测和快速反应，并逐步成为供应链管理的一个成熟商业流程，解决了高昂的补货费用和低效率的沟通方式两大难题。

4．库存控制方法

库存控制的内容是指库存物料的科学保管，以减少损耗、方便存取，而库存控制则是要求控制合理的库存水平，即用最少的投资和最少的库存管理费用，维持合理的库存，以满足使用部门的需求和减少缺货损失。要想将库存控制在合理的水平,必须借助一定的库存控制方法,常用的库存控制方法主要有 ABC 分类法、定期订货法(fixed interval system,FIS)、定量订货制(fixed quantity system,FQS)、物料需求计划及 JIT 生产等。

本书详细说明两种基本的确定型存储模型,这里所讨论的存储模型中的量和期的参数都是确定性的,而且一种存储物的量和期与另一种存储物的量和期不发生相互影响关系。

模型一:瞬时进货,不许短缺

此类确定型存储模型又称经济订购批量模型,即通过平衡采购进货成本和保管仓储成本核算,以实现总库存最低的最佳订货量。

假设条件:

(1) 当存储降至零时,立即补充;

(2) 需求是连续均匀的,设需求速度 R 为常数,则 t 时间内的需求量为 Rt;

(3) 单位存储费 c_1、单位缺货费 c_2、每次订购费 c_3 均为常数;

(4) 每次订购量 Q 相同。

存储状态变化情况如图 4-2 所示。

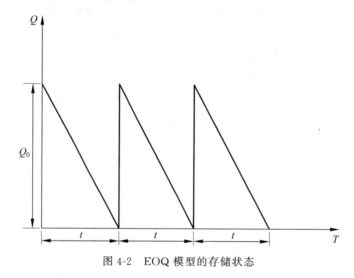

图 4-2　EOQ 模型的存储状态

建立模型:

由图 4-2 可知,在 t 时间内补充一次存储,订购量 Q 必须满足这一时期内的需求,故得 $Q=Rt$,每次订购费为 c_3,货物单价为 K,则订货费为 c_3+KRt。单位时间内的订货费为

$$(c_3/t)+KR$$

已知需求速度 R 为常数,存储量由时刻零的 Q 线性降至时刻 t 的零,故在 t 时间内的存储量为一个三角形的面积:$Qt/2=Rt^2/2$。单位时间内的存储量为 $Rt/2$,单位时间内的存储费用为 $c_1Rt/2$。故得 t 内总的平均费用为

$$c(t)=c_1Rt/2+c_3/t+KR$$

这里的 t 为所求的存储策略变量。根据微积分求最小值的方法,可求出一阶导数并令其等于零,得

$$\frac{\mathrm{d}c(t)}{\mathrm{d}t}=\frac{1}{2}c_1R-\frac{c_3}{t^2}=0$$

解上述方程可得

$$t_0 = \sqrt{\frac{2c_3}{c_1 R}} \tag{4-1}$$

即每隔 t_0 时间订货一次,可使 $c(t)$ 达到最小。其订购量为

$$Q_0 = R t_0 = \sqrt{\frac{2c_3}{c_1 R}} \times R = \sqrt{\frac{2c_3 R}{c_1}} \tag{4-2}$$

由于货物单价 K 与 Q_0、t_0 无关,在费用函数中可以略去 KR 这项费用。故可得

$$c(t) = \frac{c_3}{t} + \frac{1}{2} c_1 R t \tag{4-3}$$

将 t_0 代入式(4-3),可得

$$c(t_0) = c_3 \sqrt{\frac{c_1 R}{2c_3}} + \frac{1}{2} c_1 R \sqrt{\frac{2c_3}{c_1 R}} = \sqrt{2 c_1 c_3 R} \tag{4-4}$$

若将上述费用函数用曲线表示,同样可以得到与式(4-1)、式(4-2)、式(4-3)一致的结果,见图 4-3。

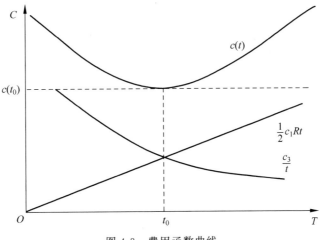

图 4-3　费用函数曲线

订货费用曲线 c_3/t,存储费用线 $c_1 R t/2$,总费用曲线为

$$c(t) = (c_3/t) + (c_1 R t/2)$$

图 4-3 中,$c(t)$ 曲线的最低点 $c(t_0)$ 对应的横坐标 t_0 正好与订购费用曲线和存储费用曲线的交点对应的横坐标一致,即有

$$c_3/t_0 = c_1 R t_0/2$$

解出

$$t_0 = \sqrt{\frac{2c_3}{c_1 R}}$$

$$Q_0 = \sqrt{\frac{2c_3 R}{c_1}}$$

$$c(t_0) = \sqrt{2 c_1 c_3 R}$$

【例 4-1】　某单位每月需要某一产品 200 件,每批订购费为 20 元。若每次货物到达后先存入仓库,每月每件要付出 0.8 元的存储费。试计算其经济订购批量。

解：已知 $R=200$ 件/月,$c_3=20$ 元/批,$c_1=0.8$ 元/月·件。

根据上述模型,易算出:

最佳订购周期:

$$t_0=\sqrt{\frac{2c_3}{c_1R}}=\sqrt{\frac{2\times20}{0.8\times200}}=\frac{1}{2}(月)$$

最佳订购批量:

$$Q_0=Rt_0=\frac{1}{2}\times200=100(件)$$

平均最低费用:

$$c(t_0)=\sqrt{2c_1c_3R}=\sqrt{2\times0.8\times20\times200}=80(元／月)$$

即在一个月内订购两次,每次订购量为 100 件,在不致中断需求的前提下,每月付出的最低费用为 80 元。

【例 4-2】　接例 4-1,若每月需量提高到 800 件,其他条件不变,最佳订购量是否也提高到 400 件(即原来的 4 倍)?

解：已知 $R=800$ 件/月,其他条件与例 4-1 相同。

求得

$$t_0=\sqrt{\frac{2c_3}{c_1R}}=\sqrt{\frac{2\times20}{0.8\times800}}=\frac{1}{4}(月)$$

$$Q_0=Rt_0=800\times\frac{1}{4}=200(件)$$

$$c(t_0)=\sqrt{2c_1c_3R}=\sqrt{2\times0.8\times20\times800}=160(元／月)$$

显而易见,需求速度与订购量并不是同倍增长的,这说明了建立存储模型的重要性。

模型二:逐渐补充补货,不允许短缺

该模型假定库存的补充是逐渐进行的,而不是瞬时完成的,其他条件同模型一。

(1) 一定时间 t_p 内生产批量 Q,单位时间内的产量即生产速率以 P 表示。

(2) 需求速度为 R,由于不允许缺货,故 $P>R_0$。

逐渐补货存储状态如图 4-4 所示。

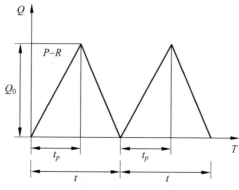

图 4-4　逐渐补货存储状态

建立存储模型：

在上述假定下，t_p 时间段内每单位时间生产了 P 件产品，提取了 R 件产品，所以单位时间内净增存储量为 $P-R$，到 t 终止时，储存量为 $(P-R)t_p$。由前面模型一假定，有

$$Pt_p = Q = Rt$$

则

$$t_p = Rt/P$$

故时间段 t 内平均存储量为

$$\frac{1}{2}(P-R)t_p = \frac{1}{2} \cdot \frac{P-R}{P} Rt$$

相应的单位时间存储费为

$$\frac{1}{2} c_1 \frac{P-R}{P} Rt$$

而单位时间平均总费用为

$$c(t) = \frac{1}{2} \cdot \frac{P-R}{P} c_1 Rt + \frac{c_3}{t}$$

$$\frac{dc}{dt} = 0$$

得最佳生产循环时间：

$$t_0 = \sqrt{\frac{2c_3 P}{c_1(P-R)R}} = \sqrt{\frac{2c_3}{c_1 R}} \sqrt{\frac{P}{P-R}} \tag{4-5}$$

最佳生产批量：

$$Q_0 = Rt_0 = \sqrt{\frac{2c_3 PR}{c_1(P-R)}} = \sqrt{\frac{2c_3 R}{c_1}} \sqrt{\frac{P}{P-R}} \tag{4-6}$$

最佳生产时间：

$$t_f = \frac{Rt_0}{P} = \sqrt{\frac{2c_3 R}{c_1(P-R)P}} = \sqrt{\frac{2c_3 R}{c_1}} \sqrt{\frac{1}{P(P-R)}} \tag{4-7}$$

最低平均费用：

$$c(t_0) = \frac{1}{2} \frac{P-R}{P} c_1 Rt_0 + \frac{c_3}{t_0} = \sqrt{\frac{2c_1 c_3 P(P-R)}{P}} = \sqrt{2c_1 c_3 R} \sqrt{\frac{P-R}{P}} \tag{4-8}$$

易见，当 $P \to \infty$（即 $t \to 0$ 时，亦即生产可在极短时间内完成），

$$\sqrt{\frac{P}{P-R}} \to 1, \qquad \sqrt{\frac{P-R}{P}} \to 1$$

即式(4-1)、式(4-2)、式(4-4)与式(4-5)、式(4-6)、式(4-8)相同。

【例 4-3】 某装配车间每月需零件 800 件，该零件由厂内生产，生产率为每月 1 600 件，每批生产准备费为 200 元，每月每件零件存储费为 1 元。试求最小费用与经济批量。

解：该问题符合模型二的假定条件，因此可直接运用式(4-6)至式(4-8)。已知 $c_3 = 200$ 元，$c_1 = 1$ 元，$P = 1\,600$ 件/月，$R = 800$ 件/月。故

$$Q_0 = \sqrt{\frac{2c_3 P}{c_t}} \sqrt{\frac{P}{P-R}} = \sqrt{\frac{2 \times 200 \times 800}{1}} \sqrt{\frac{1\,600}{1\,600-800}} = 800 \text{（件）}$$

$$c(t_0) = \sqrt{2c_1c_3R}\sqrt{\frac{P-R}{P}} = \sqrt{2\times1\times200\times800}\sqrt{\frac{1\,600-800}{1\,600}} = 400(元)$$

$$t_0 = Q_0/R = 800/800 = 1(月)$$

$$t_p = Q_0/P = 800/1\,600 = \frac{1}{2}(月)$$

即每次经济批量为 800 件,这 800 件只需在 0.5 个月中生产,相隔 0.5 个月后,进行第二批量的生产,所以周期为 1 个月。最大存储水平为 $(P-R)t_p = (1\,600-800)\times\frac{1}{2} = 400(件)$,最小费用为 400 元/月。

4.4 仓储管理合理化

仓储管理的目标是在完好保管库存物资的同时,加快物资周转并降低库存成本,通过仓储管理使仓储功能以最经济的方式实现,即实现仓储合理化。

4.4.1 仓储合理化指标体系

仓储管理是否合理化,主要通过质量指标、数量指标、效率指标、经济指标和安全指标等体现(表 4-1),企业可以根据具体情况制定指标体系考核仓储管理情况。

表 4-1 仓储合理化有关指标

仓储合理化	具体指标
质量指标	客户满意率;破损率;缺货率
数量指标	吞吐量;平均库存量;单位面积储存量
效率指标	库存周转率;有效仓容率;商品周转率等
经济指标	仓储收入;平均仓储成本;利润率等
安全指标	人身伤亡、火灾事故、机械故障(事故等级及次数)等

4.4.2 仓储合理化的基本途径

1. 适度集中储存,追求规模经济

采用集中储存代替分散的小规模储存,可以储存规模化、降低库存总量、提高设施设备的利用率,从而实现仓储合理化。但过分集中地储存,储存点与用户间距离增加,虽然储存总量降低,但运费增加了,因此要适度集中储存。目前京东等大型电子商务企业在全国甚至全球设立物流中心,就是通过集中储存降低物流成本。

2. 对储存物品实行 ABC 管理

仓库中一般储存的物资种类繁多,不同品种价格各异,库存数量和价值也不尽相同。

为了使有限的企业资源得到更为有效的利用,应该对库存物资进行分类,将管理的重点放在重要的物资上。

3. 加快周转速度,提高单位产出

仓储现代化的一个重要方面是将静态储存变为动态储存,加快周转速度,加快资金周转,减少货损,提升仓库吞吐能力,降低仓储成本。

4. 采取有效的"先进先出"方式

采取有效的"先进先出"方式,可以缩短储存物品的储存期,从而降低仓储成本。随着人们对生鲜物品需求的快速增长,通过合理的方式让物品先进先出,从而提高物品的新鲜度、降低物品的滞销率、增加企业的利润。

5. 提高储存密度,提高仓容利用率

随着土地成本的提高,企业普遍通过增加储存的高度、增加储存的密度、缩小库内通道密度、智能化管理等方法,增加储存的有效面积,从而提高仓容利用率、降低物流成本。

6. 采取有效的储存定位系统

现代化仓库一般存储密度大,进出库频繁,采取有效的储存定位系统可以快速查找货物位置,加快上货和取货速度,提高作业效率。比如四号定位法是用四个号码来表示物资在仓库中的位置的一种物资存储管理办法。这四个号码是:库号(或库内货区代号)、架号(货架、货柜代号)、层号(货架或货柜的层次代号)、位号(层内货位代号)。用这四个号码对库存物资进行编号,通过查阅物资的编号,就可以知道该物资存放的具体位置。企业可以根据具体情况按照一定规则编制货位号代码,方便仓储的数智化管理。

7. 按物品的特性进行储存

按照物品的特性进行储存,如出入库频率高的货物靠近出入口;重量大的物品放置于货架的下部;标准形状的物品直接放在托盘上等,以提高作业效率;对温度要求不同的物品放置在不用温度区域等。

随着商业模式的不断创新,仓储作为物流的重要功能要素,在企业经营和供应链管理中越来越重要,仓储管理的水平直接影响了企业的利润和产业链的竞争力。未来大数据分析、人工智能等新技术的快速发展,一定会推动仓储管理发展到新的阶段。

 即测即练

课后复习题

一、选择题

1. 衔接不同运输方式的仓储,主要设置在生产地和消费地之间的交通枢纽地的是(   )。

    A. 保税仓储　　　　　B. 配送仓储　　　　　C. 中转仓储　　　　D. 储存仓储

2. 在库存管理技术中,依据一定的原则对众多事物进行分类的方法是(   )。

    A. ABC 分析法　　　B. EOQ 管理法　　　C. MRP　　　　　D. ERP

3. 仓库最基本、最传统的功能是(   )。

    A. 调节货物运输能力　　　　　　　B. 支持生产和调节供需

    C. 储存和保管　　　　　　　　　　D. 配送和加工

4. 以下哪种组合是按照仓库的功能分类?(   )

    A. 冷藏仓库、危险品仓库　　　　　B. 单层仓库、立体仓库

    C. 批发仓库、加工仓库　　　　　　D. 储存仓库、流通仓库

二、简答题

1. 仓储的功能有哪些?

2. 仓库有哪些分类标准和分类形式?

3. 仓储合理化的基本途径有哪些?

三、计算题

某仓库某商品年需求量为 10 000 个,单位商品的购买价格为 20 元,每次订货成本为 2 500 元,单位商品的年保管费率为 10%,求该商品的经济订货批量 Q、年库存总成本 C(不包括购买的材料费)、年订货次数 N、订货间隔周期 T(一年按 360 天计算)。

阅读案例

需求暴涨,仓储物流开启精细化发展新篇章

仓储不仅是商品流通的重要环节之一,也是物流活动的重要支柱,仓储活动更是推动生产发展、满足市场供应不可缺少的一个环节。过去 20 多年,我国仓储物流告别粗放式发展,开启高质量发展、精细化发展新篇章。

规模大、地位高、质量高

经过 20 多年的发展,中国物流业已成为支撑国民经济发展的基础性、战略性、先导性产业。其中,仓储物流也迎来了大发展,主要表现在规模增大、地位攀升、质量提高。

从规模来看,仓储行业规模不断增长。全国经济普查数据显示,2023 年全国仓储企业共有 10 177 家,就业人员 39.3 万人,平均每家企业就业人数为 39 人,每家企业平均资产就是 2 533 万元。

仓储产业增长速度较快,衡量仓储业的数据指标已发生变化,很难在同纬度进行类比。

但物流园区作为仓储业的一个重要组织形式,其数据极具代表性。据估算,2023 年全国物流园区数量 3 000 家左右,平均每个园区投资为 25.7 亿元,平均投资强度是 156 万元/亩,每个物流园区平均拥有的库房面积达 23.6 万平方米。从数据来看,目前一个园区库房面积已经等同于或者大于 20 年前的一个仓储企业的面积,平均物流强度也在同步增加。每个物流园区每年每平方公里的货物吞吐量是 500 万吨。这也印证了仓储企业的规模在不断扩大。

粗略估算,2000 年以来我国新增仓储物流库房 14 亿平方米,每年还在增长。而此前,我国仓储多是老式砖木结构库房,单体面积小,不适合作业。2000 年,中国物资储运总公司率先建设带站台的轻钢结构的新库。普洛斯等企业的到来带动了新式库房的建设。20 多年来我国新增的库房基本都是轻钢结构的库房,建设速度快,使用起来也更好。

从行业来看,20 多年来仓储业地位不断攀升。从古至今,仓储业的地位一直都非常重要,并承担着保障市场供应和应对自然灾害的主要功能。过去因为疏于宣传,仓储业一直不太受重视,长期处于“散小乱”的状态,现在随着仓储业规模化和组织化程度提高,地位已经今非昔比。

2022 年 12 月 15 日,国务院正式发布的《“十四五”现代物流发展规划》中明确提出,现代物流一头连着生产,一头连着消费,高度集成并融合运输、仓储、分拨、配送、信息等服务功能,是延伸产业链、提升价值链、打造供应链的重要支撑,在构建现代流通体系、促进形成强大国内市场、推动高质量发展、建设现代化经济体系中发挥着先导性、基础性、战略性作用。

仓储是现代物流不可缺少的环节,地位也同步得到重视。同时我国传统的仓库也加快向现代物流中心转变,主要表现在仓库功能的增加和仓储设施的升级。随着现代物流的发展,仓库会发展为库存控制中心、货物集散中心、增值服务中心、信息发布中心和现代物流技术的应用中心。

从质量来看,20 多年来仓储业质量不断提高。过去仓库普遍采用砖木结构,单体库房面积非常小,100～200 平方米已经属于较大规模仓库,1 万平方米仓库罕有。现在 1 万平方米以上的仓库“遍地开花”,单体仓库最大规模约 28 万平方米,是一个多层楼库分拣中心。

同时,我国物流仓储业也不断向技术与信息化要“质量”。我国仓储业技术和信息化投资占比从过去的 6% 提升到现在的 12%。仓储物流的演变其实是一个外延发展的过程,从最基础的仓库储存功能到如今的货物出入库、存取货、拣选配送、装配、加工、追踪、查询等多样性功能,其功能的演变代表着科技的发展、信息技术的进步。

值得一提的是,一些先进企业——如京东投资建设的“亚洲一号”技术性和信息化投入占超过 52%。京东物流发布的 2023 年第一季度数据显示,截至 2023 年 3 月 31 日,京东物流运营仓库数量超 1 500 个,含云仓在内的仓储网络总管理面积超过 3 100 万平方米,仓储网络已覆盖中国几乎所有的县(市、区)。但这仅限于少数的企业,我国仓储业的信息化水平处于偏低水平。同向类比,日本全国仓储业技术和信息化投资占比为 44%,整体比我国高出太多。粗略估算,我国要达到日本水平需要 1.8 万亿元的投资,未来我国仓储行业可想象空间很大。

体系庞大、呈现“三多”特点

按国家仓储体系,我国仓储业由军队仓储体系、储备仓储体系、企业自备仓储体系和社会仓储体系构成。从目前来看,企业自备仓库的比例不算小,一些快递企业、电商企业也都建立了自己的仓库。此外,铁路企业的货场属这一体系,我国铁路系统庞大,下设3 000多个货运场站,这些场站也都起着仓储的作用。

我国仓储物流行业属于充分竞争的一个市场,其投资建设业务都根据市场需求来决定。从目前来看,我国仓储体系庞大,呈现多产权结构、多类别库房、多业务模式的"三多"特点。

其中,多产权结构是指仓储物流设备设施都属于不同产权人;多类别库房是指库房类别多种多样,如普通仓库、多种仓库、特种仓库,其中特种仓库还能进一步细分成冷库、液体仓库、化工仓库等;多业务模式是指仓储物流运营的企业有开发的地产商,运营商多种多样,有的运营商拥有并运营着自己的仓库——中国物资储运总公司就归属此类,还有一些供应链企业通过租库以轻资产模式运营。

20多年大发展之中,中国仓储物流也暴露出了一些弊端,如设施存量大但现代化设施占比较低,区域间供需失衡等问题。其中,现代化设施占比较低也意味着我国仓储服务质量处于低水平,主要用于存发货物。现在仓储业务的多业务模式演进,包括加工、包装、分拣,打破了原有的单一功能,而原有老的仓储建设按照单一功能建设,在平面布局、设备配备方面明显不足,距现代化仓储还有距离。

仓储设施供需失衡则是因为某些地方政府对需求了解不深入,没有拉开需求层次梯度,对需求的判断也不准确;无序竞争和盲目建设都是基于地产的一些不合时宜的做法,重复建设造成了局部供大于需。要想破解上述难题,推动仓储行业高质量发展,则需要聚焦以下三个层面:一是坚持市场调节,坚持通过市场调查来引导建设,过剩的库房总归要遭到淘汰。二是坚持行业引导,对仓储行业管理监督的行业组织应该引导发展方向,及时归纳问题并找到症结。三是加强市场规划,地方政府明确当地产业发展和布局,物流业特别是仓储行业需要跟随产业发展结构来进行布局。

资料来源:【特稿】需求暴涨,仓储物流开启精细化发展新篇章[EB/OL].(2023-07-15).https://mp.weixin.qq.com/s/rQFAK8-eMoCOV5DJVwcdow.

第 5 章

配　送

本章学习目标

1. 理解配送的概念,了解配送的特点、分类,掌握配送的基本模式;

2. 了解配送计划、配送功能要素,理解配送中心的概念、分类、作业流程、管理内容,配货及配装方法;

3. 掌握配送合理化的具体要求和措施。

📚 引导案例

将配送服务选择权交给消费者!

在快递服务环节中,末端配送问题一直备受关注。最近,不少快递企业相继升级配送服务标准,推出"送货上门,不上必赔""'次晨达'范围再扩大""增加夜间配送"等服务,有的则上线"即日专递""标准快递",突出"性价比""上门"等标签。不难发现,送货上门已成为快递企业维持客户黏性、提高末端服务质量的竞争热点。

2023 年以来,我国快递业务实现了月均"百亿级"的增长,呈现出逐月提速向好态势。国家邮政局监测数据显示,截至 2023 年 6 月 24 日,我国当年快递业务量已达 600 亿件。可以说,快递在服务经济高质量发展、满足人民群众高品质生活需要等方面的作用日益凸显,已成为很多人生活中不可或缺的组成部分。然而,在行业高速发展的过程中,"不经同意放快递柜""不及时送货上门"等问题仍饱受诟病。

对于很多人来说,快递服务最大的优势在于快捷化门到门服务。网购的生活物资、家用电器,快递小哥可以帮忙送到家门口;给家人快递的生鲜水果,可以通过快递冷链让他们及时尝鲜。《快递暂行条例》明确规定,经营快递业务的企业应当将快件投递到约定的收件地址、收件人或者收件人指定的代收人,并告知收件人或者代收人当面验收。换言之,在未经收件人同意的情况下,快递企业和快递员不能擅自将快件投递到快递柜、驿站等末端服务设施。此次快递企业纷纷承诺"不上门必赔付",无疑是对市场需求的有力回应。

不过,快递送货上门真的是衡量末端配送的唯一标准吗?其实不然。按需送货上门才是提升收件体验的关键。对很多老年人而言,快递送货上门十分方便,但对于很多上班族来说,快递柜、驿站等无接触配送模式会更省心。这就需要快递企业不断完善产品体系,提供多元化、差异化的末端配送服务,将配送服务选择权交给消费者,确保消费者收件不再难。

快递企业也要投入更多的人力、物力资源,建立完善的奖惩机制。比如,将消费者对送货上门、投放快递柜或驿站的服务需求区分开,对那些无视收件人配送需求、习惯于将快件放至驿站或快递柜的行为,要有惩罚措施。同时,对按需完成配送的快递小哥要给予奖励,从而调动更多快递小哥按需送货上门的积极性、主动性。

当前,我国快递日均业务量超过3亿件,2023年6月1日至18日电商大促期间,全国快递日均业务量更是突破4亿件。要真正实现按需送货上门并非易事。快递企业还要与电商平台加强沟通协商,完善电商快递定价模式,建立与服务地域相适应的成本分担机制,避免低端价格战引起的末端配送服务质量下降,这样才能兼顾各方利益,满足消费者日益增长的个性化寄递需求。

资料来源:将配送服务选择权交给消费者!按需送货上门是关键[EB/OL].(2023-07-12).https://mp.weixin.qq.com/s/pkSDIA2xWu9fwrLl2pnujQ.

5.1　配送的概念与现状

5.1.1　配送的概念和特点

1. 配送的概念

"配送"一词源于日语,是日本在引进美国物流科学时对英文原词 delivery 的意译,我国转学于日本,从而形成了我国的一个新词汇。《日本工业标准(JIS)物流用语》将配送定义为:将货物从物流据点送交给收货人。我国国家标准《物流术语》(GB/T 18354—2021)将配送定义为:根据客户要求,对物品进行分类、拣选、集货、包装、组配等作业,并按时送达指定地点的物流活动。

事实上,从配送活动的实施过程来看,配送包括两个方面的活动:"配"是对货物进行集中、分拣和组配;"送"是以各种不同的方式将货物送达指定地点或客户手中。因此,配送概念可以从以下几个方面来认识。

1) 配送是最终资源配置

配送是资源配置的一部分,是"最终资源配置"。在社会再生产过程中,配送处于接近客户的那一段流通领域。因此,可以说,配送是接近客户的配置,是从物流节点至客户的终端运输。

2) 配送是特殊的送货形式

配送就其实质而言是从物流节点至客户的一种特殊送货形式。它有别于一般的送货,是一种"中转"形式。一般送货可以是一种偶然的行为,而配送却是一种固定的形态,甚至是一种有确定组织、确定渠道,有一套装备和管理力量、技术力量,有一套制度的体制形式。所以,配送是高水平的送货形式。

3) 配送是"配"和"送"的有机结合

配送是"配"和"送"有机结合的形式。在运送货物过程中,如果不进行分拣、配货,有一件运一件,需要一点送一点,就会大大增加运力的消耗。而配送就是利用有效的分拣、配货等理货工作,使送货达到一定的规模,并利用规模优势取得较低的送货成本。所以,要追求整个配送的优势,分拣、配货等项工作是必不可少的。

4）以客户要求为出发点

配送是从客户利益出发、按客户要求进行的一种活动。因此,我们在观念上必须明确:客户处于主导地位,配送企业处于服务地位。配送企业应从客户利益出发,在满足客户利益基础上取得本企业的利益。更重要的是,配送企业不能利用配送损害或控制客户,更不能利用配送作为部门分割、行业分割、割据市场的手段。

当然,客户要求受客户本身的局限,有时在实际中会损害自身或双方的利益。因此,对于配送者来说,其必须以"要求"为根据,但是不能盲目,应该追求合理性,进而指导客户,实现共同受益。

2. 配送与其他概念的区别

1）配送和送货的区别

配送和送货的区别在于:配送不是一般概念的送货,也不是生产企业推销产品时直接从事的销售性送货,而是从物流节点至客户的一种特殊送货形式。从送货功能看,其特殊性表现在:①送货主要体现为生产企业和商业企业的一种推销手段,通过送货达到多销售产品的目的;配送中从事送货的是专职流通企业,而不是生产企业。②配送是"中转"型送货,而一般送货尤其从工厂至客户的送货往往是直达型。③一般送货是生产什么送什么、有什么送什么,配送则是需要什么送什么。

2）配送与运输的区别

配送是指从最后一个物流节点到客户之间的物资空间移动过程。最后一个物流节点设施一般是指配送中心或零售店铺。在整个流通过程中,最终客户因流通渠道构成不同而不同。同样,区域的概念也是相对的,其范围也没有具体规定。在直接送货的情况下,就很难区分是属于运输还是属于配送。

从工厂仓库到配送中心的批量货物空间位移称为运输,从配送中心到最终客户的多品种小批量货物的空间位移称为配送。

配送的附加功能要远远超过运输。作为配送活动的全过程,不仅包括了最后阶段的货物送达作业,而且包括按要求在物流节点设施内开展的流通加工、订单处理、货物分拣等作业活动(表 5-1)。

表 5-1　运输与配送的区别

项　目	运　输	配　送
运输的性质	干线	支线
在供应链的位置	中间运输	前端或末端运输
运输距离	中长距离	短距离
物流特点	少品种、大批量、少批次	多品种、小批量、多批次
运输周期	长周期	短周期
附属功能	单一	综合

3）配送和供应或供给的区别

配送和一般概念的供应或供给的区别在于:配送不是广义的组织物资订货、签约、结算、进货及对物资处理分配的供应,而是一种"门到门"的服务,可以将货物从物流节点一直送到客户的仓库、营业所、车间乃至生产线的起点。

　　4）配送和运送、发放、投送的区别

　　配送和运送、发放、投送的区别在于：配送是在全面配货的基础上，充分按客户要求，包括种类、数量、时间等方面的要求所进行的运送。因此，除了各种"运""送"活动外，还要从事大量分货、配货、配装等工作，是"配"和"送"的有机结合。

3. 配送的特点

　　配送与"交货""运送""分送""输送""供应""发放"等相关词汇有着本质上的区别，这是因为配送需要依靠现代科学技术来实现一体化综合性物流服务，而且有着物流大系统所赋予的特点。

　　1）配送有多重任务

　　配送业务内容，除了送货，还有"集货""拣选""分货""包装""组配""配货"等项工作，这些工作难度很大，必须具有发达的商品经济和现代的经营水平才能做好。在商品经济不发达的国家及历史阶段，按客户要求实现配货是很难完成的一项工作，要实现广泛的、高效率的配货就更加困难。因此，一般意义的送货和配货存在着时代的差别。

　　2）配送是各种业务的有机结合体

　　配送是送货、理货、配货等许多业务活动有机结合的整体，同时还与订货系统紧密联系，是物流全过程中相关业务的有机结合体，是一种现代化的作业系统，从而适应发达的商品经济和现代化的管理水平。这也是以往的送货形式无法比拟的。

　　3）配送需要现代化技术手段的支持

　　配送的全过程要有现代化技术手段做基础。现代化技术和装备的采用，使配送在规模、水平、效率、速度、质量等方面远远超过以往的送货形式。在实践中，由于大量采用各种传输设备及识码、拣选等机电装备，整个配送作业像工业生产中广泛应用的流水线，实现了流通工作的部分工厂化。因此，可以认为，配送是科学技术进步的一个产物。

　　4）配送需要专业化分工

　　配送是一种专业化的分工方式。配送为客户提供定制化的服务，根据客户的订货要求准确、及时地为其提供物资供应保证；在提高服务质量的同时，配送也可以通过专业化的规模经营获得单独送货无法得到的低成本优势。

4. 配送的作用

　　发展配送，对于物流系统的完善，流通企业和生产企业的发展，以及整个经济社会效益的提高，无不具有重要的作用。

　　(1) 配送可以降低整个社会物资的库存水平。发展配送，实行集中库存，整个社会物资的库存总量必然低于各企业的分散库存总量。同时，配送有利于灵活调度，有利于发挥物资的作用。此外，集中库存可以发挥规模经济优势，降低库存成本。

　　(2) 配送有利于提高物流效率、降低物流费用。采用配送方式，批量进货，集中发货，以及将多个小批量集中起来大批量发货，都可以有效地节省运力、实现经济运输、降低成本、提高物流经济效益。

　　(3) 对于生产企业来讲，配送可以实现低库存。实行高水平的定时配送方式之后，生产企业可以依靠配送中心准时配送或即时配送,而不需要保持自己的库存,这就可以实现生产企业的"零库存",节约储备资金,降低生产成本。

（4）配送可以成为流通社会化、物流产业化的战略选择。实行社会集中库存、集中配送,可以从根本上打破条块分割的分散流通体制,实现流通社会化、物流产业化,并产生巨大的社会效益。

5.1.2　配送的类型

在不同的市场环境下,为适应不同的生产需要和消费需要,配送是以不同的形式运动的,从而表现出不同的形态。根据配送形态上的差异情况,配送可从以下角度划分为不同类型。

1. 按配送组织者不同分类

1) 配送中心配送

这种配送的组织者是专职配送中心,其规模比较大、专业性比较强,与客户之间存在固定的配送关系。配送中心一般情况下都实行计划配送,需要配送的商品有一定的库存量,很少超越自己的经营范围。

配送中心的设施及工艺流程一般是根据配送的需要而专门设计的,所以配送能力强、配送距离较远、配送的品种多、配送的数量大,可以承担工业生产用主要物资的配送以及向配送商店实行补充性配送等。

配送中心配送是配送的重要形式,其覆盖面较宽。但是,作为大规模配送形式的配送中心配送,必须有配套的大规模实施配送的设施,如配送中心建筑、车辆、路线、其他配送活动中需要的设备等。因此,其一旦建成便很难改变,灵活性较差,投资较大。这也是在实施配送初期很难大量建立配送中心的主要原因。因此,这种配送形式有一定的局限性。

2) 仓库配送

这种配送形式是以一般仓库为据点进行配送。它可以把仓库完全改造成配送中心,可以在保持仓库原功能的前提下,以仓库原功能为主,再增加一部分配送职能。

由于其并不是按配送中心的要求而专门设计和建立的,一般来讲,仓库配送的规模较小,配送的专业化水平较低。但是因为可以利用原仓库的储存设施、能力、收发货场地、交通运输线路等,所以其既是开展中等规模的配送可以选择的形式,也是较为容易利用现有条件而不需大量投资、上马较快的形式。

3) 生产企业配送

这种配送形式的组织者是生产企业,尤其是进行多品种生产的生产企业。这些企业可以直接从本企业开始进行配送,而不需要再将产品发运到配送中心进行配送。

由于避免了一次物流的中转,所以生产企业配送具有一定优势。但是生产企业尤其是现代生产企业,往往实行大批量、低成本生产,品种较为单一,因此无法像配送中心那样依靠整合运输取得优势。一般来说,生产企业配送不是配送的主体,它在地方性较强的产品（比如就地生产,就地消费的食品、饮料、百货等）生产企业中应用较多。另外,某些不适于中转的化工产品及地方建材业也采取这种形式。

4）商店配送

这种配送形式的组织者是商业或物资的门市网点,这些网点主要开展商品的零售工作,一般来讲规模不大,但经营品种比较齐全。除日常经营的零售业务外,配送组织者还可根据客户的要求,将商店经营的品种配齐,或代客户外订、外购一部分本商店平时不经营的商品,与商店经营的品种一起配齐运送给客户。

这种配送组织者实力有限,往往只是承接零星商品的小量配送,所配送的商品种类繁多,客户需求量不大,甚至有些商品只是偶尔需要,很难与大配送中心建立稳定的配送关系,所以利用小零售网点从事此项工作。但是由于配送半径较小,所以其比较灵活机动,可承担生产企业非主要生产物资的配送以及对消费者个人的配送,因而是配送中心配送的辅助及补充形式。

2. 按配送商品种类及数量不同分类

1）单（少）品种、大批量配送

一般来讲,工业企业需要量较大的商品,单独一个品种或几个品种就可达到较大输送量,可以实行整车运输。因此在这种情况下,该类商品就可以由专业性很强的配送中心配送,往往不需要再与其他商品搭配。由于配送量大,因此其可使车辆满载并使用大吨位车辆。同时,由于配送中心的内部设置、组织、计划等工作也较为简单,因此配送成本较低。但是,如果可以从生产企业将这种商品直接运抵客户,同时又不至于使客户库存效益下降,采用直送方式往往效果更好一些。

2）多品种、小批量配送

现代企业生产所需的物资,除了少数几种主要物资外,大部分属于次要的物资,品种数较多,但是由于每一品种的需要量不大,如果采取直接运送或大批量的配送方式,一次进货批量大,必然造成客户库存增大等问题。类似的情况在向零售商店补充一般生活消费品的配送中也存在,所以以上这些情况适合采用多品种、小批量的配送方式。

多品种、小批量配送是根据客户的要求,将所需的各种物品（每种物品的需要量不大）配备齐全,凑数装车后由配送据点送达客户。这种配送作业水平要求高,配送中心设备要求复杂,配货、送货计划难度大,因此需要有高水平的组织工作予以保证和配合。而且在实际中,多品种、小批量配送往往伴随多客户、多批次的特点,配送频率往往较高。

配送的特殊作用主要反映在多品种、小批量的配送中。因此,这种配送方式在所有配送方式中是一种高水平、高技术的方式。这种配送能满足物资品种多样化的需求,符合市场环境的主流需要,也是配送中最典型的形式。

3）配套成套配送

这种配送方式是指根据企业的生产需要,尤其是装配型企业的生产需要,把生产每一台产品所需要的全部零部件配齐,按照生产节奏定时送达生产企业,生产企业随即可将此成套零部件送入生产线以装配产品。在这种配送方式中,配送企业承担了生产企业大部分的供应工作。它与多品种、小批量的配送效果相同。比如汽车、轮船等装配企业较多采用该方式。

3．按配送时间及数量分类

1）定时配送

定时配送是指按规定时间间隔进行配送,比如数天或数小时配送一次等。而且,每次配送的品种及数量可以根据计划执行,也可以在配送之前以商定的联络方式(如电话、微信等)通知。这种配送方式时间固定,易于安排工作计划,易于计划使用车辆,因此,对于客户来讲,其也易于安排接货的力量(如人员、设备等)。定时配送有两种表现形态,即日配和看板供货。

日配是定时配送中施行较为广泛的方式。尤其在城市内的配送中,日配占了绝大多数。日配的时间要求大体上是:上午的配送订货下午送达,下午的配送订货第二天早上送达,即实现送达时间在订货的 24 小时之内;客户下午的需要保证上午送到,上午的需要保证前一天下午送到,即实现在实际投入使用前 24 小时之内送达。很多零售类企业采取该模式配送,比如 7-11 便利店。

广泛而稳定地开展日配,可使客户基本上不用保持库存,做到以日配方式代替传统库存方式来实现生产或销售。日配方式对下述情况特别适合:①消费者追求新鲜的各种食品,如水果、点心、肉类、蛋类、蔬菜等;②客户是多个小型商店,它们追求周转快、随进随售,因而需要采取日配形式实现快速周转;③由于客户的条件限制,不可能保持较长时期的库存,比如已经采用零库存方式的生产企业、位于黄金地段的商店以及那些缺乏储存设施(如冷冻设施)的客户;④临时出现的需求。

看板供货是使配送供货与生产企业生产保持同步的一种配送方式。与日配方式和一般定时方式相比,这种方式更为精细和准确。其配送每天至少一次甚至几次,以保证企业生产的不间断。这种配送方式的目的是实现供货时间恰好是客户生产之时,从而保证货物不需要在客户的仓库中停留,而可直接运往生产场地。这样,与日配方式比较,连"库存"也可取消,企业可以绝对地实现零库存。比较典型的代表企业是日本丰田汽车。

看板供货方式要求依靠高水平的配送系统来实施,由于要求迅速反应,因而对多客户实行周密的共同配送计划是不大可能的。该方式适合于装配型、需要重复大量生产的客户,这种客户所需配送的物资是重复、大量而且没有大变化的,因而往往是一对一的配送。

2）定量配送

定量配送是指按照规定的批量,在一个指定的时间范围内进行配送。这种配送方式数量固定,备货工作较为简单,可以根据托盘、集装箱及车辆的装载能力规定配送的数量,能够有效利用托盘、集装箱等集装方式,也可做到整车配送,配送效率较高。由于时间不严格限定,因此它可以将不同客户所需的物品拼成整车后配送,运力利用也较好。对于客户来讲,每次接货都处理同等数量的货物,有利于人力、物力的准备工作。

3）定时定量配送

定时定量配送是指按照所规定的配送时间和配送数量进行配送。这种方式具有定时、定量两种方式的优点,但是其特殊性强、计划难度大,因此适合采用的对象不多,不是一种普遍的方式,只适合于在生产稳定、产品批量大的客户中推行。

4）定时定路线配送

定时定路线配送是指在规定的运行路线上,制定到达时间表进行配送,客户则可以按规定的线路站点及规定的时间接货。采用这种方式有利于计划安排车辆及驾驶人员。在配送客户较多的地区,这种方法也可以免去过分复杂的配送要求所造成的组织配送工作的困难。对于客户来讲,它既可以在一定路线、一定时间内进行选择,又可以有计划安排接货力量。但这种方式的应用领域也是有限的。

视频 5.1　达达集团即时配送

5)即时配送

即时配送(on-demand delivery)是指立即响应用户提出的即刻服务要求并且短时间内送达的配送方式(GB/T 18354—2021)。这是一种灵活性很高的应急配送的方式,它考验的是配送企业的快速反应能力。目前,美团网、饿了么等购物平台为了降低运营成本、提高客户满意度,一般采用分包、众包等方式把即时配送业务外包给专门的"骑手"来达到快速响应客户需求的目的。

4. 按经营形式不同分类

1)销售配送

销售配送是指销售型企业提供配送业务,或者是销售企业作为销售战略一环所进行的促销配送。一般来讲,这种配送的对象不固定,客户也不固定,对象和客户往往根据对市场的占有情况而定。其经营状况也取决于市场状况。因此,这种形式的配送随机性较强而计划性较差。各种类型的商店配送一般多属于销售配送。

用配送方式进行销售是扩大销售数量、扩大市场占有率、获得更多销售收益的重要方式。由于它是在送货服务前提下进行的活动,所以一般来讲,也易于受到客户的欢迎。

2)供应配送

供应配送是指客户为了自己的供应需要所采取的配送形式。在这种配送形式下,一般来讲是由客户或客户集团组建配送据点,集中组织大批量进货(以便取得批量折扣),然后向本企业配送或向本企业集团若干企业配送。大型企业或企业集团或联合公司,常常采用这种配送形式组织对本企业的供应。例如,商业中广泛采用的连锁商店,就常常采用这种方式。用配送方式进行供应,是保证供应水平、提高供应能力、降低供应成本的重要方式。

3)销售—供应一体化配送

销售—供应一体化配送是指对于基本固定的客户和基本确定的配送产品,销售企业可以在自己销售的同时,承担客户有计划供应者的职能,即销售企业既是销售者同时又是客户的供应代理人。

在这种配送方式下,某些客户就可以削减自己的供应机构数,而委托销售者代理。对销售者来讲,其能够获得稳定的客户和销售渠道,有利于扩大销售数量,有利于自身的稳定、持续发展。对于客户来讲,其能够获得稳定的供应,而且可以大大节约自身为组织供应所耗用的人力、物力和财力。在现实生活中,销售者能有效控制进货渠道,这是任何企业供应机构所难以做到的,因而委托销售者代理有望大大提高对供应的保证程度。

销售—供应一体化的配送是配送经营的重要形式,这种形式有利于形成稳定的供需关系,有利于采取先进的计划手段和技术手段,有利于保持流通渠道的畅通稳定,因而受到人们的关注。

4）代存代供配送

客户将属于自己的货物委托配送企业代存、代供,有时还委托代订,然后组织对自身的配送。这种配送在实施时不发生商品所有权的转移,配送企业只是客户的委托代理人,商品所有权在配送前后都属于客户所有,所发生的仅是商品物理位置的转移。配送企业仅从代存、代供中获取收益,而不能获得商品销售的经营性收益。

5. 按配送企业专业化程度分类

1）综合配送

配送商品种类较多,不同专业领域的产品在一个配送网点中组织对客户的配送。这一类配送由于综合性较强,因此被称为综合配送。

综合配送可减轻客户组织全部物资进货的负担,客户只需和少数配送企业联系,便可满足多种需求。但由于产品性能、形状差别很大,组织配送的技术难度较大。一般只针对形状相同或相近的不同类产品实行综合配送。

2）专业配送

这是按产品形状不同适当划分专业领域的配送方式。专业配送并非越细分越好,实际上在同一形状而类别不同产品方面,也是有一定综合性的。

专业配送的优势在于可按专业的共同要求优化配送设施,优选配送机械及配送车辆,制定实用性强的工艺流程,从而大大提高配送各环节工作的效率。现在已形成专业配送形式的品类有很多,如中小件杂货配送,金属材料的配送,燃料、煤、油的配送,水泥的配送,木材的配送,平板玻璃的配送,化工产品的配送,生鲜食品的配送,家具及家庭用具的配送等。

6. 按配送商品种类及数量的不同分类

1）加工配送

加工配送是指与流通加工相结合的配送,即在配送据点中设置流通加工环节,或是流通加工中心与配送中心建立在一起。如果社会上现成的产品不能满足客户需要,或者是客户根据本身的工艺要求,需要使用经过某种初加工的产品,可以在经过加工后进行分拣、配货再送货到户。

2）集疏配送

集疏配送是指只改变产品数量组成形态而不改变产品本身的物理、化学形态,与干线运输相配合的一种配送方式。比如大批量进货后小批量、多批次发货,零星集货后以一定批量送货等。

5.1.3　配送的模式

配送的模式有多种,主要可以从以下角度划分。

1. 按配送机构的经营权限和服务范围不同分类

按配送机构的经营权限和服务范围不同,配送可分为销售模式和代存代供模式两种,其运作特点如图 5-1 所示。

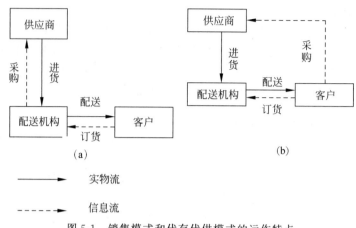

图 5-1　销售模式和代存代供模式的运作特点

(a) 销售模式；(b) 代存代供模式

1) 销售模式

销售模式又称商流、物流一体化的配送模式,其基本含义是配送的组织者既从事商品的进货、储存、分拣和送货等物流活动,又负责商品的采购与销售等商流活动[图 5-1(a)]。这类配送模式的组织者通常是商品经销企业,也有些是生产企业附属的物流机构。

这些经营实体不仅独立地从事商品流通的物流过程,而且将配送活动作为一种"营销手段"和"营销策略",既参与商品交易实现商品所有权的让渡与转移,又在此基础上向客户提供高效、优质的物流服务。在我国的物流实践中,销售模式大多存在于以批发为主体经营业务的商品流通机构。在国外,许多汽车配件中心所开展的配送业务也属于这种模式。

销售模式的特点在于:对于流通组织者来说,由于其直接负责货源组织和商品销售,因而能形成储备资源优势,有利于扩大营销网络和经营业务范围,同时也便于满足客户的不同需求。但由于这种模式的组织者既要参与商品交易,又要组织物流活动,因此,不但投入的资金、人力、物力比较多,需要一定的经济实力,而且需要较强的组织和经营能力。

2) 代存代供模式

代存代供模式是指商流、物流相分离的模式,配送组织者不直接参与商品的交易活动,不经销商品,只负责专门为客户提供验收入库、保管、加工和分拣送货等物流服务[图 5-1(b)]。其业务实质上属于"物流代理",从组织形式上看,其商流活动和物流活动是分离的,分别由不同的主体承担。

代存代供配送模式有着三个明显的特点:一是配送企业的业务活动比较单一,也比较专一,因而企业占压的资金也比较少;二是配送活动属于代理性质,配送企业的收益主要来自服务费,其经营风险比较小;三是因占压的资金较少,故其容易扩大服务范围和经营规模。

当然,这种配送模式也存在一些缺点。比如,由于配送企业不直接掌握货源,所以在其开展配送活动的过程中,可能会出现调度和调节能力较差、不灵活的问题。但总体上讲,代存代供模式是一种有效的、比较完整意义上的配送模式,代表了现代物流配送业务的一个主要发展方向。

2. 按配送主体的承担者不同分类

按配送主体的承担者不同,配送模式可分为四类。

1) 自有型配送模式

这是目前生产流通或综合性企业(集团)所广泛采用的一种配送模式。企业(集团)通过独立组建配送中心,实现内部各部门、工厂、店铺的物品供应的配送。这种配送模式虽然体现了自我满足的特点,形成了新型的"大而全""小而全"倾向,但却造成了社会资源浪费;不过,就目前来看,自有型配送模式在满足企业(集团)内部生产材料供应、产品外销、零售店铺供货和区域外市场拓展等企业自身需求方面仍然发挥了重要作用。

较典型的企业(集团)内的自有型配送模式,就是连锁企业的配送。大大小小的连锁公司或集团基本上都是通过组建自己的配送中心,完成对内部各部门、店铺的统一采购、统一配送和统一结算。

2) 外包型配送模式

这主要是由具有一定规模的物流设施设备(库房、站台、车辆等)及专业经验、技能的批发、储运或其他物流业务经营企业,利用自身业务优势,承担其他生产性企业在该区域内市场开拓、产品营销而开展的纯服务性的配送。通过这种现场办公式的决策组织,生产企业在该区域的业务代表控制着信息处理和决策权,独立组织营销、配送业务活动。提供场所的物流业务经营企业,只是在生产企业这种派驻机构的指示下,提供相应的仓储、运输、加工和配送服务,收取相对于全部物流利润的极小比率的业务服务费。采用这种配送模式的企业,对所承揽的配送业务缺乏全面的了解和掌握,无法组织合理高效的配送,在设备、人员上浪费比较大。因此,这是一种高消耗、低收益的配送模式。

3) 综合型配送模式

在这种模式中,从事配送业务的企业,通过与上家(生产、加工企业)建立广泛的代理,或者买断关系,与下家(零售店铺)形成稳定的契约关系,从而对生产、加工企业的商品或信息进行统一组织、处理后,按客户订单的要求,配送到店铺。这种模式的配送,还表现为在客户间交流供应信息,从而起到调剂余缺、合理利用资源的作用。综合型配送模式是一种比较完整意义上的配送模式。

4) 共同配送模式

共同配送是指由多个企业或其他组织整合多个客户的货物需求后联合组织实施的配送方式。(GB/T 18354—2021)这是一种配送经营企业间为实现整体的配送合理化,以互惠互利为原则,互相提供便利的配送业务的协作型配送模式,是配送的一种发展方向,特别是在城市中的配送。

共同配送模式产生于日本等发达国家,逐渐形成了同产业间和异产业间两大类共同配送,以及各种形态的共同配送,如多温共配(multi-temperature joint distribution)即按照客户需求,在同一个车辆上对两种及以上不同温控需求的货物进行的共同配送方式。共同配送是相对于独立配送而言的一种货物配送形式。从形态上看,它是各个配送组织协同作业的模式。在共同配送模式下,不但可以利用距离客户最近的配送中心开展配送活动,从而大大降低物流成本,而且有利于发挥配送企业的整体优势及缓解交通拥挤的矛盾。

扩展阅读 5.1　7-11
的共同配送

由于共同配送涉及的面比较广、涉及的单位较多,因此,组织工作难度较大。在选择、实施这种配送模式时,企业不但要建立起庞大的信息网络,更需要建立起层次性的管理系统。显然,只有大型的专业流通组织才有能力、有条件开展这类活动。

5.2　配 送 管 理

5.2.1　配送计划

配送是物流系统的一项综合且复杂的功能,必须按计划进行组织。配送计划是指针对未来一定时期内,对已知客户需求进行前期的配送规划,以便对车辆、人员、时间、费用等做统筹安排,以获得配送企业与其客户都能满意的方案。

1. 制订配送计划的步骤

合理、高效的配送计划是在充分调研的基础上,综合考虑内外部多种因素并按照一定的程序制订出来的,这个程序一般包括七个步骤。

(1) 确定配送目的。配送目的是一定时期配送工作所要达到的结果;配送目的不同,具体的计划安排就不同。

(2) 收集相关数据资料。通过调研收集足够的数据资料是计划工作的基础。制订配送计划需要收集的资料包括但不限于以下三类:①配送活动的主要标的物情况,如原材料、零部件、半成品、产成品等;②当年销售计划、生产计划,流通渠道的规模以及变化情况,配送中心的数量、规模,运输费用、仓储费用、管理费用等数据;③竞争对手的情况。

(3) 内部条件分析。配送往往受到自身的能力和资源的限制,故要对配送中心的配送人员、车辆及其他配送设施进行分析,确定配送能力。

(4) 整合配送要素。制订计划时,需要对货物、客户、车辆、人员(指司机或者配送业务员)、路线、地点、时间等要素综合分析,并加以适当整合。

(5) 制订初步配送计划。配送计划要精确到送达每一个配送地点的具体时间、具体路线的选择,以及货运量发生突然变化时的应急办法等方面。

(6) 进一步与客户协调沟通。进一步与客户沟通,请客户充分参与,提出修改意见,共同完善配送计划。

(7) 确定正式配送计划。与客户若干次协商沟通后,初步配送计划经过反复修改,最终确定为正式配送计划。

2. 配送计划的内容

制订配送计划要体现精益物流思想与团队协作精神,融合 JIT 生产方式与"零库存"管理的理念,保证质量、减少浪费、控制成本,最终促进企业提质增效。一项较完整的配送计划主要包括以下内容:①分配地点、数量与配送任务;②车辆数量、车队构成以及车辆组合、车辆最长行驶里程、车辆容积、载重限制;③路网结构与运输路线;④配送的时间范围;

⑤与客户作业层面的衔接；⑥预计实现的最优化目标。

5.2.2　配送的功能要素

配送是物流中一种特殊的、综合的活动形式，其将商流和物流紧密结合，包含商流活动，也包含物流中若干功能要素。从宏观上看，配送主要包括备货、理货和送货三个功能要素，其中每一环节又包含若干具体的、细节性的功能要素。

1. 备货

备货是配送的准备工作或基础工作，它包括筹集货源、订货或购货、集货、进货及有关的质量检查、结算、交接等。配送的优势之一，就是可以集中客户的需求进行一定规模的备货。备货是决定配送成败的初期工作，如果备货成本太高，会大大降低配送的效益。

2. 储存

储存是备货的延续。在配送活动中，货物储存有两种表现形态：一种是暂存形态，另一种是储备（包括保险储备和周转储备）形态。

暂存是在具体执行日配方式送货时，按分拣、配货要求，在理货场地所做的少量储存准备。由于总体储存效益取决于储存总量，这部分暂存数量只会对工作方便与否造成影响，而不会对储存的总效益造成影响，因而在数量上并不严格控制。还有另一种形式的暂存，即分拣、配货之后形成的发送货载的暂存，这个暂存主要是调节配货与送货的节奏，暂存时间不长。

储存是按一定时期的配送经营要求形成的对配送的资源保证。这种类型的储备数量较大，储备结构也较完善，视货源及到货情况，可以有计划地确定周转储备和保险储备结构及数量。配送的储备保证有时在配送中心附近单独设库解决。

3. 分拣和配货

分拣和配货是配送不同于其他物流形式的功能要素，也是关系配送成败的一项重要支持性工作。分拣和配货是完善交货、支持送货的准备性工作，是不同配送企业在送货时进行竞争和提高自身经济效益的必然延伸，所以也可以说是送货向高级形式发展的必然要求。货物的分拣是指采用适当的方式和手段，从储存的货物中分出客户需要的货物。经过分拣的货物再进行配货，为了完好无损地运送货物和便于识别配备好的货物，有些经过分拣、配备好的货物尚需重新包装，并在包装物上贴上标签，记载货物的品种、数量、收货人姓名、地址及运抵时间。一般来说，有了分拣和配货，就能大大提高送货服务水平，所以，分拣和配货是决定整个配送系统水平的关键要素。

4. 配装

在单个客户配送数量不能达到车辆的有效载运负荷时，就存在如何集中不同客户的配送货物，进行搭配装载以充分利用运能、运力的问题，这就需要配装，即所谓协同配送。

与一般送货的不同之处在于，配装送货可以大大提高送货水平及降低送货成本，所以，配装是配送系统中有现代特点的功能要素，也是现代配送与传统送货的重要区别之处。

5. 配送运输

配送运输即送货,是配送活动的核心,实质就是货物运输,与一般运输形态不同的是,配送运输是较短距离、较小规模、频度较高的运输形式。它是面向客户的"末端运输""支线运输""二次运输",一般使用汽车作为运输工具。它与"干线运输"的另一个区别是,配送运输的路线选择问题是一般干线运输所没有的,干线运输的干线是唯一的运输线,而配送运输由于配送客户多,一般城市交通路线又较复杂,如何组合最佳路线,如何使配装和路线有效搭配等,是配送运输的特点,也是难度较大的工作。

6. 送达服务

配好的货物运输到客户所在地还不算配送工作的完结,这是因为送达和客户接货往往还会出现不协调,使配送前功尽弃。因此,要圆满实现送达货物的移交,有效及方便地处理相关手续并完成结算,还应讲究卸货地点、卸货方式。送达服务也是配送独具的特性。

7. 配送加工

配送加工是流通加工的一种,但具有不同于一般流通加工的特点,配送加工一般只取决于客户要求,其加工的目的较为单一。在配送中,配送加工这一功能要素不具有普遍性,但往往是具有重要作用的功能要素,因为通过配送加工,可以大大提高客户的满意程度。

5.2.3　分拣作业与车辆配装

1. 分拣作业

分拣是配送作业的重要一步,根据计划,确定需要配送货物的种类和数量,然后在配送场所将所需货物挑选出来,这项工作可采用自动化的分拣设备,也可采用手工方法,这主要取决于配送场所现代化的水平。分拣作业有两种基本形式:摘果式和播种式。

摘果式分拣是指每一位拣货人员或每台设备每次只针对一张订单进行拣货的方式。分拣人员或设备按照订单所列货物及数量,将货物从储存区域或分拣区域拣取出来(形似摘果),然后集中在一起,如图 5-2 所示。

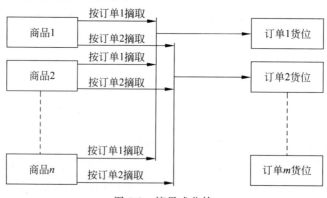

图 5-2　摘果式分拣

摘果式分拣的作业流程：①补货，即从仓储区向拆零拣选区送货，并且逐个货位放上货架。②沿线拣选，即周转箱沿着分拣流水线移动，分拣人员从货架上取货，放入周转箱。③复核装箱，即对已经装入周转箱的货物进行核对，有时还需要换箱装货。④集货待运，即把已经复核装箱完毕的货箱送到发货区，等待运出。

播种式分拣是指将多张订单集合成一批，按照货物种类和数量加总后再进行一次性拣货，然后依据不同订单进行分类的拣货方式（形似播种），如图 5-3 所示。

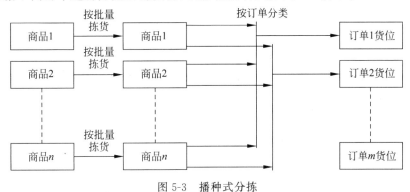

图 5-3　播种式分拣

播种式分拣的作业流程：①汇总拣货，即从仓储区将该轮次所需货物全部拣出，送到拆零分拣区，逐个放到分拣线上。②沿线分货与复核装箱，即待分货箱沿着流水线移动，分拣人员从箱中取货，放入货架箱内，并执行间歇性复核、装箱。③集货待运，即把已经复核装箱完毕的货箱送到发货区，等待运出。

两种拣货作业方式各有优缺点和适用场合，详见表 5-2。

表 5-2　摘果式分拣和播种式分拣的优缺点和适用场合

项　　　目	摘果式分拣	播种式分拣
优点	（1）作业前置时间短，作业方法单纯，接到订单后可立即拣货、送货。 （2）作业人员责任明确，易于安排人力。 （3）拣货后不用进行分类作业，适用于配送批量大的订单处理。 （4）导入容易且弹性大	（1）适合配送批量大的订单作业。 （2）可以缩短拣货时的行走距离，增加单位时间的拣货量。 （3）对量少、次数多的配送，批量拣取更有效
缺点	（1）商品种类多时，拣货行走路径加长，拣货效率低。 （2）拣货区域大时，搬运系统设计困难。 （3）少量多次拣取时，造成拣货路径重复、效率降低	（1）需要较大的空间作为待验区。 （2）对紧急订单无法做及时处理，要等订单达到一定数量才能做一次性的处理，从而会延长停滞时间
适用场合	适合多品种、小批量订单的场合	适合少品种大批量出货，且订单的重复订购率较高的场合

2．车辆配装

由于需配送的货物的相对密度、体积以及包装形式各异，在装车时，既要考虑车辆的载重量，又要考虑车辆的容积，使车辆的载重和容积都能得到有效的利用。在编制配送计划与开展车辆配载技能训练时,要体现精益物流思想与可持续发展理念,既保证配送质量、提高运营效率,又减少浪费、控制成本,最终促进企业效益的提高。

在具体车辆配装时,要根据拟配送货物与车辆的情况,进行简单的计算,再依据经验确定装车方案。一般按下列要求进行。

(1) 外观相近、容易混淆的货物分开装载,从而减少差错。

(2) 轻重不同的货物,重在下、轻在上;体积大小不同的货物,大在下、小在上;强度不同的货物,强度好、耐压的在下,强度差、不耐压的在上。

(3) 包装不同的货物应分开装载,如板条箱货物不要与纸箱、装袋货物堆放在一起。

(4) 货与货之间、货与车厢之间应留有空隙并适当衬垫,防止货损。

(5) 不要将容易串味的货物混装。

(6) 尽量不将散发粉尘的货物与清洁货物混装。

(7) 切勿将渗水货物与易受潮货物一同存放。

(8) 尖锐的货物应和其他货物分开装载或用木板隔离,以免损伤其他货物。

(9) 装载易滚动的卷状、桶状货物,要垂直摆放。

(10) 按确定的送货线路,要先送后装。

(11) 确定合理的堆码层次与方法。

(12) 积载时不允许超过车辆所允许的最大载重量。

(13) 积载时车厢内货物重量应分布均匀。

(14) 应防止车厢内货物之间碰撞、相互玷污。

(15) 装货完毕,应在门端处采取适当的稳固措施,以防开门卸货时,货物倾倒造成货损或人身伤害。

5.2.4　配送网络

配送系统是由物流节点活动和线路活动构成的,节点活动的场所包括物流中心、配送中心、物品的供方和需方;线路活动是运输工具在运输线路上的运动形成的,它反映了节点之间物品的传递关系。配送网络分为四类,分别是集中型配送网络、分散型配送网络、多层次配送网络、典型的配送网络。下面介绍前三种配送网络。

1. 集中型配送网络

集中型配送网络是指在配送系统中只设一个配送中心,是一种集中控制和集中库存的模式,如图 5-4 所示。

集中型配送网络的特征如下。

(1) 由于配送中心离客户比较远,因此外向运输成本高。

(2) 供应商集中向配送中心送货,规模经济显著,内向运输成本低,管理费用也较低。

(3) 由于库存集中,安全库存降低,总平均库存减少。

(4) 由于配送中心离客户相对较远,因此客户的提前期会相应延长。

2. 分散型配送网络

分散型配送网络是指在一个配送系统中(通常指在一个层次内)设有多个配送中心,而

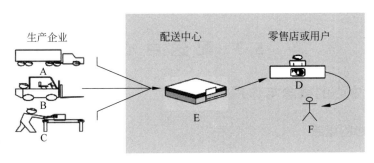

图 5-4　集中型配送网络

将客户按一定的原则分区,归属某一个配送中心,如图 5-5 所示。

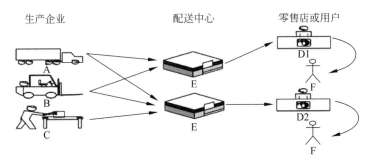

图 5-5　分散型配送网络

分散型配送网络的特征如下。

(1) 由于配送中心离客户近,外向运输成本低。

(2) 从供应商向配送中心送货时,由于要向多个配送中心送货,规模经济较差,故内向运输成本大。

(3) 由于库存分散,安全库存增大,总平均库存增加。

(4) 由于配送中心离客户相对近一点,因此客户的提前期会相应缩短。

3. 多层次配送网络

多层次配送网络是在系统中设有两层或更多层次的物流中心和配送中心,其中至少有一层是配送中心,而且是靠近客户。大型第三方物流企业、大型零售企业或从供应链角度观察的物流系统,其配送网络通常是这种结构,如图 5-6 所示。

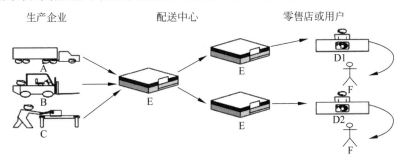

图 5-6　多层次配送网络

5.3 配送中心

5.3.1 配送中心的概念与作用

1. 配送中心的概念

我国国家标准《物流术语》(GB/T 18354—2021)给配送中心下的定义是：具有完善的配送基础设施和信息网络，可便捷地连接对外交通运输网络，并向末端客户提供短距离、小批量、多批次配送服务的专业化配送场所。此术语强调了配送中心的专业性、信息化支撑、快速反应、服务功能完善等特征。理解配送中心的概念，要注意区分其与物流中心、中心库房的不同。

配送中心可以看作流通仓库，但绝不能看成保管型仓库。保管型仓库主要是为了商品的储存和保管，辐射范围小，功能单一，管理难度小。物流中心的主要功能是加快商品周转，提高流通效率，满足客户对物流的高度需求。与配送中心相比，物流中心辐射范围更大，服务于社会各类实体组织，储存与吞吐能力更强，但主要针对的是长距离、少品种、大批量的物资运送服务。

2. 配送中心的作用

配送中心是一个联结生产与生产、生产与流通、生产与消费的组织，在国民经济发展与企业运营中都发挥着重要作用，其具体体现在如下几点。

1) 降低物流成本

通过在供应商与客户之间设置配送中心，将干线部分的大批量、高效率运输与支线部分的小批量、快速配送结合起来，尽可能减少中间环节和交易费用，从而在保证物流服务质量的前提下，有效降低物流成本。

2) 提高库存管理水平

企业通过设立配送中心，可以将分散在多处的商品集中存放、统一管理，有利于防止库存过剩和缺货的发生，提高了库存管理水平，有利于维持适当的库存，甚至可以实现零库存经营。

3) 实现物流的系统化和专业化

当今世界没有哪家企业不关注成本控制、经营效率和改善对顾客服务，而这一切的基础都是建立在一个高效率的物流系统上。配送中心在物流系统中占有重要地位，能提供专业化的保管、包装、加工、配送信息等系统服务。建立配送中心后能够给企业提供更加专业、系统的服务。

4) 更好地服务于市场营销

配送中心一面连接着供方，另一面连接着需方，扮演着中介者的角色，有利于促进供需双方的信息沟通。作为商品的分销中心，配送中心通过库存的变化、出库状况，直接掌握着各个方面的需求消息，从这方面来说配送中心又是一个需求信息中心。企业可以通过分析配送相关数据，更好地制定营销策略，提高客户满意度。

5）促进地区经济的快速增长

在市场经济体系中,配送把国民经济各个部分紧密地联系在一起。配送中心同交通运输设施一样,是连接国民经济各地区及沟通生产与消费、供给与需求的桥梁和纽带,是经济发展的保障,是拉动经济增长的内部因素,也是吸引投资的重要营商环境条件之一。

5.3.2　配送中心的类型

1. 按配送中心的经济功能分类

1）供应型配送中心

供应型配送中心是专门向某些客户供应货物、充当供应商角色的配送中心,其服务对象主要是生产企业和大型商业组织(超级市场或连锁商店),配送的货物以原材料、零部件和其他半成品为主。

2）销售型配送中心

销售型配送中心是以销售商品为主要目的、以开展配送为手段而组建的配送中心。因隶属单位不同,销售型配送中心又可细分成以下三种。

（1）生产企业为了直接销售自己的产品及扩大自己的市场份额而建立的销售型配送中心。在国外特别是在美国,这种类型的配送中心数量很多。

（2）专门从事商品销售活动的流通企业,为了扩大销售而自建或合作建立起来的销售型配送中心。我国一些城市近几年建立的生产资料配送中心多属于这种类型。

（3）流通企业和生产企业联合建立的销售型配送中心。这种配送中心类似于国外的公用型配送中心。

3）储存型配送中心

这是一种有很强储存功能的配送中心。这种配送中心多起源于传统的仓库,是在发挥储存作用的基础上组织、开展配送活动的。

4）加工型配送中心

加工型配送中心的主要功能是对商品进行清洗、下料、分解、集装等加工活动,以流通加工为核心开展配送活动。

2. 按配送中心的归属分类

1）自用型配送中心

这种类型的配送中心指的是包括原材料仓库和成品仓库在内的各种物流设施和设备归一家企业或企业集团所拥有,作为一种物流组织,配送中心是企业或企业集团的一个有机组成部分,一般只服务于集团内部各个企业。

2）公用型配送中心

这类配送中心是面向所有客户提供后勤服务的配送组织。只要支付服务费,任何客户都可以使用这种配送中心。从归属的角度说,这种配送中心一般是由若干家生产企业共同投资、共同持股和共同管理的经营实体。

3）合作型配送中心

合作型配送中心是由几家企业合作兴建、共同管理的物流设施。这种合作既可以是行业或系统内企业的合作，也可以是区域内的联合。合作型配送中心多为区域配送中心。

3．按配送中心的服务范围分类

1）城市配送中心

城市配送中心是指只能向城市范围内的众多客户提供配送服务的物流组织。这类配送中心的服务对象多为城市里的零售商、连锁店和生产商，在从事送货活动时，一般都使用轻型载货汽车。在流通实践中，城市配送中心多与区域配送中心联网运作。

2）区域配送中心

这是一种辐射能力较强，活动范围较大，可以跨市、跨省进行配送活动的物流中心。区域配送中心有三个基本特征：①经营规模比较大，设施和设备齐全，并且数量较多、活动能力强；②配送的货物批量比较大而批次较少；③在配送实践中，区域配送中心虽然也从事零星的配送活动，但这不是它的主要业务。很多区域配送中心常常向城市配送中心和大型工商企业配送商品，这种配送中心是配送网络或配送体系的支柱。

4．按配送中心的运营主体不同分类

1）以制造商为主体的配送中心

这种配送中心的商品 100％是由自己生产制造的，这样可以降低流通费用、提高售后服务质量，及时地将预先配齐的成组零部件运送到规定的加工和装配工位。

2）以批发商为主体的配送中心

这种配送中心的商品来自各个制造商，它所进行的一项重要的活动便是对商品进行汇总和再销售，而它的全部进货和出货都是社会配送的，社会化程度高。

3）以零售商为主体的配送中心

零售商发展到一定规模后，就可以考虑建立自己的配送中心，为专业商品零售店、超级市场、百货商店、建材商场、粮油商店、酒店饭店等服务，其社会化程度介于前两者之间。

4）以物流企业为主体的配送中心

这种配送中心最强的是运输配送能力，而且地理位置优越，如港口、铁路和公路枢纽，可迅速将到达的货物配送给客户。它提供仓储货位给制造商或供应商，而配送中心的货物仍属于制造商或供应商所有，配送中心只是提供仓储管理和运输配送服务。

5.3.3　配送中心的作业流程

配送中心的效益主要来自"统一进货、统一配送"。统一进货的主要目的是避免库存分散、降低企业的整体库存水平。通过降低库存水平，可以减少库存商品占用的流动资金，减少为这部分占压资金支付的利息和机会损失，降低商品滞销压库的风险。配送中心的作业流程设计要便于实现两个主要目标：一是降低企业的物流总成本；二是缩短补货时间，提供更好的服务。

配送中心的作业项目包括订货、到货接受、验货入库与退货、订单处理、储存、加工、拣

选、包装、配装、配载、送货和送达服务等,作业项目之间衔接紧密,环环相扣,整个过程既包括实物流、信息流,还包括资金流。

配送中心的一般作业流程如图 5-7 所示。流程中操作的每一步都要准确、及时,并且具备可跟踪性、可控制性和可协调性。

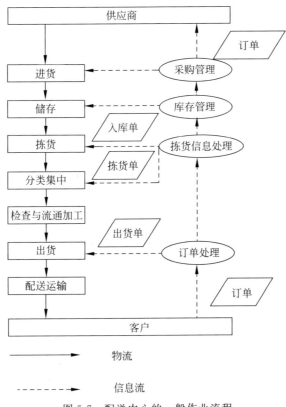

物流 ——▶

信息流 ----▶

图 5-7　配送中心的一般作业流程

1. 订单处理

配送中心和其他经济组织一样,具有明确的经营目标和对象,配送中心的业务活动是以客户订单发出的订货信息作为其驱动源。在配送活动开始前,配送中心根据订单信息,对客户的分布、所订商品的名称、特性和订货数量、送货频率和要求等资料进行汇总和分析,以此确定所要配送的货物种类、规格、数量和配送的时间,最后由配送中心调度部门发出配送信息。订单处理是配送中心调度、组织配送活动的前提和依据,是其他各项作业的基础。

订单处理是配送中心客户服务的第一个环节,也是配送服务质量得以保证的根本。在订单处理过程中,订单的分拣和集合是重要的环节。订单处理的职能之一是填制文件,通知指定仓库将所订货物备齐,一般用订单分拣清单标明所需集合的商品项目,仓库接到产品的出货通知后,按清单拣货、贴标,最后将商品组配装车。

一般来说,常用的订货方式有传统订货方式和电子订货方式两种。如今许多配送中心都采用电子订货方法,通过操作订货簿或货架标签并配合手持终端机及扫描器、POS 机(销售点终端机)和订货应用系统等来完成订货任务。还有更为先进的电子数据交换系统。配送中心收到客户订单后,需要进行处理的工作主要有以下几项。

(1) 检查订单是否全部有效,即订单信息是否完整、准确。

(2) 信用部门审查客户的信誉。

(3) 营销部门把销售额记入有关销售人员的账目。

(4) 会计部门记录有关的账目。

(5) 库存管理部门选择和通知距离客户最近的仓库,分拣客户的订单、包装备运并及时登记公司的库存总账,扣减库存,同时将货物和运单送交运输商。

(6) 运输部门安排货物运输,将货物从仓库发运到发货地点,同时完成收货确认(签收)。

配送中心在订单处理完后,将发货单寄给客户,一般也由计算机完成。

2. 进货作业

配送中心进货作业主要包括订货、接货、验收和储存四个环节。

1) 订货

配送中心收到并汇总客户的订单后,首先要确定配送货物的种类和数量,然后通过查询管理信息系统了解所需要的商品有无现货,如果有现货且数量充足,则转入拣货作业;如果没有现货或现货数量不足,则要及时向供应商发出订单、提出订货。另外,对于流转速度较快的热门商品,配送中心也可以根据需求情况提前组织订货,批量上最好是经济批量。对于商流、物流相分离的配送中心,订货作业由客户直接向供应商下达采购订单。

2) 接货

供应商在接到配送中心或客户的订单后,会根据订单要求的品种和数量组织供货,配送中心则组织人力、物力接收货物,有时还需到港口、车站、码头接运到货,签收送货单后就可以验收货物。

3) 验收

验收是配送中心一个重要的工作,其目的就是保证商品及时、准确、安全地发运到目的地。所订货物到达配送中心后,即由配送中心负责对货物进行检查、验收,验收的内容主要是货物的品质、数量、重量和包装的完好度。验收的依据主要是合同条款要求和有关质量标准。验收合格无误的货物办理入账、信息采集和入库手续;如果不符合合同条款要求,配送中心将详细登记差错情况,并拒收货物,按有关规定或合同中的事先约定来处理。

4) 储存

配送中心为保证货源供应,通常都会保持一定数量的安全库存。为了防止缺货,任何商品或多或少都会有一定的安全库存,视商品的特性及生产前置时间的不同,安全库存的数量也不同。一般国内制造的商品库存较少,而国外制造的商品因在途时间较长等原因库存较多;另外,生鲜产品的保存期限较短,一般库存量比较小;冷冻食品因其保存期限较长,一般库存量比较大。

另外,对于商流物流一体化的配送中心来说,一次性集中采购并储存一定数量的商品,可以享受供应商提供的折扣优惠。储存作业的主要内容就是随时掌握商品的库存动态,对存储商品进行温湿度控制、防潮防霉等方面的保管或保养,以保证库存商品的质量完好、重量和数量准确。

3．理货和配货作业

配送中心的核心作业就是理货和配货作业。通过该项作业，根据不同客户的订单要求进行货物的拣选、流通加工、包装和配装，为货物发出做好准备。

1）拣选作业

拣选作业就是拣货人员依据业务部门按照客户订单要求下达的拣货单，从储存的货物中拣出一定品种和数量的商品。拣选作业的方法分为摘果式和播种式两种，其中较为常用的是摘果式拣选。另外，一些大型配送中心采用了自动分拣技术，极大地提高了拣货作业的准确性和作业效率。

2）流通加工作业

配送中心的流通加工作业属于增值性活动，不具有普遍性。有些加工作业属于初级加工活动，例如按照客户的要求，将一些原材料套裁；有些加工作业属于辅助加工，例如对产品进行简单组装、给产品贴上标签或套塑料袋等；也有些加工作业属于深加工，食品类配送中心的加工通常就是深加工，例如，将蔬菜或水果洗净、切割、过磅、分份并装袋，加工成净菜，或按照不同的风味进行配菜组合，加工成原料菜等配送给超市或零售店。不同类型的配送中心会根据其配送商品的特性、客户的要求、加工的可行性，选择是否进行配送加工作业，作业内容也不尽相同。

3）包装作业

配送中心将需要配送的货物拣取出来后，为便于运输和识别不同客户的货物，有时还要对配送货物进行重新包装或捆扎，并在包装物上贴上标签。

4）配装作业

为充分利用车辆配送的动力、提高积载率，配送中心一般将在同一时间内出货的不同客户的货物组合配装在同一批次的运输车辆上进行运送，这就是配送中心的配装作业。合理的混装与配装，不但能有效地降低成本，还能减少城市道路的交通流量，改善交通状况和降低环境污染。

4．出货作业

出货作业是配送中心的末端作业环节，包括装车和送货两个作业项目。

1）装车

配送中心的装车作业可以采用机械装车，也可以采用人力装车。通常对于较大批量或较大体积和重量的货物采用装卸机械设备和托盘进行装车；对于批量较小的散货，由于数量少、重量轻，可以采用人力装车。装车时要注意避免货物损坏和外包装的破损。

2）送货

在一般情况下，配送中心都自备送货车辆，有时也可以根据实际需要借助社会运力来组织送货，送货作业的重点是正确选择运输工具和合理选择运输路线；对于固定客户的送货，可事先编排出合理的运送线路，选择合适的送货时间，进行定时定线送货；对于临时送货，可根据客户要求和当时的交通状况，选择合适的送货路线进行送货。

5.3.4 配送中心的管理内容

配送中心的管理涉及很多内容,最主要的是收货管理、存货管理、发货管理、退货管理、信息管理、财务管理、设备管理等。

1. 收货管理

收货管理是配送中心物流管理的第一个环节,其核心任务是将企业订购的来自各个生产厂家的货物汇集到配送中心,经过一系列的收货流程,按照规定的储存方法将货物放置于合适的地点。

2. 存货管理

存货管理是指对货物的存储管理。商品在仓库里的存放有两种模式:一是商品群系统,二是货位系统。商品群系统是指将同类商品集中放于一处;货位系统包括开放货位系统和统制货位系统,其中开放货位系统是货位编号固定,某类产品可随机调换货位,而统制货位系统中,商品则被赋予同一编号,改变货位,编号亦随之改变。

3. 发货管理

发货管理是配送中心管理的最后一个环节,目标是把商品准确而又及时地运送到各个连锁店铺。因此要求采用经济科学的配货方法和配货流程,在现代信息管理设备的辅助下,顺利实现这一管理职能。

4. 退货管理

退货管理是配送中心的一项重要的辅助服务活动,是配送中心提高客户服务水平的重要手段之一。随着电子商务的快速发展,退货管理已经成为配送中心的重要业务。

5. 信息管理

信息流系统和配送系统是结合在一起发生作用的,是支撑配送中心营运的两个车轮。可以说,信息流系统流畅与否直接决定着配送系统的流畅程度,因为信息流直接沟通配送中心与外界的商务联系,从而决定订货与收货的精确性。

6. 财务管理

配送中心因类型不同承担着不同的财务职能,特别是企业授权进货或参与进货的配送中心,财务管理是其内部职能之一。通过汇总商品数据,进行财务分析,可以帮助企业有效地降低成本,并有利于企业管理者作出决策。

7. 设备管理

设备管理是指为使设备在寿命周期内的费用达到最经济的程度,而将用于机器设备的工程技术、设备和财务经营等其他职能综合起来考虑,从设备的选择开始,直到设备报废为止所开展的一系列管理工作。

在实施配送管理时,既要坚持系统思维、供应链思维(以终为始,关注配送流程末端的需求和变化),又要注重团队合作,做到对自己负责,对团队负责,对客户负责。

5.3.5　配送中心的规划与设计

1. 配送中心规划的内容

配送中心规划是一项系统工程,是一项长远的、总体的发展计划。配送中心规划主要包括作业功能规划、结构规划、选址规划、物流设施规划和信息系统规划等多方面内容。

1) 作业功能规划

作业功能规划是将配送中心作为一个整体的物流系统来考虑,依据确定的目标,规划配送中心为完成业务而应该具备的物流功能。配送中心作为一种专业化的物流组织,不仅要具备一般的物流功能,而且要具备适合不同需要的特色功能。配送中心作业功能的规划应包括三个方面:一是作业流程的规划;二是作业区域的功能规划;三是作业区域的能力规划。

2) 结构规划

结构规划主要包括区域布置规划、库房设计、装卸货平台设计、货场及道路设计和其他建筑设施规划。在配送中心作业功能规划完成后,根据各作业流程、作业区域功能和能力规划,进行空间区域的布置规划和作业区域的区块布置工作以及标志各作业区域的面积和界线范围等。

配送中心的区域布置方法有两种,即流程性布置法和活动相关性布置法。流程性布置法是将物流移动路线作为布置的主要依据,适用于物流作业区域的布置;活动相关性布置法是根据各区域的综合相关因素进行区域布置,一般用于整个厂区或辅助性区域的布置。

(1) 物流作业区域的布置。其主要包括:选定配送中心联外道路、进出口方位及厂区配置形式;决定配送中心厂房空间范围、大小及长宽比例;决定配送中心内由进货到出货的主要物流路线形式。配送中心内由进货到出货的主要物流路线形式,也称动线,主要有四种,分别称为 I 形、L 形、U 形和 S 形等,如图 5-8、图 5-9、图 5-10、图 5-11 所示。

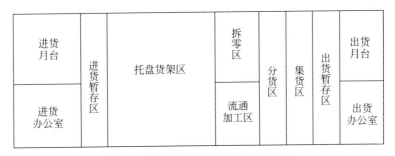

图 5-8　配送中心 I 形动线平面示意图

(2) 行政活动区域的配置。一般配送中心行政办公区均采用集中式布置,并与物流仓储区分隔,但也应注意合理配置。由于配送中心仓储区大多采用立体化设备,其高度需求与办公区不同,故办公区布置应进一步考虑空间的有效利用,如采用多层楼办公室、单独利

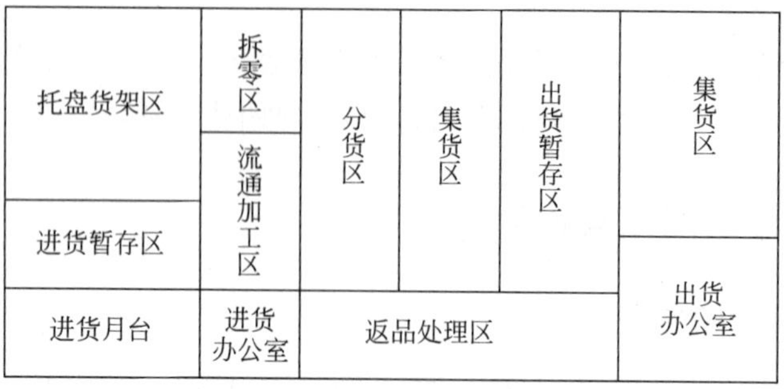

图 5-9　配送中心 L 形动线平面示意图

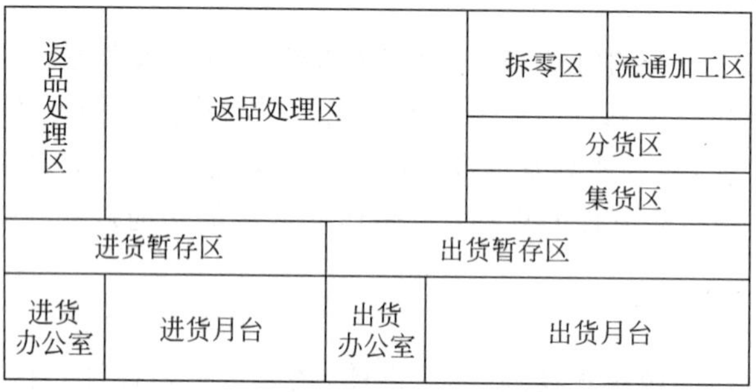

图 5-10　配送中心 U 形动线平面示意图

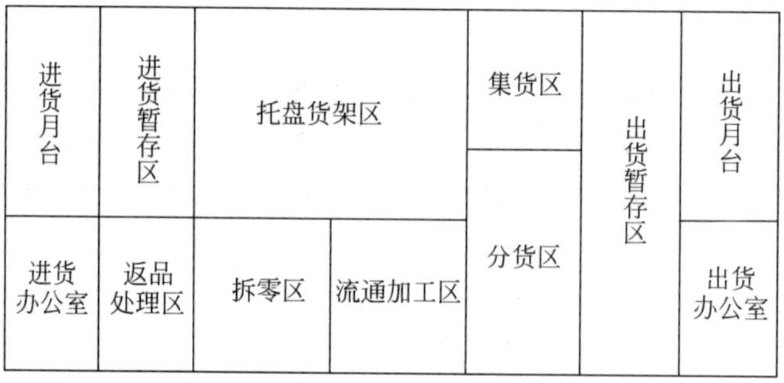

图 5-11　配送中心 S 形动线平面示意图

用某一楼层、利用进出货区上层的空间等方式。行政活动区域内的配置方法,首先考虑将与各部门活动相关性最高的部门区域置入规划范围内,再根据活动相关表,按部门之间关系的重要程度把其他部门置入布置范围内。

（3）确定各种布置的组合。根据物流相关表和活动相关表,探讨各种可能的区域布置组合。根据以上方法,可以逐步完成各区域的概略配置。然后再将各区域的面积置入各区相对位置,并作出适当调整,减少区域重叠或空隙,即可得到面积相关配置图。最后再调整部分作业区域的面积或长宽比例,即得到作业区域配置图。

3）选址规划

选址规划主要包括以下工作:分析自然环境、经营环境和基础设施状况等因素对配送中心选址的影响;选择选址方法;筛选选址方案,确定选址结果。配送中心一般拥有众多建筑物和固定机械设备,一旦建成,则难以搬迁,如果选址不当,将会付出长远代价,因而对于配送中心的选址规划要予以高度重视。配送中心的位置关系到实际营运的效率与成本，以及日后仓储规模的扩充与发展。因此企业在规划配送中心位置方案时，必须慎重考虑多种因素，并按适当步骤进行。

选址包含两个方面的含义：地理区域的选择和具体地址的选择。配送中心首先要选择合适的地理区域，即对各地理区域进行审慎评估，选择一个合适范围为考虑的区域，如华南地区、华北地区等，还须兼顾配送中心物品特性、服务范围及企业的运营战略而定。配送中心的地理位置确定后，还需要确定具体的建设地点，如果是制造商型的配送中心，应以接近上游生产厂商或进口港为宜；如果是日常消费品的配送中心，则宜接近居民生活社区。一般应根据进货与出货产品类型及交通运输的复杂度，来选择接近上游点和下游点的选址策略。

配送中心选址时应该综合考虑市场、技术、自然、人文等多方面因素，具体包括客户的分布、供应商的分布、交通条件、土地条件、自然条件、人力资源以及政策法律等因素。

（1）客户的分布。配送中心选址时首先要考虑的就是所服务客户的分布，对于零售商型配送中心，其主要客户是超市和零售店，这些客户大部分是分布在人口密集的地方或大城市，为了提高服务水平及降低配送成本，配送中心多建在城市边缘接近客户分布的区域。

（2）供应商的分布。物流中心越接近供应商，越可以将商品的安全库存控制在较低的水平，因而可以节约物流成本。

（3）交通条件。地址宜紧邻重要的运输线路，以方便配送运输作业的进行。考核交通方便程度的条件有高速公路、国道、铁路、快速道路、港口、交通限制规定等。一般配送中心应尽量选择在交通方便的高速公路、国道及快速道路附近。如果以铁路及轮船来做运输工具，则要考虑靠近火车站、港口等。

（4）土地条件。对于土地的使用，必须符合相关法规及城市规划的限制，尽量选在物流园区或经济开发区。建设用地的形状、长度、面积与未来扩充的可能性，与规划内容有密切的关系。因此在选择地址时，有必要参考规划方案中关于仓库设计的内容。在无法完全配合的情形下，必要时需修改规划方案的内容。另外，还要考虑土地大小与地价。在考虑现有地价及未来增值的情况下，配合未来可能扩充的需求程度，决定最合适的面积大小。

（5）自然条件。在物流用地的评估当中，自然条件也是必须考虑的，事先了解当地的自然环境有利于降低建设风险。

（6）人力资源条件。在仓储配送作业中，最主要的资源需求为人力资源。由于配送中心内部必须有足够的作业人力，在决定配送中心位置时必须考虑劳动力的来源、技术水平、工作习惯、工资水平、用工限制等因素。人力资源的评估条件有附近人口、通勤状况、薪资水平等。如果物流的选址位置附近人口不多、交通不方便，则基层作业人员不易招募；如果附近地区的薪资水平太高，也会影响到基层作业人员的招募。

（7）政策法律环境。其包括城市规划、地区产业政策、政府对物流配送企业的优惠措施等。

4）物流设施规划

配送中心的设施是保证配送中心正常运作的必要条件，设施规划涉及建筑模式、空间布局、设备安置等多方面的问题，需要运用系统分析的方法求得整体优化，最大限度地减少物料搬运、简化作业流程，创造良好、舒适的工作环境。此外，若是对传统物流企业进行改造,设施规划还应注意企业原有设施的充分利用和改造等工作,以尽可能减少投资。所以,配送中心的物流设施规划应包括原有设施分析、配送中心的功能分区、设施的内部布局、设备规划、公用设施规划。

配送中心应用于配送的现代化物流设施与技术主要有自动化立体仓库、自动分拣系统、"货到人"拣选系统、绿色包装(green package)技术等。

(1) 自动化立体仓库。自动化立体仓库主要由货架、巷道堆垛起重机、周边出入库配套机械设备和仓储管理控制系统等几部分组成。货架长度大、排列数多、巷道窄,故密度高。巷道机上装有各种定位的检测器和安全装置,保证巷道机和货叉高速、精确、安全地在货架中取货。

(2) 自动分拣系统。自动分拣系统主要由输入装置、货架信号设定装置、进货装置、分拣装置、分拣道口、计算机控制器等部分组成。特别是在服务于电子商务的配送中心,自动分拣系统大量减少了人工作业,提高了分拣效率,减少了客户等待时间。

(3) "货到人"拣选系统。"货到人"拣选是指在拣选过程中,人不动,货物被自动输送到拣选人面前,供人拣选。"货到人"拣选系统由三部分组成,即储存系统、输送系统、拣选系统。其中储存系统又可分为 AS/RS(自动化立体库)、Miniload(以料箱存储为对象的 AS/RS)、垂直旋转式货柜、Multi Shuttle(多层穿梭车)、货箱到人和料箱到人等。同时,拣选工作站的设计非常重要,目前设计的拣选工作站采用电子标签、照相、RFID、称重、快速输送等一系列技术。大型电子商务配送中心、以拆零为主的医药物流配送中心以及冷链物流中心是最适合采用"货到人"拣选技术的场所。

(4) 绿色包装技术。绿色包装又可以称为无公害包装和环境友好型包装(environmental friendly package),指对生态环境和人类健康无害,能重复使用和再生,符合可持续发展的包装。绿色包装由材料要素、外形要素、技术要素构成,具体内容详见本书"包装"一章的内容。

5) 信息系统规划

信息系统规划包括两部分:配送中心管理信息系统的功能设计、物流管理信息系统的关键技术与应用。规划时既要考虑满足配送中心内部作业的要求,提高物流作业效率,也要考虑与配送中心外部的信息系统相连,方便配送中心及时获取和处理各种经营信息。

2. 配送中心规划的原则

规划是配送中心建设的基础性工作,应当遵循以下几项原则。

1) 动态

配送中心规划应在详细分析现状及对未来变化作出预测的基础上进行,以适应一定范围内货物数量、客户需求、运营成本等多方面的变化。

2) 低运费

配送中心的业务要求组织运输与配送活动,必然产生运输距离和费用。配送中心规划时应力求通过数理方法寻求最短运距、最低费用。

3) 服务和竞争

物流活动是服务性、竞争性非常强的活动,如果单纯从路线最短、成本最低、速度最快等角度考虑问题,一旦布局完成,可能会导致服务质量的下降和其他问题产生,甚至由于服务性不够而在竞争中失败。因此,配送中心的规划应体现多家服务和竞争的原则。

4) 交通便利

在规划配送中心时,应考虑现有交通条件,把交通作为布局的内容来处理,以交通方便为原则,尽可能减少物流费用。

5) 统筹

配送中心的层次、数量、布局是与生产力布局、消费布局等密切相关的,设定一个合理的配送中心,必须统筹兼顾、全面安排,周全考虑。

3．配送中心规划的目标

总体来说,配送中心规划的目标就是要为社会提供服务,谋求高效率,减少社会资源的浪费。实践证明,在货物运距较长、客户较多且需求日趋复杂的情况下,直接从工厂或仓库装货,并将货物配好送至客户手中并不经济,由此,许多制造商和批发商开始在流通枢纽地设置配送中心,开展货物配送活动,以提高配送效率、降低成本。因此,配送中心规划至少要实现以下目标。

(1) 集中存储货物,保持合理的库存。将若干"自备仓库"储存、保管的货物通过配送中心适当加以集中,避免因仓库重叠、分散而导致储存物资的积压和浪费。

(2) 控制物流费用。由配送中心集货,然后统一安排送货,不再像以前那样从工厂直接装货和发货,便于企业合理规划运输线路,通过计划运输达到控制运费的目的。

(3) 避免迂回运输和相向运输现象产生。一般来说,商品生产地分散,消费地也分散,按客户的要求,若分别单独配送,势必出现迂回运输和相向运输的现象,从而导致运输费用增加。而选择适当的地方设置配送中心,以配送中心为基地进行集货和理货,对众多供货商所提供的产品进行集装运送,可以减少或消除不合理运输现象。

(4) 提高服务质量,扩大销售。设置配送中心,由配送中心组织配送活动,可以及时了解客户需求,按时、按量、按要求送货上门,体现高效的服务质量,以扩大销售。

5.4　配送合理化

配送合理化即要实现 7 个 right 服务:把适当的产品(right product)在规定的时间(right time)、规定的地点(right place)以适当的数量(right quantity)、恰当的质量(right quality)、合适的价格(right price)提供给恰当的顾客(right customers),从而赢得顾客美誉度,培养顾客忠诚度,获得更大的市场份额,实现物流企业的目标。建设现代化的、高效率的配送系统,必须以信息技术和自动化技术等先进技术为手段,以良好的交通设施为基础,不断优化配送方式,实现配送的合理化。下面介绍配送合理化的要求、不合理配送的表现形式以及实现配送合理化的措施。

5.4.1　配送合理化的要求

配送合理化的要求是配送方案优化决策系统的重要内容。目前理论界尚无统一的技术经济指标体系要求,但按一般认识,主要有库存、资金、成本和效益、供应保证、社会运力节约、物流合理化等方面的要求。

1．库存要求

库存要求分为库存总量方面的要求与库存周转方面的要求。

（1）库存总量。在一个配送系统中，库存总量从分散的各个客户转移到配送中心，配送中心库存数量与各个客户在实行配送后库存量之和应低于实行配送前各客户库存量之和。若某个客户库存总量上升，则属于一种不合理现象。当然，库存总量是一个动态的量，上述比较是在一定经营量的前提下进行的，如果客户产能增加，库存总量的上升可能反映的是经营规模的扩大。

（2）库存周转。由于配送的调剂作用，以低库存保持高的供应能力，库存周转一般总是快于原来自备企业库存的周转。对于各个客户来说，在实行配送后的库存周转速度必须快于配送前，这也是配送合理与否的要求。为取得共同比较基准，以上库存要求，都应以库存储备资金计算，而不以实际物资数量计算。

2．资金要求

总的来讲，实行配送应有利于资金占用降低及资金运用科学化。资金要求包括资金总量、资金周转和资金投向的改变三个方面。

（1）资金总量。其要求资源筹措所占用的流动资金总量有较大幅度的下降。

（2）资金周转。从资金运用来讲，由于整个节奏加快，资金能够充分发挥作用。同样数量的资金，需要较长时期才能满足供应要求，配送之后，在较短时期内就能达到此目的。

（3）资金投向的改变。资金分散投入还是集中投入，是资金调控能力的重要反映。配送合理化要求从分散投入改为集中投入，以增强调控作用。

3．成本和效益要求

总效益、宏观效益、微观效益、资源筹措成本都是配送合理化的重要要求。对于不同的配送方式，可以有不同的侧重点。例如，配送企业、客户都是各自独立的以利润为中心的企业，不但要求配送的总效益，而且要求对社会的宏观效益及企业的微观效益。如果配送是由客户自己组织的，配送主要要求保证能力和服务性，那么，效益主要体现为总效益、宏观效益和客户集团企业的微观效益，不必过多顾及配送企业的微观效益。

由于总效益及宏观效益难以计量，常以按国家政策进行经营、完成国家税收及配送企业和客户的微观效益等指标来要求。对于配送企业而言，在投入确定的情况下，企业利润反映配送合理化程度；对于客户企业而言，在保证供应水平一定的前提下，供应成本的降低，反映了配送的合理化程度。成本及效益对合理化的要求，还可以具体到储存、运输等配送环节。

4．供应保证要求

实行配送，各个客户的最大担心是供应保证程度。这从客观上要求配送必须提高而不是降低对客户的供应保证能力。供应保证能力可以从缺货次数和配送企业集中库存量两个方面考察。

（1）缺货次数。实行配送后，对各个客户来讲，必须减少该到货而未到货的次数。

（2）配送企业集中库存量。对每一个客户来讲，配送企业集中库存量所形成的保证供应能力高于配送前单个客户保证程度。即时配送的能力及速度是客户出现特殊情况时的特殊供应保证方式，这一能力也必须高于客户未实行配送前的紧急进货能力及速度。需要强调的是，配送企业的供应保证能力，是一个科学的、合理的概念，而不是无限的概念。如果供应保证能力过高，超过了实际的需要，也属于不合理。

5. 社会运力节约要求

末端运输是目前运能、运力使用上浪费较大的领域，因而人们寄希望于配送来解决这个问题，这也成了配送合理化的重要要求。运力使用的合理化是依靠送货运力的规划和整个配送系统的合理流程及社会运输系统合理衔接来实现的。送货运力的规划是任何配送中心都致力解决的问题，而其他问题有赖于配送及物流系统的合理化，其要求可以简单地概括为三个方面：一是社会车辆总数减少，而承运量增加；二是社会车辆空驶减少；三是一家一户自提自运减少、社会化运输增加。

6. 物流合理化要求

配送必须有利于物流合理。这必然要求物流费用降低，物流损失减少，物流速度加快，各种物流方式的最优效果充分发挥，干线运输和末端运输有效衔接，实际的物流中转次数减少，以及先进技术的有效利用。

5.4.2　不合理配送的表现形式

现实中不合理配送的表现形式很多，概括起来主要有以下六个方面。

1. 资源筹措不合理

配送是利用大规模筹措资源的规模效益来降低资源筹措成本，使配送资源的筹措成本低于客户自己筹措资源的成本，从而取得竞争优势。如果不是集中多个客户需要批量筹措资源，而仅仅是为某一客户代购代筹，就不仅不能降低资源筹措费用，相反却要支付配送企业的代筹代办费，因而是不合理的。

2. 经营观念不合理

在配送运营中，经营观念不正确，不仅使配送优势无从发挥，而且破坏了配送形象。如配送企业利用配送手段，向客户转嫁资金、库存压力，在库存过大时，强迫客户接货；而在资金紧张时，又长期占用客户资金等。这些都属于不合理配送。

3. 库存决策不合理

因配送而集中的库存总量应当低于各客户分散库存的总量，从而大大节约社会财富，同时降低客户平均分摊的实际库存负担。因此，配送企业必须依靠科学管理来实现最佳库存。配送企业库存决策不合理还表现在储存量不足，不能保证随机需求。

4. 价格不合理

总的来讲,配送价格应低于不实行配送时由客户自己进货的购买价与自己提货、运输、进货的成本之和,如果配送价格普遍高于客户自己进货价格,损伤了客户利益,则是不合理的配送价格;相反,配送价格定得过低,使配送企业处于无利或亏损状态,失去了发展后劲,也是不合理的。

5. 配送与直达的决策不合理

一般的配送往往增加了许多其他环节,如果客户使用批量大,可以直接通过社会物流系统进货,较之通过配送中心转运更节约费用,因此,在这种情况下,不直接进货而通过配送就是不合理的。选择配送还是直达,应综合考虑商品种类、批量、补货频率等因素。

6. 配送中的运输不合理

配送与客户自行提货比较,尤其对于多个小客户来讲,可以集中配装一车送几家,这比一家一户自提可大大节省运力和运费。如果不能利用这一优势,仍然是一户一送,而车辆达不到满载,则属于不合理现象。

5.4.3　实现配送合理化的措施

实现配送合理化的措施很多,综合国内外物流企业的实践做法,具体主要有以下几条。

1. 推行一定综合程度的专业化配送

其主要是通过采用专业设备、设施及操作程序,取得期望的配送效果,避免配送的过分复杂化并降低其难度,从而实现配送合理化。

2. 推行加工配送

其主要是采用流通加工和配送结合的方法,充分利用本来应有的中转,而不增加新的中转来实现合理化。流通加工和配送结合,使流通加工更有针对性,降低盲目性,配送企业不但可以依靠送货服务取得收益,还可以通过流通加工增值取得收益。

3. 推行共同配送

共同配送有利于克服不同企业之间的重复配送或交错配送,提高车辆利用率,减少交通拥挤和环境污染,从而产生良好的经济效益和社会效益。共同配送是未来的发展趋势之一,在实际执行中还需要企业寻找合适的合作方式和运作模式。

4. 实行送取结合

在配送时,将客户所需的物资送到,同时再将该客户生产的产品用同一车运回,这种产品也成了配送中心的配送业务之一,或者作为代存代储,免去了生产商的库存包袱,从而实现配送合理化。

5. 推行准时配送

只有做到了准时配送,客户企业才可以放心地实施低库存或零库存战略,才能有效地安排接货的人力、物力,以追求最高效率的工作。另外,保证供应能力,也取决于准时配送。

6. 推行即时配送

即时配送可以最终解决客户所担心的供应间断问题,是配送企业快速反应能力的具体化,是配送企业能力的体现,可以发挥物流系统的综合效益。

7. 实现配送作业的自动化

配送作业的自动化是利用机械设备、计算机系统和综合作业协调等技术手段,在考虑配送整体系统的前提下,使配送作业省力化、效率化、合理化,达到快速、准确、可靠地处理货物作业。随着生产力水平和社会物质文明程度的提高以及无人立体仓库的日益普及,自动化是物流配送向高级化发展的必然趋势。

8. 实现配送的条码化、数字化以及单元化

为适应配送信息化和自动化的要求,条码技术在配送作业中得到了广泛应用,将所有的配送货物贴上标准条码或 RF 标签,同时尽可能归并为易于自动机械装卸的组合化货物单元,利用这些技术可以使分拣、配货的速度大幅度加快。

9. 提倡多种配送方式最优组合

任何一种配送方式都有其优缺点,实现多种配送方式和手段的最优组合,将有效地解决配送过程、配送对象、配送手段的复杂性问题,求得配送效益最大化。

总之,在开展配送作业时,物流人要打造诚实、守信、合作、敬业的良好品质与“工匠精神”,牢固树立创新意识、成本意识、质量意识、效率意识、服务意识、环保意识,才能实现配送的合理化。

5.4.4　节约里程法

配送是物流系统中的一个重要环节,为了提高配送效率、降低物流成本、提高服务质量,必然要选择路线和合理的车辆调度来优化配送方案。下面介绍常用的节约里程法。

1. 节约里程法概述

1) 节约里程法基本思路

节约里程法的基本思路如图 5-12 所示,设 A 为配送中心,B 和 C 为配送点(即客户),A 到 B 或 C 的距离分别为 a、b,两个配送点之间的距离为 c。现有两种送货方案,即 A 向 B、C 分别送货和 A 向 B、C 同时送货。对比这两种方案,可得出,方案①的配送路线为:$A—B—A—C—A$,配送距离为:$L_1 = 2a + 2b$;方案②的配送路线为:$A—B—C—A$,配送距离为:$L_2 = a + b + c$。显然,由三角形的几何性质可得,$L_1 > L_2$,故方案②优于方案①,

$S=a+b-c$,其中 S 为节约里程量。

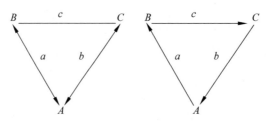

图 5-12 节约里程法的基本思路

2) 节约里程法的步骤

基于节约里程法的基本思路,在配送网络中,通过合理的车辆调度和最短的路线选择,尽量使运输车辆多载,尽量节约总配送时间和总配送里程。其具体步骤如下。

(1) 计算各配送点间最短路径,一般通过狄克斯特拉(Dijkstra)算法计算。

扩展阅读 5.2 狄克斯特拉算法

(2) 进行节约里程的计算,即两个配送点之间的节约里程为这两个配送点分别到配送中心的最短路径之和减去两个配送点之间的最短距离。

(3) 对节约里程进行降序排列。

(4) 形成初始解。在满足车辆限载、客户需求量大小、时间限制、客户所在地理位置等所有条件下,根据第一步所得的最短路径对配送点进行一对一直达式配送,得到所需配送车辆和行程。

(5) 进行回路的合并,得出配送优化方案。从节约里程排序表找出产生该节约里程的两个配送点 i、j,再判断连接 i、j 的回路是否存在合并的可能性。如果一个回路以 (p,i) 开始,一个回路以 (j,p) 结束,且满足需求量和车载量等约束条件,则该回路可以合并,并进行下面的合并操作:删除两个回路中的部分路径 (i,p) 和 (p,j),然后引入新的连接 (i,j),得到新的回路 $(p,\cdots,i,j,\cdots,p)$。重复上述过程,直至没有可以合并的回路,从而得出配送优化方案。

(6) 确定最优方案。重复第(5)步的合并过程,得出多个优化方案,并对得出的优化方案进行比较,得出最终优化方案。

2. 实例分析

某快运有限公司是一家主要从事公路零担货物运输、兼营快递和航空代理服务的民营企业。它以高速公路和国家高等级公路为依托,根据客户需求,发展建成了以上海、天津、广州、武汉、杭州、西安、成都等地为中枢,遍布全国的信息化货运网络,拥有网点 1 100 多个、运输车辆 3 000 多辆,其中 95% 以上是标准厢式货车,长途车 1 200 余辆、市内配送货车辆 1 800 辆,另外拥有可调配的其他车辆 1 500 余辆,以现代化的、科学的运营管理方式为客户提供全方位一条龙服务。

该公司的物流配送中心及各个配送支点的位置如图 5-13 所示,图中数值为各点相距的千米数。一次配送

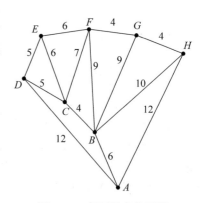

图 5-13 各配送点位置图

中,在配送时间可得满足的条件下,要由配送中心 A 点向其他配送支点进行货物配送,现有足够数量的 2 吨和 5 吨的货车可以使用,在这次配送中,B、C、D、E、F、G、H 各点的需求量分别是 1.9 吨、2.4 吨、1.8 吨、2.2 吨、2.4 吨、2.3 吨、1.9 吨。其具体配送方案如下。

(1) 用狄克斯特拉算法求出各节点间的最短路径,计算结果如表 5-3 所示(单位:千米)。

表 5-3　各节点间最短距离

	A					
B	6	B				
C	10	4	C			
D	12	9	5	D		
E	16	10	6	5	E	
F	15	9	7	11	6	F	
G	15	9	11	15	10	4	G
H	12	10	14	19	14	8	4

(2) 根据表 5-3,计算各节点的节约里程,结果见表 5-4(单位:千米)。

表 5-4　各节点间节约距离

	B					
C	12	C				
D	9	17	D			
E	12	20	23	E		
F	12	18	16	25	F	
G	12	14	12	21	26	G
H	8	8	5	14	19	23

(3) 根据表 5-4,对节约里程按降序进行排列,结果见表 5-5(单位:千米)。

表 5-5　节约里程排序表

序号	连接	节约	序号	连接	节约
1	$E—G$	26	12	$E—H$	14
2	$E—F$	25	13	$B—C$	12
3	$D—E$	23	14	$B—E$	12
4	$G—H$	23	15	$B—F$	12
5	$E—G$	21	16	$B—G$	12
6	$C—E$	20	17	$D—G$	12
7	$F—H$	19	18	$B—D$	9
8	$C—F$	18	19	$B—H$	8
9	$C—D$	17	20	$C—H$	8
10	$D—F$	16	21	$D—H$	5
11	$C—G$	14			

（4）确定初始配送方案。由配送中心 A 点按最短路径向其余各个配送节点分别送货，需要 2 吨的车辆 3 辆和 5 吨的车辆 4 辆，总配送里程为 172 千米。

（5）进行回路合并，确定配送优化方案。根据节约里程的降序排列表，连接 F—G，需 5 吨的车辆 1 辆，由于配载的限制，不能再纳入其他节点，此时，构成一条回路 A—B—F—G—B—A，节约 26 千米；同理，连接 D—E，需 5 吨的车辆 1 辆，构成回路 A—B—C—E—D—A，节约 23 千米；连接 B—C，构成回路 A—B—C—B—A，需 5 吨的车辆 1 辆，节约 12 千米；H 单独配送，需 2 吨的车辆 1 辆，节约 0 千米。综上，共需 2 吨车辆 1 辆、5 吨车辆 3 辆，共节约里程 61 千米。

（6）再次优化方案，与步骤（5）同理，先连接 E—F，得出共需 2 吨车辆 1 辆、5 吨车辆 3 辆，共节约里程 65 千米。

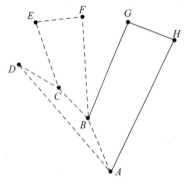

图 5-14　最终配送路线

（7）确定最终方案，与步骤（6）同理，可得多组优化方案，其中 65 千米为最大节约里程。最终配送路线方案如下：

路线 1：A—B—C—E—F—B—A，节约里程 25 千米；路线 2：A—B—G—H—A，节约里程 23 千米；路线 3：A—B—C—D—A，节约里程 17 千米；路线 4：A—B—A，节约里程 0 千米。

共节约里程 65 千米，是总里程的 37.8%，需要 2 吨的车 1 辆、5 吨的车 3 辆。

最终配送路线如图 5-14 所示。

随着大数据分析、云计算等技术的进步，很多配送问题可以由专业软件解决，但是究其根本，物流人才还是需要掌握解决问题的思维方式和工具，通过不断的优化，配送才能效率更好、成本更低。

 即测即练

 课后复习题

一、单选题

1. 根据装配型企业的生产需要，把每台产品所需要的零部件配齐，送达生产企业的是（　　）。

　　A. 生产企业配送　　　　　　　　B. 即时配送

　　C. 多品种小批量配送　　　　　　D. 配套成套配送

2. 根据配送企业和客户双方达成的配送时间协议,按照规定的时间和时间间隔进行的配送是(　　)。
　　A. 定时配送　　　　B. 即时配送　　　C. 定时定量配送　　D. 定量配送

3. 配送作业难度大,技术要求高,使用设备复杂的配送为(　　)。
　　A. 大批量配送　　　　　　　　　　B. 小批量配送
　　C. 企业内部配送　　　　　　　　　D. 企业对企业的配送

二、多选题

1. 配送的主要特点有(　　)。
　　A. 以终端客户为出发点　　　　　　B. 末端运输
　　C. 以满足客户需求为出发点　　　　D. 追求综合的合理效用

2. 分拣作业的两种基本形式是(　　)。
　　A. 送货方式　　　　B. 摘取方式　　　C. 播种方式　　　D. 理货方式

3. 配送中心的核心作业环节包括(　　)。
　　A. 理货　　　　B. 配货　　　　C. 储存　　　　D. 订货

三、判断题

1. 某配送中心可按客户要求,将大米分装成不同规格的包装,这体现了配送的包装、加工作用。(　　)

2. 配送企业只做物流服务,均不具有销售性。(　　)

3. 配送就是要根据客户订单把货物送达目的地,因此配送就是送货。(　　)

四、简答题

1. 简述配送的特征。
2. 配送合理化的主要做法有哪些?

阅读案例

从风口到浪潮,末端无人配送走到哪步了?

刚刚过去的"6·18"还留有余热,各家电商平台的"战报"已出炉。作为消费提振的重要节点,2023 年的"6·18"堪称"史上最卷"。

淘宝天猫数据显示,截至 2023 年 6 月 18 日 0 点,超 256 万名中小商家 2023 年"6·18"的成交额超过 2022 年同期。截至 6 月 18 日 23 时 59 分,2023 年京东"6·18"增速超过预期,再创新纪录。

视频 5.2　无人外卖配送车

随着一连串耀眼的"战报"数字不断浮出,快递公司也到了该交答卷的时刻。根据各家披露的数据,"6·18"开场的 10 分钟,全国超 700 个县区市的消费者已经收到货。

每年的电商购物节都少不了一场场配送效率的比拼,同时不乏物流"黑科技"的身影,而 2023 年"6·18",我们关注到末端无人配送单量正呈现出连年翻倍增长的趋势。

无人配送已经走通"最后一百米"了吗?商业化落地又行到了哪一步?

暗战电商购物节

一直以来,每年的"6·18""双11"等电商购物节都是无人配送最大的"练兵场"。

2023年京东"6·18"大促期间,达达快送完成的无人配送单量同比增长超300%,上线以来已累计完成商超无人配送订单超14万单。而其2022年"6·18"透露的累计订单量还仅超过4万单,也就是说一年时间至少增加了10万单。

早在2016年前后,阿里巴巴、京东和美团等互联网巨头就已展开对无人配送技术的相关研究。无论是对于在自有物流业务不断添加砝码的电商玩家,抑或是高度重视履约效率与体验的本地生活平台,无人配送都不失为一块新标的。

2017年6月18日,京东第一代配送机器人在中国人民大学完成了全球首单配送任务。

这个身高一米五,重达250千克左右的方体无人车,一次性送货满负荷为6件包裹,按照现场约20分钟一个来回的配送速度,一天的配送量几乎与一个配送员的日常大致相当。一时间,业内外仿佛看到了智能化物流的未来一角,随后引起各方重视。

2018年,菜鸟ET实验室宣布小批量生产GPlus并进行商业化模式探索。同在这一年,美团的第一代自动配送车"小袋"在雄安园区内落地运营,产生了第一个用户实际订单;专注于无人配送研发的新石器正式成立。

2020年,达摩院整合了旗下自动驾驶实验室与菜鸟无人物流车研发部门,组成了一支大约300人的团队,标志着阿里巴巴无人配送研发和运营探索进入新的阶段。随后,菜鸟无人车在成都、杭州、北京等城市开始展开先行试点。

2020年年初,美团无人配送车也已先一步在北京顺义落地生鲜配送业务,逐渐在顺义配送范围内开始拓展。同年10月,30多台京东无人配送车在江苏常熟落地运营,京东物流宣布要建设全球首个"无人配送城"。

2021年"双11","技术"成为主流电商争相强调的重点,无人配送这一群雄逐鹿的新战场上终于亮起刀光剑影,各方纷纷昭示着自家在无人配送领域取得的硕果,随之展开交兵。

2023年"6·18"前夕,顺丰抢发了全网首台冷链无人车,以冷链运输为主打,再次刷新无人配送的落地场景。而随着巨头们的不断布局加码,以及科技的更新迭代,无人配送赛道的这场暗战也愈发激烈。

争抢"最后一百米"

当前,无人配送市场已经云集各路玩家,主要可划分为三大阵营:一是在物流链条拥兵自重的互联网巨头,如阿里巴巴、京东和美团;二是环绕物流护城河而生的快递物流企业,如顺丰、达达快送、联邦快递;三是聚焦在产业链中游提供解决方案的无人配送新势力,如新石器、毫末智行、白犀牛。

无人配送目前的落地场景主要集中在末端配送和市政服务两端,其中,备受市场关注的末端配送又以快递、物流、外卖和零售场景为主。前两大阵营的玩家,无不在相关商业落地场景或物流链条占据着先天优势,但却不乏一些缺少自动驾驶技术或量产能力的玩家,这也给了第三大阵营迅速崛起的机会。

从近两年的竞争格局来看,头部玩家均已在无人配送的各细分落地场景占有一席之地。如最早入局的京东背靠物流配送业务,早就在快递配送场景一马当先。阿里巴巴的小蛮驴抢先走进校园,已逐步覆盖全国上百所高校。美团以顺义为据点,不断扩大外卖、生鲜的自动配送范围,如今又在无人机配送更进一步。

互联网巨头在拼命抢占市场的同时,无人配送新势力们则忙着上新和量产。

一方面,它们与互联网公司、快递企业合作,为其输送运力和无人配送解决方案;另一方面,它们不断接入商超等 B 端客户,逐步覆盖写字楼、商场、公园等场景。

如美团曾联合毫末智行推出"魔袋 20",一度作为其主打的无人车配送产品。白犀牛与永辉超市合作推出无人配送车,行深智能在景区、校园进行无人零售。2023 年 4 月,中通快递与新石器无人车签约合作,双方合作的首批无人车已在盐城等地上路运营。

对于包括毫末智行、新石器在内的这些新势力而言,同处于 L4 级别低速无人配送车赛道上,量产能力无疑决定着其在产业链下游的话语权。

诞生于 2018 年的新石器,成立之初就在常州建设了年产量 1 万台规模的 L4 级无人车智造工厂。而比新石器晚了一年出生的毫末智行,在第二年就启动了在保定建设的号称全球第一座专为 L4 级低速无人车打造的柔性制造基地项目,名为毫末星环工厂。

据了解,该工厂于 2022 年 9 月首度亮相,年产量达 1 万台。可见,无人配送市场的头部玩家已经跨过量产这一门槛,下一步就是最关键的商业化落地了。

资料来源:从风口到浪潮,末端无人配送走到哪步了?［EB/OL］.(2023-06-24). https://mp. weixin. qq. com/s/ZGpNUaBzmDenOB_7k5KLSA.

第 6 章

装 卸 搬 运

本章学习目标

1. 理解装卸搬运的意义和作用、特点、分类等；

2. 了解装卸搬运作业方法、常用的装卸搬运机械，集装箱装卸的注意事项；

3. 掌握装卸搬运工作原则及合理化措施。

引导案例

三 类 岸 桥

2021年9月，由山东港口青岛港时代楷模"连钢创新团队"自主研发的全球首创自动化桥吊"一对多"监控系统顺利完成上线测试，标志着在自动化码头远程监控领域取得革命性突破，在全自动码头向全智能码头转型升级的道路上迈出坚实一步。"自动化岸桥""远控岸桥""智能岸桥"等五花八门的名称让人目不暇接，那么究竟该如何分辨这些个"葫芦兄弟"？

自动化岸桥是指在没有人或较少人的直接参与下，按照事先设定的程序，经过自动检测、信息处理、分析判断、操纵控制来完成集装箱装卸作业的岸桥设备。由于码头的作业场景复杂，因此目前港口的自动化岸桥并没有完全实现自动化，在对位环节仍需要操作人员手动完成。还有一种半自动化岸桥，是指集装箱吊运过程由自动化控制系统来完成，而起吊和着箱的过程仍由操作人员手动完成的设备。在自动化岸桥进阶的过程中，还有解锁扣这一难题待解，目前也有很多企业着手攻克这一难关。有了自动化岸桥，司机师傅们不用在50多米的高空低头作业，在办公室喝着茶也能进行集装箱的装卸。

远控岸桥其实是在自动化岸桥的基础上，通过网络实现的远程控制。2021年6月，上海港实现在距洋山四期自动化码头100千米外的地方远程控制岸桥进行集装箱装卸，便是远控岸桥最直观的案例。发展到今天，岸桥之所以可以实现超远程控制，是由于F5G技术（Fifth Generation Fixed Network）应用在港口超远程控制作业场景。如果说自动化岸桥是让司机不再蜗居50多米高空的司机室，那么远控岸桥则可以让司机在远离港区100千米外的地方"隔空取物"。

智能岸桥则是上述两个岸桥类型的高阶版，是指岸桥在计算机网络、大数据、物联网和人工智能等技术的支持下，在作业场景中具备类似于人类的感知能力、记忆和思维能力、学习能力、自适应能力和行为决策能力，能够对于码头上的突发状况作出决策并付诸行动。

可见自动化岸桥不一定远控，远控岸桥一定自动化；自动化岸桥不一定智能，智能岸桥一定自动化。三类岸桥其他方面的区别又有哪些呢？

首先是技术方面，一台岸桥要想进阶自动化，船型扫描系统、负载定位系统、集卡引导系统、操作视频监视系统等自动化控制技术必不可少；远控岸桥则增添了更多对于网络带宽的要求，上海港之所以能够实现100千米外"隔空取物"，便是得益于F5G技术能够实现远程操作界面百微秒级别的延时；相比之下，智能岸桥则更为复杂，这当中杂糅了人工智能、云计算、大数据等多种技术。此前山东港口青岛港的岸桥一对多监控系统就颠覆桥吊远程监控"一对一"的模式，能够实现远程监控员按照既定条件通过1个监控台监控全场任意岸桥，且系统设有智能指令排队机制，可以根据指令重要性、作业状态的安全性等逻辑条件设定优先级，逐渐向岸桥的智能化过渡。

其次是应用场景不同。自动化岸桥第一步就是将司机从传统的驾驶室解放出来，不用面对酷暑寒风，有效改善了工作环境；远控岸桥则突破了地域的限制，让司机不用再来回奔波于远距离的港区；而智能岸桥则是我们对未来港口的想象，操控岸桥不再有时空和地域的限制，实现智能运算，拥有智慧大脑。

半自动化岸桥—自动化岸桥—远控岸桥—智能化岸桥，科技让岸桥的迭代更加迅速，与国外码头不同的是，中国港口在推进自动化的进程中，由于降低了安全风险，缓解了招工压力，鲜少受到阻挠。但是，智慧港口发展到今天，顶层设计早已不是仅仅关注终端设备的改造，还涉及智能指挥调度系统，港口运营管理系统的智能化，是由点及面的通盘考虑，如何为传统码头赋予一颗全新的"智慧大脑"，是多种技术齐头并进的结果。

资料来源：这三类岸桥你分得清吗？［EB/OL］.（2021-09-27）.https://www.sohu.com/a/492383300_121119389.

视频 6.1　上海振华港机岸桥演示

6.1　装卸搬运概述

装卸搬运是物流过程中的一个重要环节，它制约着物流过程其他各项活动，是加快物流速度的关键。无论是在生产领域还是在流通领域，装卸搬运功能发挥的程度，都直接影响着生产和流通的正常进行，其工作质量的好坏，关系到物品本身的价值和使用价值。

6.1.1　装卸搬运的概念

装卸搬运实质上在同一地域范围内进行的以改变物的存放状态和空间位置为主要内容和目的的活动，具体包括装上、卸下、移送、拣选、分类、堆垛、入库、出库等活动。

1. 装卸的概念

装卸是在运输工具间或运输工具与存放场地（仓库）间，以人力或机械方式对物品进行载上载入或卸下卸出的作业过程。（GB/T 18354—2021）

2. 搬运的概念

搬运是指在同一场所内，以人力或机械方式对物品进行空间移动的作业过程。（GB/T 18354—2021）

6.1.2 装卸搬运的条件、地位、意义、作用和特点

1. 装卸搬运的条件

（1）劳动力：装卸职工，包括机械自动设备的操作、控制和管理人员。

（2）搬运设备（工具）与设施（车、船、场、库等）。

（3）工艺（作业方法）。

（4）管理信息系统。

（5）作业保证系统。

2. 装卸搬运的地位

装卸活动的基本动作包括装车（船）、卸车（船）、堆垛、入库、出库以及连接上述各项动作的短程输送，是随运输和保管等活动而产生的必要活动。

在物流过程中，装卸活动是不断出现和反复进行的，它出现的频率高于其他各项物流活动，每次装卸活动都要花费很长时间，所以往往成为决定物流速度的关键。装卸活动所消耗的人力也很多，所以装卸费用在物流成本中所占的比重也较高。

3. 装卸搬运的意义

装卸搬运在实际生活中应用广泛，装卸搬运活动的作业量大，方式复杂，作业不均衡，对安全性的要求高。但它是物流活动中不可缺少的环节，对物流发展和增加效益意义重大，具有以下意义。

（1）装卸搬运是必不可少的环节。

（2）装卸搬运是不可忽视的环节。

（3）改善装卸搬运作业，显著提高物流的经济效益和社会效益。

（4）加速车船周转，提高港、站、库的利用率。

（5）加快货物送达，减少流动资金占用。

（6）减少货物破损，减少各种事故的发生。

4. 装卸搬运的作用

装卸搬运的基本功能是改变物品的存放状态和空间位置。无论是在生产领域还是在流通领域，装卸搬运都是影响物流速度和物流费用的重要因素，影响着物流过程的正常进行，决定着物流系统的整体功能和效益。装卸搬运在物流过程中的作用表现在以下几方面。

（1）装卸搬运是物流各阶段之间相互转换的桥梁。

（2）装卸搬运连接各种不同的运输方式，使多式联运得以实现。

（3）装卸搬运已经成为生产过程的重要组成部分和保障系统，是物流过程中的一个重要环节。

5. 装卸搬运的特点

装卸搬运不仅是生产过程不可缺少的环节，而且是流通过程物流活动的重要内容。装

卸搬运的特点主要表现在以下几个方面。

（1）装卸搬运是附属性、伴生性的活动。装卸搬运在物流每一项活动开始及结束时必然发生，因而常被人忽视。例如，一般而言的"汽车运输"，就包含相随的装卸搬运；仓库保管也包含装卸搬运活动。

（2）装卸搬运是支持、保障性活动。装卸搬运对其他物流活动有一定的决定性，会影响其他物流活动。例如，装车不当，会引起运输中的损失；卸放不当，会引起下一步操作困难。有效地装卸搬运才能实现高水平物流。

（3）装卸搬运是衔接性的活动。物流以装卸搬运衔接，因而往往成为"瓶颈"，是物流能否形成有机联系和紧密衔接的关键。先进的系统物流——联合运输，在某种意义上就是着力搭建这种衔接的现代物流方式。

（4）装卸搬运不产生有形的产品，而是提供劳动服务。

（5）装卸搬运过程不消耗作业对象，不排放废弃物，不大量占用流动资金。

（6）装卸搬运没有提高作业对象（物）的价值和使用价值的功能。

（7）装卸搬运作业具有均衡性与波动性。

（8）复杂性与延展性。

（9）装卸搬运是增加物流成本的活动。

6.1.3　装卸搬运的分类

装卸搬运可以按照不同的依据进行分类，具体如图 6-1 所示。

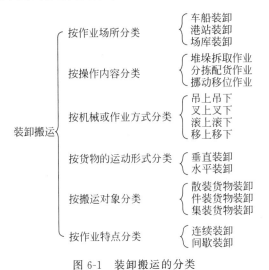

图 6-1　装卸搬运的分类

6.1.4　装卸搬运的方式

装卸搬运有连续装卸与间歇装卸两大类型。具体而言，主要装卸搬运作业方式如表 6-1 所示。

表 6-1 主要装卸搬运作业方式

作业方式	内 容
吊上吊下方式	采用起重机械从上部起吊货物,在吊车运行或回转的范围内实现搬运或依靠搬运车辆实现小搬运。由于吊起及放下属于垂直运动,所以属垂直装卸方式
叉上叉下方式	采用叉车从货物底部托起货物,并依靠叉车的运动进行搬运,货物可不经中途落地直接放置到目的地处。这种方式主要是水平运动,属水平装卸方式
滚上滚下方式	主要指港口装卸的一种水平装卸方式。利用叉车或半挂车、汽车承载货物,连同车辆一起开上船,之后再从船上开下
移上移下方式	这种方式须是两车(如火车及汽车),将货物从一个车辆上水平移动推移到靠接车辆上
散装散卸方式	对散装物料进行装卸,一般从装点直到卸点,中间不再落地,采用的设备主要是管道系统,用于管道输送的长度可以改变

6.1.5 装卸搬运的原则

装卸搬运是物流系统中重要的一环,其效率和成本直接影响整个物流系统,在具体操作中应该遵循以下基本原则。

1. 安全文明

在装卸搬运作业中,要坚持文明装卸,杜绝"野蛮装卸";要坚持按照装卸搬运工艺的要求进行操作,采取措施保证货物完好无损、保障作业人员人身安全。同时,针对不同的装卸搬运作业,科学组织管理,不能因装卸搬运作业而损坏装卸搬运的设备和设施及运载与储存的设备和设施。

2. 省力节能

现代装卸搬运作业强调把装卸搬运成本费用控制到最低,其中省力节能是最关键因素。节约劳动力,降低能源消耗,是装卸搬运作业最基本的要求和原则。因此,在满足装卸搬运作业要求的前提下,可以巧妙利用重力作业、集装工具实现作业规模效应等,尽量实现装卸搬运作业的省力化和节能化。例如,对火车、卡车进行卸车时,利用滑板、滑槽或无动力的小型传送带倾斜安装在货车、卡车或站台上,使货物依靠本身重量完成装卸搬运作业。这种方法不需要复杂的设备,不消耗能源,可大大减轻作业人员的劳动强度,达到省力节能的目的,从而降低装卸搬运作业成本。

3. 次数最小化

虽然装卸搬运是物流过程中不可避免的作业活动,但是装卸搬运活动本身并不增加货物的价值和使用价值,相反却提高了货物损坏的可能性和成本。所以,应该将装卸搬运的次数控制在最小的范围内。动作即费用,最少的装卸搬运是最好的装卸搬运。减少装卸次数,就意味着减少装卸作业量,从而减少装卸劳动消耗,节省装卸费用;同时,还能减少货物损耗,加快物流速度,减少场地占用和装卸事故。因此,通过合理安排作业流程、采用合理的作业方式、仓库内合理布局以及仓库的合理设计等,来实现货物装卸搬运次数最小化。

同时,通过分析各项装卸搬运作业环节的必要性,千方百计地取消、合并装卸搬运作业的环节和次数,消灭重复无效、可有可无的装卸搬运作业。

例如,车辆不经换装直接过境,大型的发货点铺设专用线,门到门的集装箱等,都可以大幅减少装卸搬运环节和次数。又如,在某港口码头上,集装箱装卸桥上设置一个转运台,上面可以放置 4 个集装箱,堆场装卸搬运桥可直接从台上将集装箱转运到堆场上,不必通过底盘车转运,这样可以减少装卸作业数,效率可以提高 10% 左右。

4. 程序化

装卸搬运作业应遵循一定的程序,尽量做到流水化作业,不间断、不停顿。工序之间要相互协调、紧密衔接;作业路径应当最短和直线;作业流程应尽量简化;作业过程不要移船、调车,以免干扰装卸作业的正常进行;必须进行换装作业的,尽量不使货物落地,直接换装,以减少装卸次数、简化装卸程序等。

例如,在港口的件杂货物卸船到入库的操作过程中,一般要经过四道工序,即舱内作业、起落舱、水平搬运、库场堆码。在这四道工序中,舱内作业和库场堆码由于需要采用人力作业,效率一般较低,由此会制约整条作业线的能力发挥,根据程序化原则协调,一方面应在这两个工序中多设置几个作业点;另一方面,在起落舱以及水平搬运环节,应尽量避免能力的过多剩余造成的浪费。

5. 机械化

机械化是指在装卸搬运作业中用机械作业替代人工作业的原则。实现装卸搬运作业的机械化是实现省力化和效率化的重要途径。通过机械化,可改善装卸搬运作业环境,大大减轻劳动强度,增强作业的安全性,提高作业效率和效益。机械化的原则同时也包含了将人与机械合理地组合到一起,充分发挥各自的优势。在许多场合,简单机械的配合同样也可以达到省力化和提高效率的目的,而片面强调全自动化会造成装卸搬运作业费用的膨胀。例如,在发达工业国家,由于劳动力成本较高,大多采用机械化、自动化。而在发展中国家,由于劳动力廉价、经济落后,机械化程度就相对较低。随着物流装备技术水平的不断提高,装卸搬运未来的发展趋势是机械化程度越来越高,并且逐渐走向自动化、智能化。例如,我国目前在件杂货装卸搬运中,普遍采用的是在标准货板上堆放货物,然后用叉车搬运货物的方式,代替原先货物堆码时用人力堆放的作业,大大减轻了工人的劳动强度。

6. 系统化

系统化是指将各个装卸搬运活动作为一个有机的整体实施系统化管理。装卸搬运作业涉及物流过程的其他很多环节和装卸搬运系统内部的很多要素,都必须相互兼顾、协调统一,才能发挥装卸搬运系统的整体功能,所以应该运用综合系统化的观点,对装卸搬运进行分析研究,以提高装卸搬运的协调性和装卸搬运系统的柔性,从而适应多样化、高度化的物流需求,提高装卸搬运的效率。例如,铁路车站在实践中总结的"进货为装车做准备,装车为卸车做准备,卸车为出货做准备"的作业原则,正是系统化原则的体现和应用。

6.1.6 装卸机械化

装卸机械化实现装卸作业的机械化,是装卸作业的重要途径。过去的装卸作业主要是依靠人力手搬肩扛,劳动效率低,劳动强度大,从而严重地影响了装卸效率和装卸能力的提高,随着我国国民经济的迅速发展、商品流通量的扩大,单纯依靠人工装卸,已无法满足客观形势发展的需要。

1. 装卸机械化的作用

装卸机械化在生活中应用广泛,对日常的生活有很大的帮助,具有以下方面的作用。

(1) 可以大大节省劳动力,减轻装卸工人的劳动强度。

(2) 可以缩短装卸作业时间,加快车船周转。

(3) 有利于商品的完整和作业安全。

(4) 有效地利用库容,加速货位周转。

(5) 可大大降低装卸作业成本,降低物流成本。

2. 装卸机械化原则

装卸机械化在应用上具有以下原则。

1) 符合装卸商品种类及特性的要求

不同种类的商品的物理、化学性质及其外部形状是不一样的,因此,在选择装卸机械时必须符合商品的种类及其特性要求,以保证作业的安全和商品的完好。

2) 适应运量的需要

运量的大小直接决定了装卸的规模和装卸设备的配备、机械种类以及装卸机械化水平。因此,在确定机械化方案前,必须了解商品的运量情况。对于运量大的,应配备生产率较高的大型机械;而对于运量不大的,宜采用生产率较低的中小型机械;对于无电源的场所,则宜采用一些无动力的简单装卸机械。这样,既能发挥机械的效率,又使方案经济合理。

3) 适合运输车辆的类型和运输组织工作的特点

装卸作业与运输是密切相关的,因此,在考虑装卸机械时,必须考虑装载商品所用的运输工具的特性,包括车船种类、载重量、容积、外形尺寸等,同时要了解运输组织的情况,如运输取送车(船)次数、运行图、对装卸时间的要求、货运组织要求、短途运输情况等。例如,在港口码头装卸商品和在车站装卸商品,所需要的装卸机械是不同的。即使是同一运输工具,即使构造相同,也要采取不同的装卸机械。如用于铁路敞车作业和用于铁路棚车作业的装卸机械是不一样的。

4) 经济合理,适合当地的自然、经济条件

在确定选择机械化方案时,要做技术分析,尽量达到经济合理的要求。对现有的设施、仓库和道路要加以充分利用,同时要充分考虑到装卸场所的材料供应情况、动力资源,以及电力、燃料等因素。要充分利用当地的地形、地理条件,应当贯彻因地制宜、就地取材的原则。

6.1.7　装卸搬运的作业方式

1. 单件作业法

装卸一般单件货物,通常是逐件由人力作业、机械化作业或自动化作业完成的,对于一些零散货物,诸如搬家货物等也常采用这种作业方法,长大笨重货物、不宜集装的危险货物以及行李包裹等仍然采用单件作业法。

2. 集装作业法

集装作业法是指对货物先进行集装,再对集装件进行装卸搬运的方法。集装作业法一次装卸搬运量大,作业速度快,仅对集装体进行作业,因而货损、货差小。集装作业法的作业范围较广,一般货物都可进行集装。对于粉、粒、液气状货物,经过一定包装后,也可集合成大的集装件;对于长大、笨重的货物,经适当分解处置后,也可采用集装方式进行作业。集装作业法广泛地应用于装卸搬运作业中。

集装作业法按集装化方式的不同,可进一步细分为托盘作业法、集装箱作业法、框架作业法、货捆作业法、滑板作业法、网袋作业法和挂车作业法等。

1) 托盘作业法

托盘作业法是用托盘系列集装工具将货物形成成组货物单元,以便于采用叉车等设备实现装卸作业机械化的装卸作业方法(图 6-2)。托盘作业法比较适合于标准化包装的货物。

图 6-2　托盘作业法

2) 集装箱作业法

集装箱的装卸搬运作业在港口以跨车、轮胎龙门起重机、轨道龙门起重机为主进行垂直装卸,以拖挂车、叉车为主进行水平装卸。而其在铁路车站则以轨道龙门起重机为主进行垂直装卸,以叉车、平移装卸机为主进行水平装卸(图 6-3)。

3) 框架作业法

框架作业法通常采用木质或金属材料制作框架,要求材料有一定的刚度、韧性,且较轻,这样就能更好地保护商品、方便装卸。框架作业法适用于各种易碎建材,如玻璃产品等,一般通过各种不同的框架实现装卸机械化(图 6-4)。

图 6-3　集装箱作业法

图 6-4　框架作业法

4）货捆作业法

货捆作业法是用捆装工具将散件货物组成一个货物单元，使其在物流过程中保持不变，从而与其他机械设备配合，实现装卸作业机械化。木材、建材、金属之类货物最适于采用货捆作业法。

5）滑板作业法

滑板是用纸板、纤维板、塑料板或金属板制成，与托盘尺寸一致、带有翼板的平板，用以承放货物组成的搬运单元。与其匹配的装卸作业机械是带推拉器的叉车。滑板作业法虽具有托盘作业法的优点且占用作业场地少，但带推拉器的叉车较重、机动性较差，对货物包装与规格化的要求很高；否则，不易顺利作业。

6）网袋作业法

将粉粒状货物装入多种合成纤维和人造纤维编织成的集装袋，将各种袋装货物装入多种合成纤维或人造纤维编织成的网，将各种块状货物装入用钢丝绳编成的网，这种先集装再进行装卸作业的方法称为网袋作业法。适宜于粉粒状货物、各种袋装货物、块状货物、粗杂物品的装卸作业。网袋集装工具体积小、自重轻、回送方便，可一次或多次使用。

7）挂车作业法

挂车作业法是先将货物装到挂车里，然后将空车拖上或吊到铁路平板车上的装卸作业方法。通常将此作业完成后形成的运输组织方式称为背负式运输，是公铁联运的常用组织方式。

3．散装作业法

散装作业法包括重力法、倾翻法、机械法和气力输送法。

6.2　装卸搬运机械

6.2.1　装卸搬运机械的概念

装卸搬运机械是指用来搬移、升降、装卸和短距离输送物料或货物的机械，不仅用于完成各种运输工具的装卸搬运,而且用于完成仓库、站场、港口和机场货物的堆垛、拆垛、运送及库内、舱内、车内货物的起重、输送和搬运。

6.2.2 装卸搬运机械的分类

装卸搬运机械有多种分类,主要从以下角度划分。

1. 按作业性质分类

按作业性质,装卸搬运机械可分为装卸机械、搬运机械和装卸搬运机械。

2. 按装卸搬运设备的主要用途和结构特征分类

按装卸搬运设备的主要用途和结构特征,装卸搬运机械可分为起重搬运机械、装卸搬运车辆和输送机。

3. 按装卸搬运货物的种类分类

按装卸搬运货物的种类,装卸搬运机械可分为以下几种。
(1) 长大笨重货物的装卸搬运机械。
(2) 散装货物的装卸搬运机械。
(3) 成件包装货物的装卸搬运机械。
(4) 集装箱货物的装卸搬运机械。

6.2.3 常用的装卸搬运机械

扩展阅读 6.1 叉车常见的 8 种分类

物流领域常用的装卸搬运机械有叉车、起重机(hoisting machinery)、搬运车、输送机等。

1. 叉车

叉车又称铲车、叉式举货车,是指具有各种叉具,能够对物品进行升降和移动及装卸作业的搬运车辆。叉车是物流领域最常用的具有装卸、搬运双重功能的机械,能够减轻装卸工人繁重的体力劳动,提高效率,缩短车辆停留时间,降低装卸成本。

(1) 叉车分类。叉车可以按照起重能力、动力方式、特性及功能等进行分类,如表 6-2 所示。

表 6-2 叉车类型

分 类 依 据	叉 车 种 类
按起重能力分类	不同起重级别,一般为 1~10 吨,也有 5~40 吨叉车
按动力方式分类	发动机式叉车、电动机式叉车、手动式叉车三种类型
按特性及功能分类	平衡重式叉车、前移式叉车和侧叉式叉车三种基本常用类型

(2) 叉车参数。叉车的参数包括起重能力、最大起升高度、车体高度、最小转弯半径等,

如表 6-3 所示。

表 6-3 叉车参数

叉车参数	参数说明
起重能力	这是叉车的主要参数,为安全工作的最大起重能力
最大起升高度	在额定起重量、门架垂直状态下,货叉可升到的最大高度
车体高度	这是地面至门架上部或棚顶的高度
最小转弯半径	这是指叉车在无载状态下,转弯的最小半径
叉车还有自重、最大爬坡度、最大运行速度、最大起升速度、门架倾角等参数	

（3）常用的叉车。叉车广泛应用于港口、车站、机场、货场、工厂车间、仓库、流通中心和配送中心等,在船舱、车厢和集装箱内进行托盘货物的装卸、搬运作业,是托盘运输、集装箱运输中必不可少的设备。物流领域常用的叉车如表 6-4 所示。

表 6-4 物流领域常用的叉车

叉车类型	内容
平衡重式叉车	依靠车体以及货物与平衡块重量来保持平衡,特点是自重大、轮距大、行走稳定、转弯半径大
前移式叉车	特点是前部有跨脚插腿,跨脚装有支轮,和车体的两轮形成四轮支承,因此比较稳定
侧面叉车	叉车门架及货叉在车体一侧,特点一是货叉面向侧面货垛,在狭窄通道作业不必转弯;二是有利于装搬长尺寸物,叉上长尺寸物与车体平行,作业、运行方便
拣选叉车	主要特点是操作者随装卸装置一起在车上进行拣货作业,叉车到货位前,货叉取出货盘,工人将所需数量拣出,再将货盘放回
手动式叉车	由工人手推动行走,手动油压柄起降货叉,灵活机动,操作方便简单,价格低
电动式人力叉车	类似于手动叉车,也是一种轻便型叉车,有不同的结构类型
自动导引叉车	装备有自动导引系统(例如激光导航系统)的叉车
多方向堆垛叉车	在行进方向两侧或一侧作业,或货叉能旋转 $180°$,三个方向作业

2. 起重机

起重机,又称吊车,是一种以间歇作业方式对物品进行起升、下降和水平移动的搬运机械。起重机通过吊钩从物品上部来进行吊装、吊卸活动,以装卸为主要功能,搬运的功能较差,搬运距离很短。

1）起重搬运机械

起重搬运机械是以间歇、重复工作方式,通过起重吊钩或其他吊具起升、下降,或升降与运移重物的机械设备。

（1）轻小型起重设备。轻小型起重设备是构造紧凑,动作简单,作业范围投影以点、线为主的轻便起重机械,主要有千斤顶、手扳葫芦、手拉葫芦、电动葫芦和卷扬机等(图 6-5)。

（2）桥架型起重机。桥架型起重机是一种常见的起重设备,它的桥架沿铺设在两侧高架上的轨道纵向运行,起重小车沿铺设在桥架上的轨道横向运行,构成一个矩形的工作范围,可以充分利用桥架下面的空间吊运物料,不受地面设备的阻碍,适用于车间、仓库、露天堆场等场所(图 6-6)。

图 6-5　千斤顶、手扳葫芦、手拉葫芦、电动葫芦、卷扬机

图 6-6　桥架型起重机、臂架型起重机、缆索型起重机

　　（3）臂架型起重机。臂架型起重机是一种取物装置悬挂在臂架顶端或挂在可沿臂架运行的起重小车上的起重机，其特点与桥式起重机基本相同。臂架类起重机配有起升机构、旋转机构、变幅机构和运行机构，液压起重机还配有伸缩臂机构。依靠这些机构的配合动作，可在圆柱形场地及上空作业。臂架式起重机可装在车辆或其他运输工具上，构成运行臂架式起重机，这种起重机具有良好的机动性，可适用于码头、货场、工厂等场所（图 6-6）。

　　（4）缆索型起重机。缆索型起重机指挂有取物装置的起重小车沿架空承载索运行的起重机。同其他起重机械相比，它具有跨度大、速度快、效率高、总体结构简单、造价低廉、施工周期短等突出优点，并且不受气候和地形条件的限制，在特定的条件下能发挥其他起重机械和起重技术所不能发挥的作用，因而被广泛应用于采矿工业、森林工业、工业原料场、码头、渡口以及桥梁、水电建筑工程的起重和施工作业中（图 6-6）。

2）堆垛型起重机

堆垛型起重机是用货叉或串杆攫取、搬运、堆垛或从高层货架上存取单元货物的专用起重机。

（1）桥式堆垛起重机。桥式堆垛起重机的立柱可以回转，从而保证工作的灵活性。因为立柱高度的限制，桥式堆垛起重机的作业高度不能太高。另外，为了保证桥架的正常运行，货架和仓库顶棚之间需要有一定的空间。桥式堆垛起重机主要适用于 12 米以下中等跨度的仓库，巷道的宽度较大，适于笨重和长大件物料的搬运和堆垛。

（2）巷道式堆垛起重机。巷道式堆垛起重机是由叉车、桥式堆垛起重机演变而来的。由于桥式堆垛起重机的桥架十分笨重，其运行速度受到很大的限制，仅适用于出入库频率不高或存放长形原材料和笨重货物的仓库。巷道式堆垛起重机能够在高层货架的巷道内来回穿梭运行，将位于巷道口的货物存入货格，或者取出货格内的货物运送到巷道口（图 6-7）。

图 6-7　巷道式堆垛起重机

3）起重电梯

起重电梯是一种依靠轿厢沿着垂直方向运送人员或货物的间歇性运动的起升机械。起重电梯首先要根据服务对象选择类型，再根据速度要求、起升高度、操作方式等选择型号。

3. 搬运车

搬运车是指依靠本身的运行和装卸机构的能力，实现货物的水平搬运和短距离运输、装卸的各种车辆。常见的搬运车有托盘搬运车、手推车、固定平台搬运车和无人搬运车等。

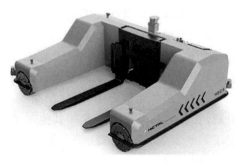

图 6-8　电动托盘搬运车

1）托盘搬运车

托盘搬运车是一种轻小型搬运设备，它有两个货叉式的插腿，可插入托盘的叉孔内，插腿前端有两个小直径的行走轮，用来支撑托盘货物的重量。货叉通过机械或液压传动可以抬起，使托盘或货箱离开地面，然后进行移动。托盘搬运车分为手动和电动两大类（图 6-8）。

2）手推车

手推车以人力驱动为主，一般为不带动力在

路面上水平运输货物的小型搬运车辆。其搬运作业距离一般不大于 25 米,承载能力一般在 500 千克以下。手推车的特点是轻巧灵活、易操作、转弯半径小,被广泛应用于工厂、车间、仓库、商场、站台、货场等场所,是短距离运输较小、较轻物品的一种方便而经济的运输工具。

3）固定平台搬运车

固定平台搬运车是具有较大承载物料平台的搬运车。承载平台离地低,装卸方便,结构简单、价格低、轴距、轮距较小,作业灵活,一般用于库房内、库房与库房之间、车间与车间、车间与仓库之间的运输(图 6-9)。

4）无人搬运车

无人搬运车又称自动导引车,是指在车体上装备有电磁学或光学等导引装置、计算机装置、安全保护装置,能够沿设定的路径自动行驶,具有物品移载功能的搬运车辆。其显著特点的是无人驾驶,AGV 上装备有自动导向系统,可以保障系统在不需要人工引航的情况下就能够沿预定的路线自动行驶,将货物或物料自动从起始点运送到目的地。AGV 在物流领域有广泛的应用,和轻型货架相结合,可以实现“货到人”,提高物流效率,降低劳动强度(图 6-10)。

图 6-9　固定平台搬运车

图 6-10　AGV 移动式货架

4. 输送机

输送机是指按照规定路线连续地或间歇地运送散装物品或成件物品的搬运机械。(GB/T 18354—2021)输送机是以搬运为主要功能的载运设备,有些输送机兼具装卸功能。输送设备能够进行叉车和吊车无法实现的连续搬运,作业效率更高。输送机的输送线路是确定的,只有在重新安装时才会改变路线,因而安装时应统筹规划。输送机已经被广泛应用于流水生产线、物料输送线及流通中心、配送中心的物料快速分拣和拣选。

1）带式输送机

带式输送机是以输送带作为承载和牵引件或只做承载件的输送机。它采用胶带作为牵引构件,将输送带张紧在轮柱上,外力驱动轮柱转动,带动输送带循环转动,依靠输送带与物料之间的摩擦力将置于其上的物料移动。带式输送机可以用于输送散、粒、块状物料,也可以用于输送中、小包装货物,一般不用于集装物的输送(图 6-11)。

2）板式输送机

板式输送机是在牵引链上安装承载货物的平板或一定形状底板的输送机。在输送过程中,货物放在平板或底板上,当链条带着板子移动时,带动货物移动。与带式输送机相比,板式输送机可靠性更高,可运输散装、堆装、成件包装的物品(图 6-12)。

图 6-11　带式输送机

图 6-12　板式输送机

3）斗式输送机

斗式输送机是在牵引链上安装物料斗的输送机。在输送过程中,斗式输送机通过料斗把物料从下面的储槽中舀起,随着输送带(链)将物料提升到顶部,料斗绕过顶轮后向下翻转,从而将物料倾入接收槽内。斗式输送机主要用于垂直方向上连续输送粉、粒状物料(图 6-13)。

4）辊子输送机

辊子输送机是用多个并排安装在机架上的辊子输送物品的输送机。辊子可以在动力驱动下在原处不停地转动,以带动货物移动;也可以在无动力驱动的情况下,以人力或货物重力推动货物在轮子上移动。辊子输送机具有很强的承载能力,由于辊子滚转,货物在移动过程中所受的摩擦很小,因而搬运大、重件物品较为容易,常用于搬运包装货物或托盘集装货物(图 6-14)。

图 6-13　斗式输送机

图 6-14　辊子输送机

5）滚轮输送机

滚轮输送机是用安装在机架上的轮子输送物品的输送机,它和辊子输送机类似,不同之处在于安装的是小轮子而不是辊子。滚轮输送机无动力驱动,适合于人力和重力搬运,主要用于仓库、配送中心等设施内。

6)螺旋输送机

螺旋输送机是借助旋转的螺旋叶片或者靠带内螺旋而自身又能旋转的料槽输送物料的输送机。螺旋输送机具有结构简单、制造成本较低、易于维修、机槽密闭性较好等优点。螺旋输送机适宜输送粉状、颗粒状和小的块状物料,不适宜输送长纤维状、坚硬大块状、易黏结成块及易破碎的物料。

7)悬挂输送机

悬挂输送机是通过固接在牵引链上的吊具,对物品进行空间输送,并能自动地装载和卸载(图 6-15)。悬挂输送机可以自由选择输送线路,能有效地利用空间,节省人力,提高工作效率,广泛适用于成件物品的远距离输送、楼层提升、空中储存、送料等工艺及自动化涂装生产线等。

图 6-15　悬挂输送机

6.2.4　装卸作业方法

1. 单件装卸

单件装卸是非集装按件计的货物逐个进行装卸操作的作业方法。单件作业可采取人力、半机械化及机械装卸。逐件处理装卸速度慢,容易出现货损及货差。作业对象主要是包装杂货、多品类、小批量货物及单件大型笨重货物。

2. 单元装卸

单元装卸是用集装化工具将小件或散装物品集成一定质量或体积的组合件,以便利用机械进行作业的装卸方法。单元装卸的速度快,装卸时并不逐个接触货物,因而货损小,货差也小。集装作业的对象范围较广,一般除特大、重、长和粉、粒、液、气状货物外,都可进行集装。粉、粒、液、气状货物经一定包装后,也可集装作业。特大、重长的货物经适当分解处理后,也可采用集装作业。单元装卸的方式有托盘装卸、集装箱装卸、货捆装卸、集装网、集装袋装卸和挂车装卸等。

3. 散装作业

散装作业是指对大批量粉状、粒状货物进行无包装散装、散卸的装卸方法。散装作业可连续进行,也可用间断式。但是,都须采用机械化设施、设备。在特定情况下,且批量不大时,可采用人力装卸。常用的散装作业方式有气力输送装卸,主要设备是管道及气力输送设备,粉状、粒状物沿管道运动而实现装卸;重力装卸是利用散货本身重量进行装卸的方法,这种方法必须与其他方法配合;机械装卸利用能承载粉粒货物的各种机械进行装卸,一种是用吊车、叉车改换不同机具或用专用装载机,进行抓、铲、舀等完成装卸搬运作业;另一种是用皮带、刮板等各种输送设备,进行一定距离的装卸搬运作业。

视频 6.2　集装箱装卸

6.2.5　集装箱装卸搬运

1. 集装箱装卸搬运方式

集装箱在港口的装卸搬运方式按装卸工艺分为吊装和滚装两种。前者称为"垂直作业方式",即岸边采用起重机用吊上吊下的方式来装(卸)船上集装箱。后者又称"水平作业方式",即采用牵引车拖带挂车(底盘车)或叉车等流动搬运机械,直接驶入滚装船内装卸集装箱。

2. 主要的集装箱装卸搬运设备

集装箱是常见的货物转运工具,是港口码头、船舶、航线、中转站、桥梁等领域配套的物流运输系统,因此多种集装箱装卸搬运设备应运而生。集装箱装卸搬运设备主要有集装箱起重机,包括岸边集装箱起重机、多用途门座起重机、高架集装箱轮胎式起重机等,还有集装箱跨运车、集装箱正面吊运机、集装箱叉车、集装箱半挂车等。

3. 集装箱进行装卸的前提条件

(1)装卸集装箱时所使用的工具均处于良好状态。

(2)集装箱上的门、盖板、锁件、可移动件、可折叠件、可拆卸件及其他活动件等均应在作业前固定好。

(3)集装箱内所装货物均符合装载的规定,其数量不得超过最大的容许载重。

(4)集装箱内货物载荷应均布于箱底上,对于集中载荷,需用衬垫将载荷分散,不使集装箱的任何部分因受力过大而损坏箱体。

(5)集装箱的重心位置应符合装载规定的要求,对于低重心货物,为保证装卸安全,应防止吊起时集装箱发生倾斜或装上车辆时使车辆失去稳定。

(6)起吊前必须清楚地区分空箱和重箱,如无法判断,则必须按重箱处理。

(7)集装箱的装卸操作人员必须受过适当的训练。

4. 集装箱卸载的注意事项

根据货物不同的装卸情况,其可分为以下几类。

1）装卸前的一般注意事项

（1）必须遵守有关规则的规定。

（2）集装箱及有关装卸机械应做好充分的准备。

（3）固定好集装箱的活动部件和附件。

（4）严格执行安全指示。

2）集装箱着地时的注意事项

（1）装卸集装箱时，不能使集装箱在着地时受到猛烈冲击，以免损坏箱内货物。

（2）集装箱在下降过程中不能突然停止。

（3）应平衡地着地，如不得不倾斜着地，一端着地后，要特别注意另一端着地时不受冲击。

（4）在装卸全集装箱船时，由于舱内有箱格导柱，特别是在肉眼难以看清的情况下，集装箱必须慢慢地放下，以免与箱内格导柱产生剧烈撞击。

3）集装箱移动位置时的注意事项

（1）不准在地面上或其他集装箱上拖曳集装箱。

（2）不能用滚轮或圆棍棒移动集装箱。

（3）不能在摇摆状态下着地，或者拖曳、吊起集装箱。

（4）不能利用摇动将集装箱放置在吊索下方以外的地方。

（5）在普通货船等运输工具上装卸时，不能用钢丝绳挂在底角件上拖拉集装箱。

6.3　装卸搬运合理化

1. 装卸搬运合理化的含义

装卸搬运合理化是指以尽可能少的人力和物力消耗，高质量、高效率地完成货物的装卸搬运任务，保证供应任务的完成。

2. 装卸搬运合理化的标志

装卸搬运合理化的标志是装卸搬运次数最少，装卸搬运距离最短，各作业环节衔接好，库存物品的装卸搬运活性指数较高、可移动性强。

3. 装卸搬运合理化的主要措施

1）防止无效装卸搬运

无效装卸搬运是指消耗于有用货物必要装卸搬运劳动之外的多余劳动。无效装卸搬运的表现形式有过多的装卸搬运次数、过大过重包装的装卸搬运、无效物质的装卸搬运等。包装过大、过重，在装卸搬运时增加包装上消耗劳动；装卸搬运混杂着没有使用价值或使用价值不高的掺杂物，如煤炭中的矸石、矿石中的水分、石灰中未烧熟及过烧石灰等，也形成无效装卸。可以通过合理规划装卸方式和作业过程，尽量减少装卸次数和提高装卸效率，提高被装卸物质的纯度、选择合适的包装等措施防止无效装卸搬运。

2）选择适宜的搬运路线

物流设施设备布局时应科学布局物流线路，装卸搬运时尽可能选择适宜的搬运线路，缩短搬运作业的距离。若物流量大且距离短，适于用直达型的搬运路线；距离长而物流量小则适于用渠道型和中心型搬运路线；若物流量大而距离又长，则说明这样的规划布局是不合理的（图6-16）。

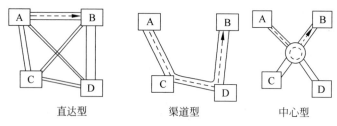

直达型　　　　　渠道型　　　　　中心型

图6-16　不同的搬运路线

3）提高装卸搬运的活性

由于装卸搬运在整个物流过程中是反复进行的活动，其速度可能决定整个物流过程的速度。若每次装卸搬运的时间缩短，多次装卸搬运的累积效果则十分可观。因此，提高装卸搬运活性对装卸搬运合理化具有非常重要的意义。

装卸搬运活性是指从物的静止状态转变为装卸搬运运动状态的难易程度。如果很容易转变为下一步的装卸搬运而不需做过多装卸搬运前的准备工作，活性就高；如果难以转变为下一步的装卸搬运，活性就低。为了对活性有所区别，并有计划地提出活性要求，使每一步装卸搬运都能按一定活性要求进行操作，对不同放置状态的货物做了不同的活性规定，这就是"活性指数"，分为0～4共5个等级（图6-17）。

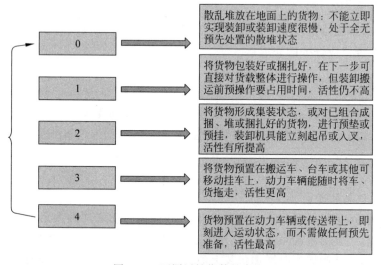

图6-17　不同活性指数的意义

从理论上讲，装卸搬运活性指数越高越好，但也必须考虑到实施的可能性。装卸搬运活性指数越高，意味着所需的人工作业越少，但是相应的设备投入便会越多。因此，在进行物流系统规划设计时，不要机械地认为活性指数越高越好，而要根据实际情况综合考虑。

例如,物料在储存阶段中,活性指数为 4 的输送带和活性指数为 3 的车辆,在一般的仓库中很少被采用,这是因为大批量的物料不可能存放在输送带和车辆上。

4)实现装卸搬运作业的省力化

在装卸搬运时尽可能采用省力化的方式,遵循能往下则不往上、能直行则不拐弯、能用机械则不用人力、能水平则不上坡、能连续则不间断、能集装则不分散的基本原则。在装卸搬运时可以考虑重力因素,利用货物本身的重量,进行有一定落差的装卸搬运,以减轻劳动强度和消耗能量。例如,将没有动力的小型运输带(板)斜放在货车、卡车或站台上进行装卸,使物料在倾斜的输送带(板)上移动,这种装卸就是靠重力的水平分力完成的。

5)充分利用机械,实现"规模装卸"

在装卸搬运时也存在规模效益问题,主要表现在一次装卸搬运量或连续装卸搬运量要达到充分发挥机械最优效率的水准。为了更多降低单位装卸搬运工作量的成本,装卸搬运机械的能力达到一定规模,才会有最优效果。追求规模效益的方法,主要是通过各种单元集装实现间断装卸时一次操作的最合理装卸,从而使单位装卸搬运成本降低,也可通过散装实现连续装卸的规模效益。

6)选择最好的搬运方式,节省体力消耗

随着技术的发展,装卸搬运大量采用机械完成,但是难免在物流系统中还存在一些人工装卸搬运活动。在物流系统设置的时候,要充分考虑人力作业的特点,科学地确定包装大小,合理地选择一次搬运重量,并采用最省力方式进行。比如小件物品以 B-1 肩挑方式最省力,而以 B-7 最费力;移动重物以 Y-1 方式移动的重量最大,而以 Y-5 方式移动的重量最小(图 6-18)。

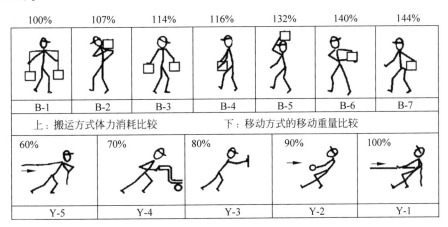

图 6-18 人力搬运方式对比

7)创建物流"复合终端"

所谓"复合终端",即对不同运输方式的终端装卸场所,集中建设不同的装卸设施。复合终端的优点在于取消了各种运输工具之间的中转搬运,因而有利于物流速度的加快,减少装卸搬运活动所造成的物品损失;由于各种装卸场所集中到复合终端,这样就可以共同利用各种装卸搬运设备,提高设备的利用率;在复合终端内,可以利用规模效应的优势进行技术改造,大大提高转运效率;减少了装卸搬运的次数,有利于物流系统功能的提高。

装卸搬运是物流系统中的重要环节,不能单纯提高装卸搬运的效率,忽略了运输、仓储等上下游其他环节,应该从物流系统整体效果的角度出发,科学、合理地提高装卸搬运的效率,降低装卸搬运的成本。

 **即测即练**

 课后复习题

一、简答题

1. 简述装卸搬运机械化的原则。
2. 简述装卸搬运在物流系统中的意义。
3. 简述装卸搬运合理化的措施。

二、论述题

试述搬运装卸作业合理化的原则。

阅读案例

油品装卸,这个港口玩出"新花样"

鸥鸣声声,海浪拂岸,近日,在山东港口烟台港龙口港公司 24♯液化品泊位,随着装载 35 000 吨原油的"长航蓝晶"轮开始卸船作业,国内首套油品装卸船岸智能对接系统作业"首秀"在这里精彩上演。与以往作业方式不同,本次作业场地空无一人,在码头前沿,整齐排列的输油臂高高耸立,在无须人工协助的情况下,输油臂液压快速连接装置自动调整角度,与船舶卸油法兰接口实现精准对接、紧密相连,汩汩"黑色血液"由船舱奔涌进入液化品储罐。

"这套油品装卸船岸智能对接系统,通过对现有流体装卸臂进行智能化改造,可实现液化品自动化、智能化、全密闭作业,是目前国际领先的一体化、无人化流体装卸新方案。"龙口港公司总经理孙永波介绍道。

据悉,该项目是 2023 年度山东港口重点科技研发专项资金支持项目,项目集成视觉识别、北斗和 5G 定位系统、激光引导、人工智能、大数据计算、AI 模拟与仿真、精密控制算法、电液一体化控制等先进技术,通过在现有流体装卸臂上增加关键装备,对流体装卸臂的对接流程及运动方式进行智能化改造,实现液化品装卸设备自动对接、自动回收、在线监测,现场无人化操作,有效提高作业效率,降低作业安全风险。

同时,系统通过对码头现场设备进行实时监控,在作业平台进行三维动态显示,辅以场景数字孪生 3D 智慧监控管理系统,实现广域实时监控、智能目标探测识别功能,完成液化品生产作业流程全方位管控。经测算,该系统可使船舶千吨在港停时提升率达 10%。

在提升作业质效的同时,该设备还可以减少液化品在装卸船舶作业过程中产生的气体挥发现象,有效减少资源浪费,避免安全和环境污染事故的发生,为油品码头带来更高效、更智能、更安全的协同环境,填补国内外在智慧流体装卸领域空白,具有显著的经济效益和环保效益。

资料来源:油品装卸,这个港口玩出"新花样"! [EB/OL]. [2023-07-05]. https://xueqiu.com/9371001315/254820077.

第 7 章

包　装

本章学习目标

1. 掌握包装的概念、功能；

2. 了解包装的分类、包装机械；

3. 熟悉包装技术方法、包装作业流程、包装标记与标志；

4. 掌握集装箱、托盘、集装袋等集装化方式。

引导案例

包装——快递物流企业着重发力的降碳环节

2023 财年,菜鸟在包装减量方面开发了符合不同行业特性的简约包装的方案,从源头上减少纸箱使用,积极推广原箱和旧包装发货,1 年内合计减少包装材料用量超 18.4 万吨;在包装回收方面,菜鸟驿站用数字化方式记录的纸箱回收再利用的数目达到 2 382 万个,再创新高。

扩展阅读 7.1 降低快递包裹的碳排放量如何实施?

顺丰在 2022 年通过轻量化、减量化等绿色包装技术,减少原纸使用约 4.7 万吨,减少塑料使用约 15 万吨。其自主研发的全降解包装袋"丰小袋",生物分解率达 90% 以上,2022 年在北京、广州等地累计投放超过 6 251 万个。

京东物流 2022 年加强了可循环快递包装投放,循环保温箱、循环青流箱以及对新型环保材料包装的探索是该公司在包装环节的主要减碳方法。截至 2022 年,京东物流可循环快递包装累计投放超过 2.2 亿次。

资料来源:头部快递公司交出减碳成绩单 绿色包装、绿色电力应用规模提升[EB/OL].(2023-07-24).https://static.nfapp.southcn.com/content/202307/24/c7926784.html.

7.1　包装概述

7.1.1　包装的起源与发展

从远古的原始社会、农耕时代,到科学技术十分发达的现代社会,包装随着人类的进化、商品的出现、包装盒生产的发展和科学技术的进步而逐渐发展,并产生一次次重大突破。从总体上看,包装大致经历了原始包装、传统包装和现代包装的发展阶段。

7.1.2　包装的概念

我国国家标准《物流术语》(GB/T 18354—2021)中对包装明确定义为：为在流通过程中保护产品、方便储存、促进销售，按一定技术方法而采用的容器、材料及辅助物等的总体名称，也指为了达到上述目的而采用的容器材料及辅助物的过程中施加一定技术方法等的操作活动。

1. 包装的科技理念

包装的科技理念是一种经济意识，它靠商业运作完成，是由技术商品的特殊性决定的，其表现形式是间接的，它以知识形态出现或表现为信息状态，在一定物质商品的基础上扩展，是一种价值观念。

1）科技概念的衍生性

当高新技术与一般技术适当综合后，表现高新技术的高增值性，主要完成其大量的知识资产的转化，能带来新的经济效益。

2）科技概念的无形性

以知识、信息形态表现的技术商品；社会成员通过各种媒介首先在主观意识上接受，承认这种信息的知识与智慧的价值，进而购买新技术商品。当然这与有形和无形存在的技术市场发育程度密切相关。

3）科技概念的时效性

专利、商标、工业产权等智力劳动资产的转化，是科学技术与商品经济发展的历史产物。

2. 包装的文化理念

企业文化就是文化理念的应用。不同的国籍、民族、地区、宗教等意识形态制约着包装产品，人们不仅需要物质消费，还需要精神消费。

3. 包装的升值理念

合理的包装延长了商品的寿命，使商品的使用价值不仅保值而且增值、升值，具有提高商品身价的功能。

7.1.3　商品包装的功能

1. 保护性

(1) 防止产品破损变形。保护性包装必须能够承受在装载、运输、保管等过程中的各种冲击、振动、颠簸、压缩、摩擦等外力的作用，形成对内装产品的保护，具有一定抗震强度(图 7-1)。

(2) 防止产品发生化学变化。产品在流通、消费过程中易受潮、发霉变质、生锈而发生

图 7-1 商品包装的保护性

化学变化,影响产品的正常使用。这就要求保护性包装在一定程度上起到阻隔水分、潮气、光线及有害气体的作用,避免外界环境对产品产生不良影响。

(3)防止有害生物对产品的影响。鼠、虫及其他有害生物对产品有很大的破坏性。这就要求保护性包装具有阻隔霉菌、虫、鼠侵入的能力,形成对内装产品的保护作用。

(4)防止异物混入、污物污染、丢失、散失和盗失等作用。

2. 方便性

(1)便于运输和装卸,产品从产地到消费者手中,须经过包装处理才能组装及运输至卖场上架出售。

(2)便于销售,堆叠式、吊挂式或陈列式的选择,如销售性展示、陈列的要求,目的都是便于消费者的准确识别。

(3)便于携带与使用,新材料的使用,新工艺技术的进步,都是为了尽一切可能使包装设计给消费者带来使用上的方便。

(4)便于保管与储存,也会直接影响到消费者购买商品的决定。

3. 展示性、经济性、宜人性

(1)包装印刷的造型奇特、新颖能吸引消费者的注意力。比如酒瓶造型,一般以圆柱体为主,有的酒瓶运用模仿造型,设计成复杂的锚形或人体形,在一批以圆柱体、长方体造型的酒瓶中,会显得非常突出、美观。

(2)便利商品流通,获得节约流通费用的转运效果,宣传商品,获得促进和扩大商品销售的效果。

(3)在进行包装色彩设计时,还应根据消费者不同的习俗、档次需求以及年龄、性别差异强调色彩的宜人性。

4. 使商品的使用价值和价值增量

商品包装是附加在被包装商品之上的文化,其附加劳动不仅具有价值实现意义,而且具有价值的增值意义(图 7-2)。

图 7-2 商品包装使商品的使用价值和价值增量

7.1.4　包装的分类

1. 按包装功能不同分类

按包装功能不同,包装可分为两类。

1) 工业包装

工业包装是以运输、保管为主要目的的包装,也就是从物流需要出发的包装,亦称运输包装,是一种外部包装(包含内部包装)(图 7-3)。工业包装的主要作用是具有保护功能、定量或单位化功能、便利功能和效率功能。

2) 商业包装

商业包装也叫零售包装或消费者包装,主要是根据零售业的需要,作为商品的一部分或为方便携带所做的包装,即所谓逐个包装(图 7-4)。商业包装的主要功能是定量功能、标识功能、商品功能、便利功能和促销功能。其主要目的在于促销或便于商品在柜台上零售或提高作业效率。

图 7-3　工业包装

图 7-4　商业包装

2. 按包装层次不同分类

按包装层次不同,包装可分为三类。

1) 单个包装

单个包装是最古老也是最普遍的包装形式,是零售中最小的单位。单个包装也称基本包装,是指与产品直接接触的包装。其一般是为防止产品受外部不良因素,如湿气、光、热、外力碰撞、侵蚀等的影响,用适当的材料、容器和技术工艺,使其具有一定的形态。

2) 中包装

中包装是指若干个单体商品或包装组成一个小的整体包装。它是介于单个包装与外包装的中间包装,属于商品的内层包装。中包装在销售过程中,一部分随同商品出售,一部分则被消耗掉,因而被列为销售包装。在商品流通过程中,中包装起着进一步保护商品、方便使用和销售的作用,方便商品分拨和销售过程中的点数和计量,方便包装组合等。

3）外包装

外包装属于快递包装，具有维护货品的功效，它还可以简单化货品计量检定、便捷运送、存储、运送、装卸搬运等工作。这对提升包装工作效率和简单化工作阶段有关键影响。

3. 按包装适用范围分类

按包装适用范围，包装可分为两类。

1）专用包装

专用包装是指专供特种商品使用的专用包装，这类包装往往是制造企业针对特殊商品专门设计而成，专用性较强（图 7-5）。

2）通用包装

通用包装则广泛用于多种商品的包装容器，因为不针对任何特定商品，不会有太多设计元素，而是根据标准尺寸生产制造，可以用于对包装无特定要求或者标准规格的产品（图 7-6）。

图 7-5　专用包装

图 7-6　通用包装

4. 按包装使用次数分类

按包装使用次数，包装可分为三类。

1）一次用包装

一次用包装指只能一次使用而不能通过简单的回收清洁消毒的方式再次使用的包装。

2）多次用包装

多次用包装是指回收后经适当的加工整理，仍可以重复使用的包装。多次用包装主要是商品的外包装和一部分中包装。这类包装比较坚固耐用，通常情况下随着商品流转至基层批发企业或零售企业后被拆卸或腾空，然后送至有关回收部门，稍加修整后可再次复用。这样既可节省资源，又可降低包装成本。如自行车的木箱、针织品的标准化纸箱、麻袋、啤酒瓶等。

3）周转用包装

周转用包装也称运输包装，是指用于商品、半成品、零部件等物品的包装，在运输、配送、储存等环节中多次使用的包装材料或设备,如托盘、周转箱、集装箱等。

5. 按产品内容或包装货物种类分类

按产品内容或包装货物种类,包装可分为日用品类、食品类、烟酒类、化妆品类、医药类、文体类、工艺品类、化学品类、五金家电类、机电产品类、纺织品类、儿童玩具类、土特产类和果菜类等(图 7-7)。

图 7-7　各种包装

6. 按包装容器形状分类

按包装容器形状,包装可分为包装箱、包装桶、包装袋、包装包、包装筐、包装捆、包装坛、包装罐、包装缸、包装瓶等。

7. 按材料分类

不同的商品,考虑到它的运输过程与展示效果等,所以使用材料也不尽相同。如纸包装、金属包装、玻璃包装、木包装、陶瓷包装、塑料包装、棉麻包装、布包装、复合材料类、纺织品类、其他材料类等。

8. 按安全目的分类

按安全目的,包装可分为两类。
1) 一般货物包装
一般货物包装也就是普通包装,指货主无任何特殊要求的包装。
2) 危险货物包装
危险货物包装是指针对具有易燃、易爆、毒害、腐蚀以及放射性等危害生命、财产、环境的货物所专门使用的包装,并针对危险货物的危害程度划分了Ⅰ、Ⅱ、Ⅲ类包装。

9. 按商业经营习惯分类

按商业经营习惯,包装可分为三类。

1）内销包装

内销包装是指货物在境内运输、周转和销售的包装。境内商品的包装可分为商业包装和工业包装。

2）出口包装

出口包装是指用于出口商品的包装，以及包装本身就是出口商品的包装。

3）特殊包装

特殊包装是指工艺品、科学尖端保密产品、文物、保密物资及其他重要的军需品等所需，具有特定用途的包装（图 7-8）。

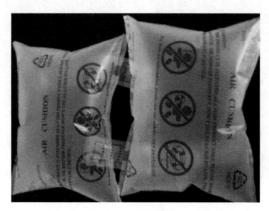

图 7-8　特殊包装

10. 按包装技法分类

按包装技法，包装可分为贴体、透明、托盘、开窗、收缩、提袋、易开、喷雾、蒸煮、真空、充气、防潮、防锈、防霉、防虫、无菌、防震、遮光、礼品、集合包装等。

11. 按产品性质分类

按产品性质，包装可分为两类。

1）销售包装

销售包装是在产品包装上刊有商标及其产品形象画面，是一种促销性质的装饰包装。

2）储运包装

储运包装是指为实现商品的储存或运输而设计的包装。这种包装主要用于厂家、分销商和卖场之间的商品流动，其主要目的是方便产品的搬运和计数。

12. 按设计种类分类

按设计种类，包装可分为手提袋设计、包装盒设计、食品包装设计、饮料包装设计、礼盒包装设计、化妆品瓶体设计、洗涤用品包装设计，香烟包装设计、红酒包装设计、啤酒包装设计、葡萄酒包装设计、OTC 药品（非处方药品）包装设计、非 OTC 药品包装设计、保健品包装设计、软件包装设计、CD（激光唱片）包装设计、电子产品包装设计、日化产品包装设计、进出口商品包装设计等。

7.1.5　现代包装的材料

1. 金属包装材料与玻璃包装材料

金属包装材料主要指金属薄板,针对不同用途制作的各种不同形式的薄壁包装容器,是中国包装业的重要组成部分。

玻璃包装材料具有良好的阻隔性能,可以很好地阻止氧气等气体对内装物的侵袭,同时可以阻止内装物的可挥发性成分在空气中挥发,玻璃包装材料也可以反复多次使用,可以降低包装成本。

2. 木制包装材料

木制包装材料一般采用天然生长或人工制造的木材,一般用来做运输包装,因为其最大特点是易于加工,锯、刨、钻、凿、钉均可;具有优良的强度和重量比;有一定的弹性、能承受冲击、振动、重压等作用。其缺点是干缩湿胀、可腐可燃、易受虫害。

3. 纸和纸板材料

纸和纸板是由天然纤维制成的,无毒无害且可回收,具有很好的环保性,而且纸和纸板可以非常容易地被处理,无须特殊处理或回收费用。相比其他的包装材料,纸和纸板非常轻。这使得纸和纸板在运输与搬运的过程中更加方便及经济。纸和纸板具有良好的通气性和吸湿性,可以保持包装物中的空气流通,从而延长货物的保质期。

4. 塑料包装材料

塑料包装材料非常轻便,便于携带和运输,其制造成本相对较低,因此售价也较低,可以大量生产和广泛使用;塑料包装材料质量相对稳定,包装寿命也较长,能够保障商品品质和使用寿命;同时其还具有隔氧、防潮、防水等优点。但其也有对环境危害较大、难以降解、易变形、不适用于高温环境的缺点。

5. 复合包装材料

复合包装材料通常由多种不同的材料结合而成,因此可以互补各自的特点,充分发挥各种材料的防潮、防氧、防味、防油、防辐射等优点。但其制作过程较为复杂,需要大量的专业技能和先进设备,因此成本较高。

7.2　现代包装技术和包装机械

7.2.1　工业包装的设计程序及设计原则

1. 工业包装的设计程序

工业造型设计常用的是一种五阶段程序。从设计准备阶段开始,第二阶段是设计孵化阶段,第三阶段是设计诞生阶段,第四阶段是设计定案阶段,最后一阶段是设计管理阶段(图7-9)。

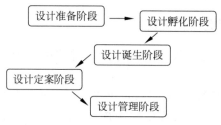

图 7-9　工业造型设计的五阶段程序

2. 工业包装的设计原则

（1）美学法则。产品想要更加吸引消费者的注目,外包装上的美学是一个非常重要的方面。

（2）需求法则。根据顾客的不同需求以及产品的不同性质的安全需求来进行包装。

（3）时空法则。根据不同时间、不同空间采取恰当的包装方式。

3. 工业包装的色彩设计

工业设计领域的色彩,主要是用来美化产品,色彩作为设计的一个重要的构成要素,也被用来传达产品功能的某些信息。

7.2.2　商品包装技术

1. 我国出口商品包装业的现状及存在问题

（1）中国包装产业总体竞争力还不强,存在产业集约化程度不高、结构趋同、总体技术水平、产品附加值和回收循环利用率低的问题。

（2）我国包装业起步晚,发展缓慢,行业薄弱。

（3）商品包装企业信息化建设不足,产品包装人才严重缺乏。

（4）包装设计过于简单化,缺乏市场意识。

（5）包装业中暴露出来的资源浪费、环境污染以及有碍可持续发展等问题不容忽视。

（6）国内包装技术发展滞后,商品出口受国外技术性贸易壁垒限制。

（7）国内包装产业必需的设备、原辅材料、包装精品很多还依赖发达国家的大型包装企业提供。

（8）商品包装业的法律法规建设滞后。

扩展阅读 7.2　包装的未来——交互式包装

2. 国内外市场商品销售包装技术发展的新趋势

（1）特色包装深受青睐。

（2）多功能的商品包装和个性化商品包装同时畅销。

（3）交互式包装是近几年在包装领域出现的一个新概念。

3. 现代包装新技术

1）纸包装技术

纸包装是指以纸或纸板为原料制成的商品包装。它包括纸箱、纸盒、纸袋、纸管等（图 7-10）。

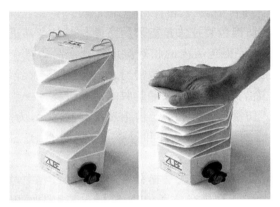

图 7-10　纸包装技术

2）立式袋包装技术

立体袋真空包装机可用折叠背封真空复合袋对茶叶、杂粮、豆类、瓜子、花生、果仁、药材等颗粒状物料，或食品添加剂等粉剂及酵母、巧克力等块状物料进行真空包装，以达到防氧化、防霉变的目的，能有效地延长包装物品的保存期。

4. 产品包装技法

1）产品包装的一般技法

产品包装的一般技法是指对内装物进行合理放置、固定和加固，对松泡产品进行压缩，合理根据内外包装的形状、尺寸进行捆绑。

（1）对内装物的合理置放、固定和加固。在方形容器中装进形状各异的产品时，须合理置放、固定和加固，达到缩小体积、节省材料、减少损失。外形规则的产品包装要套装；薄弱的部件要加固；包装内重量要均衡；产品与产品间隔离和固定。

（2）对松泡产品进行体积压缩。对羽绒服、枕芯等松泡产品，要压缩体积，有效方法是真空包装。

（3）外包装形状尺寸的合理选择。有的商品运输包件，要装入集装箱，因此包装件与集装箱之间的尺寸要配合。外包装形状尺寸要避免过高、过大、过扁、过重。

（4）内包装（盒）形状尺寸的合理选择。内包装一般是销售包装。在选择形状尺寸时要与外包装（尺寸）配合。内包装的底面尺寸必须与包装模数协调；内包装的高度应与外包装的高度相匹配；还要考虑产品的置放和固定等。

（5）包装外的捆扎。捆扎对运输包装起着重要作用，其目的是将单个物件或数个物件捆紧，以便运输、储存和装卸。可根据包装形态、运输方式、容器强度、内装物重量等不同情况分别采用井字、十字、双十字、平行捆扎等不同方法。

2）产品包装的特殊技法

（1）缓冲包装技法。缓冲包装技法又称防震包装技法，可使包装物品免受外界冲击力、

视频 7.1 菌类包装

振动力作用，防止物品损伤。典型的缓冲包装结构有五层：产品（包括内衬）、内包装盒（箱）内的缓冲衬垫、包装盒（箱）、外包装内的缓冲衬垫、外包装箱。一般的有三层：产品（内衬）、包装箱内缓冲衬垫、包装箱。

（2）防潮包装技法。防潮包装技法是指采用防潮材料对产品进行包装，以隔绝外部空气相对湿度对产品的影响，使得包装内的相对湿度符合产品的要求，从而保障产品质量的防护措施。其主要的包装技法是：刚性容器密封、加干燥剂密封、不加干燥剂密封、多层密封、复合薄膜真空包装、复合薄膜充气包装和热收缩薄膜包装。

（3）防锈包装技法。防锈包装技法是运输金属及其制品时，为防止生锈而采用的包装技术和方法。它是按清洗、干燥、防锈处理和包装等步骤进行的。其一般在金属表面涂防锈材料、采用气相蚀剂、塑料封存等方法。

（4）防霉包装技法。防霉包装技法是指在流通与储存过程中，为防止内装物受霉菌影响而采取的防护措施。如内装物进行防潮包装，降低包装容器的相对湿度，对内装物和包装材料应进行防霉处理。

（5）防虫包装技法。防虫包装技法是为保护内装物免受虫类侵害而采取的防护措施。如在包装材料中掺入杀虫剂、在包装容器中使用驱虫剂、杀虫剂、脱氧剂，增强防虫效果。

（6）危险品包装技法。危险品有爆炸性物品、氧化剂、压缩空气、液化气体、自燃物品、遇水燃烧物品、易燃物品、毒害品、腐蚀性物品、放射性物品等 10 类。有些物品同时具有两种以上危险性。对于危险物品应根据其不同性质采取相应包装技法，如防爆可用塑料桶包装，然后将塑料桶装入铁桶或木桶中，并应有自动放气装置；对于有腐蚀性的物品应采用涂有防腐涂料的金属类容器；对有毒物品主要采取严密不漏气并与外隔绝的包装。

（7）集合包装技法。集合包装技法是指将一定数量的包装件或包装产品，装入具有一定规格、强度和长期周转使用的更大包装容器内，形成一个合适的搬运单元的防护措施。它包括集装箱、集装托盘、集装袋、滑片集装、框架集装和无托盘集装。

5. 包装操作工序

1）充填

充填是包装过程的中间工序，在此之前是容器成型或容器准备工序（如成型、清洗、消毒杀菌、干燥、排列等），在此之后是密封、封口、贴标、打印等辅助工序。充填技术主要用于销售包装，在包装技术中占有重要地位。

2）封口和捆扎

封口和捆扎是包装操作的一道重要工序，直接关系着包装作业的质量与包装密封性能。

封口方法主要有黏合封口、胶带封口、捆扎封口、绞结封口、装订封口、热熔封口、盖塞封口、焊接封口、压接封口、缝合封口等。

捆扎是指将商品或包装件用适当材料扎紧、固定或增强的操作。其主要有直接捆扎、夹板捆扎、成件捆扎和密缠捆扎等形式。

3）裹包

裹包是用一层挠性材料包覆商品或包装件的操作。裹包过程结束后,被包物与包装物呈现的外形通常称包裹。用于裹包的材料主要有纸张、织品、塑料薄膜等。裹包的方法主要有直接裹包、多件裹包、压缩捆包等。

4）加标和检重

加标——将标签粘贴或拴挂在商品或包装件上,标签是包装装潢的标志,因此加标也是很重要的工作。

检重——检查包装内容物的重量,目前大多数采用电子检重机进行检测。

7.2.3　包装机械

1. 包装机械的定义

包装机械是指能完成全部或部分产品和商品包装过程的机械。包装过程包括充填、裹包、封口等主要工序,以及与其相关的前后工序,如清洗、干燥、杀菌、计量、成形、标记、紧固、多件集合、集装组装、拆卸及其他工序。此外,包装还包括计量或在包装件上盖印等工序。使用机械包装产品可提高生产率,减轻劳动强度,适应大规模生产的需要,并满足清洁卫生的要求。

视频 7.2　包装界巨头——利乐

2. 包装机械的分类

按包装操作方法,包装机械分为充填、捆包、裹包、泡罩、缠绕、封合、加标、查重、容器清洗和灭菌等。

按包装使用部分,包装机械分为工业包装机械和商业包装机械。

按包装产品,包装机械分为食品、药品、日用工业品、化工产品等。

按包装容器,包装机械分为装箱、装盒、装袋、装瓶、装罐、装桶等。

3. 包装机械的基本结构

（1）进给机构。

（2）计量装置。

（3）传动机构（图 7-11）。

（4）输送装置。

（5）动力部件。

（6）控制系统。

4. 几种常见的产品包装机械

图 7-11　传动机构

（1）填充包装机械。①装箱机械；②装盒机械；③装袋机械；④灌装机械；⑤填充机械。

（2）裹包和捆扎机械。①裹包机械；②捆扎机械；③封条和加标机械；④封口机械。

（3）包装技术机械。①收缩包装机械；②热成型包装机械；③拉伸包装机械。

5．包装机械的作用

（1）提高劳动生产率。滑台式吸塑封口机械包装比手工包装快得多,如糖果包装,手工包糖1分钟只能包十几块,而糖果包装机每分钟可达数百块甚至上千块,提高效率数十倍。

（2）有效地保证包装质量。机械包装计量准确,包装紧密,外形整齐美观,包装质量稳定,包装规格化、标准化,能适应标准化的集装箱、托盘、火车、轮船等各种运输条件和装卸方式。

（3）实现手工包装无法实现的操作。如真空包装、充气包装、贴体包装、等压罐装等,都是手工包装无法实现的,只能用机械包装来实现。

（4）降低劳动强度,改善劳动条件。手工包装的劳动强度很大,设备消耗率较高,动作单调,易使工人得职业病。

（5）有利于保护工人。对于某些严重影响身体健康的产品,如粉尘严重、有毒的产品,有刺激性、放射性的产品,用手工包装难免危害健康,而机械包装则可避免,且能有效地保护环境不被污染。

（6）降低包装成本,节省储运费用。对松散产品,如棉花、烟叶、丝、麻等,采用压缩包装机压缩打包,可大大缩小体积,从而降低包装成本。同时由于体积大为缩小,节省仓容,减少保管费用,有利于运输。

（7）可靠地保证产品卫生。用机械包装代替手工包装,使产品不与人体直接接触,减少产品暴露在空气中的空间,这对于食品和药品的清洁卫生及金属制品的防锈蚀等提供了可靠的保证。

（8）促进相关工业的发展。机械包装是一门综合性科学,它波及材料、工艺、设备、电子、电器、自动控制等多种学科,规定各有关学科同步、协调地发展,任何学科的问题都将影响包装机械的整体性能。因此,包装机械的发展将有力地增进有关学科的进步。此外,为适应包装机械高速发展的需要,其有关的前后工作也势必与之适应,也就推动了有关工序的同步发展。

6．包装机械发展趋势

（1）包装机械装备的全面性更新换代。包装机械装备的全面性更新换代是中国乃至世界包装机械发展的总趋势。更新换代的重要特点是:大量移植采用民用工业和军用工业的多种现代化高精技术、电子技术、微电子技术、边缘技术、模糊技术,进一步提高包装机械装备和生产线的可靠性、安全性、无人作业性等自动化水平。智能化将进入整个包装机械装备和生产线领域。

（2）包装机械装备机电一体化进程。世界上不少国家的包装机械装备、生产线制造集团和跨国公司,都在投入巨额资金和组织专业人员进行开发研究,力求加速包装机械装备机电一体化进程。

7.3　包装标记与标识

7.3.1　包装标记

包装标记是根据物资本身的特征用文字和阿拉伯数字等在包装上标明规定的记号。

1．一般包装标记

一般包装标记也称为包装的基本标记。

2．表示收发货地点和单位的标记

这是注明商品起运、到达地点和收、发货单位的文字记号,反映的内容是收、发货具体地点(收货人地点、发货人地点,收货到站、到港和发货站、发货港等)和收、发货单位的全称。

3．标牌标记

在物资包装上钉打说明商品性质特征、规格、质量、产品批号、生产厂家等内容的标识牌。

7.3.2　包装标记和包装标志的要求

(1) 必须按照国家有关部门的规定办理。
(2) 必须简明清晰、易于辨认。
(3) 涂刷、拴挂、粘贴标记和标志的部位要适当。
(4) 要选用明显的颜色做标记和标志。

7.4　集装化与集合包装

7.4.1　集装概述

集装是将许多单件物品,通过一定的技术措施组合成尺寸规格相同、重量相近的大型标准化的组合体。从包装角度来看,集装是一种按一定单元将杂散物品组合包装的行为,属于大型包装的形态;从运输角度来看,集装所组合的组合体往往又是一个装卸运输单位,能够方便运输和装卸,因而集装主要被看成一个运输体,称为单元组合货载或集装货载。

1．集装的方式和种类

(1) 托盘。最典型的是平托盘,其变形体有柱式托盘、架式托盘(集装架)、笼式托盘(集装笼）、箱式托盘、折叠式托盘、轮式托盘（台车式托盘）、薄板托盘（滑板）等（图 7-12）。

（2）集装箱。最典型的是普通集装箱，其变形体有笼式集装箱、罐式集装箱、台架式集装箱、平台集装箱、折叠式集装箱等，许多类集装箱和相应的托盘在形态上区别并不大，但规模相差较大（图 7-13）。

图 7-12　托盘

图 7-13　集装箱

（3）集装容器。典型集装容器是集装袋，其变形体有集装网络、集装罐、集装筒等。

（4）集装货捆。集装网络也是货捆的一种变形体。

2. 集装的特点和效果

（1）促进装卸合理化。集装化为装卸作业机械化、自动化创造了条件，加速了运输工具的周转，缩短了货物运输时间，从总体上提高了运输工具装载量和容积利用率。

（2）促进包装合理化。集装化促使包装合理化，采用集装后，物品的单体包装及小包装要求可降低，甚至可去掉小包装，不仅节约了包装材料，且由于集装化器具包装强度高，对货物损伤的防护能力强，能有效减少物流过程中的货差、货损，保证货物安全。

（3）方便运输、保管及管理。集装化方便仓储保管作业，标准集装箱货物便于堆码，能有效提高仓库、货场单位面积的储存能力。

（4）集装化的最大效果是以其为核心所形成的集装箱系统，将原来分离的物流各环节有效地联合为一个整体，使整个物流系统实现合理化。

7.4.2　集装化

1. 集装化的概念

集装化是指将两个以上质量轻、体积小的同种或异种货物组成重量和外形都一致的组合体，也称单元化或成组化。集装化是以集装方式进行物流过程的各种活动并对此进行综合、全面管理的物流形式，是许多活动综合的总称。

2. 集装化的意义

（1）节约包装材料，减少包装费用，同时也减少物流过程的货损、货差，保证货物安全。

（2）便于堆码，提升了仓库、货场单位面积的储存能力。

（3）便于清点货件，简化物流过程各个环节间、不同运输方式间的联合运输，实现"门到门"的一条龙服务。

（4）减轻或完全避免污秽货物对运输工具和作业场所的污染,改善了环境状态。

3．集装化的条件

（1）通用化。集装单元化要与物流全过程的设备与工艺相适应,不同形式的集装单元化方法之间、同一种集装单元化方法的不同规格的集装工具之间相协调,以便在物流全过程中畅通无阻。

（2）标准化。从集装单元化术语的使用、集装工具的外形和重量、集装工具材质、性能、试验方法、装卸搬运加固规则一直到编号和标志,都必须标准化,以便进行全社会和国际流通和交换。

（3）系统化。集装不单纯指集装工具,而是包括集装工具在内的成套物流设施、设备、工艺和管理的总和,是一个联系生产与生产、生产与物流、生产与消费的动态系统。

4．集装化的类型

目前,按集装化的具体方式分类,其主要有集装箱化、托盘化、货捆、网袋、框架、滑板、半挂车七种。

7.4.3　集装运输

1．集装运输的含义

我国国家标准《物流术语》(GB/T 18354—2021)中对集装运输明确定义为：使用集装器具或利用捆扎方法,把裸状物品、散状物品、体积较小的成件物品,组合成为一定规格的集装单元进行运输的一种组织形式。

2．集装运输的条件

集装后的货件每件体积不应小于 0.5 立方米或重量不少于 500 千克。棚车装运的货物,每件重量不得超过 1 吨、长度不超过 1.5 米、体积不超过 2 立方米,到站限制为叉式车配属站。

7.4.4　集装箱

1．集装箱的定义

根据国际标准化组织(ISO)对集装箱所下的定义与技术要求,我国的国家标准《集装箱术语》(GB/T 1992—2023)中对集装箱明确定义为,具备下列条件的货物运输设备：

（1）具有足够的强度,在有效使用期内能反复使用；

（2）适于一种或多种运输方式运送货物,途中无须倒装；

（3）设有供快速装卸的装置,便于从一种运输方式转到另一种运输方式；

视频 7.3　集装箱改变世界

（4）便于箱内货物装满和卸空；

（5）内容积等于或大于 1 立方米。

2．集装箱基础模数尺寸

ISO 已经制定了有关物流的许多设施、设备等方面的技术标准，并且制定了国际物流基础尺寸的标准方案：

（1）物流基础模数尺寸：600 毫米×400 毫米。

（2）物流集装箱基础模数尺寸：1 200 毫米×1 000 毫米为主，也允许 1 200 毫米×800 毫米及 1 100 毫米×1 100 毫米。

（3）物流基础模数尺寸与集装箱基础模数尺寸的配合关系如图 7-14 所示。

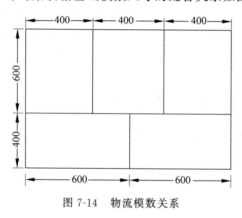

图 7-14　物流模数关系

3．集装箱的分类

1）按集装箱的用途分类

按集装箱的用途，其可分为以下几种。

通用集装箱又称干货集装箱或杂货集装箱，是指全封闭式，具有刚性的箱顶、侧壁、端壁和箱底，至少在一面端壁上有箱门的集装箱。例如，装运日用百货、食品、机械、仪器和家用电器等的集装箱。

专用集装箱是指为便于不通过端门装卸货物，或为通风等特殊用途而设计独特结构的普通货物集装箱，包括通风集装箱、敞顶集装箱、台架式集装箱和平台集装箱。

保温集装箱是指一种所有箱壁都用导热率低的材料隔热，用来运输需要冷藏和保温货物的集装箱。箱内有隔热层，箱顶又有能调节角度的进出风口，可利用外界空气和风向来调节箱内温度，紧闭时能在一定时间内不受外界气温影响，适宜装运对温湿度敏感的货物。

罐式集装箱是专用以装运酒类、油类、液体食品以及化学品等液体货物而设计的集装箱，还可以装运酒精及其他液体的危险货物。罐式集装箱主要由罐体和箱体框架两部分构建构成。

干散货集装箱是指主要用于装运无包装的固体颗粒状和粉状货物的集装箱。装货时，散货从箱顶装货口灌入，卸货可以从装货口吸出，也可与自动倾卸车配合，将集装箱倾斜举起，货物从后部箱门处流出，这是常用的卸货方法。

平台式集装箱仅有底部结构,而无上部结构。平台的长度和宽度均与国际标准集装箱的箱底尺寸相同,可使用与其他集装箱相同的紧固件和起吊装置。

集装箱现在的应用范围越来越广,不但用于装运货物,还广泛用于其他用途。"流动电站集装箱":可在一个 20 英尺(1 英尺＝30.48 厘米)内装置一套完整的发电机组,装满燃油后可连续发电 96 小时,供应 30 只 20 英尺或 40 英尺冷藏集装箱的用电;"流动舱室集装箱""流动办公室集装箱":可在一个 20 英尺的集装箱内装备舒适的居室和办公室。

2) 按集装箱制作材质分类

按集装箱制作材质,其可分为以下几种。

钢制集装箱的最大优点是强度大、结构稳、焊接性和水密性均好,且价格低廉。其缺点就是自重大,易腐蚀、生锈,故维修次数多,维修费用高,使用年限较短,一般为 11～12 年。

铝合金集装箱一般都是采用铝镁合金,该类集装箱的最大优点是自重轻,比钢质集装箱轻 20％～25％,且不生锈,外表美观,铝镁合金还在大气中自然形成氧化膜,可防止腐蚀。铝合金集装箱弹性好,变形后易恢复;加工方便,加工费用低;使用年限长,一般为 15～16 年。该种集装箱的最大缺点是造价高、焊接性能差,其价格比钢质箱贵 30％左右。

玻璃钢集装箱是在钢制的集装箱框架上镶装玻璃钢复合板构成的。玻璃钢复合板主要用于制作侧壁、端壁、箱顶板和箱底板。玻璃钢复合板是在胶合板的两表面涂敷玻璃钢而构成的,实际上是由胶合板、树脂和玻璃纤维组成的板。

玻璃钢集装箱的特点是强度大、刚性好。能承受较大的外力,故箱壁上一般不需要再加固材料,从而增加 7％～10％的内容积。玻璃钢的隔热性、防腐性、耐化学性都比较好,能防止箱内出现结露现象,有利于保护箱内货物不遭受湿损。玻璃钢板可以整块制造,防水性能好,且容易清洗。其主要缺点是自重较大,与普通钢质集装箱相近,关于塑料老化和拧螺栓的强度降低等问题还需进一步研究解决。其价格,从英国、日本和美国的市场情况看,比相同规格的钢质集装箱贵 44％～50％。

4. 集装箱的结构

(1) 集装箱的主要结构是六边形的箱体。它由两个侧壁、一个端壁、一个箱顶、一个箱底和一对箱门所组成。

(2) 集装箱的重要构件——角件。

(3) 集装箱的标志为识别系统、尺寸代码和箱型代码、作业标记。

7.4.5　托盘

1. 托盘的概念

托盘是在运输、搬运和存储过程中,将物品规整为货物单元时,作为承载面并包括承载面上辅助结构件的装置(GB/T 18354—2021),是一种特殊的包装形式。

2. 托盘的分类

(1) 按托盘实际操作和运用分类:两个方向通路的托盘,四个方向通路的托盘。

（2）按托盘的材质分类：木托盘、钢托盘、铝托盘、胶合板托盘、塑料托盘、复合材料托盘等。

（3）按托盘的负载重量分类：托盘在设计和使用中要考虑到它的负载，故可根据负载重量分为 0.5 吨托盘、1 吨托盘、2 吨托盘等。

（4）按托盘的结构分类：平板式托盘，即平托盘，如图 7-15 所示；箱式托盘，如图 7-16 所示。

图 7-15　平托盘

图 7-16　箱式托盘

立柱式托盘如图 7-17 所示。

3. 托盘的规格

根据实际计算，825 毫米×1 100 毫米、1 100 毫米×1 100 毫米和 1 000 毫米×1 200 毫米三种规格的托盘对集装箱底面积的利用率最高。国际上主要国家使用率最高的三种规格是 800 毫米×1 100 毫米、900 毫米×1 100 毫米、1 100 毫米×1 100 毫米。

图 7-17　立柱式托盘

1982 年颁布国家标准是：800 毫米×1 200 毫米、800 毫米×1 100 毫米和 1 000 毫米×1 200 毫米三种。机械工业系统使用标准《箱式托盘和立柱式托盘基本尺寸与载重量》（JB 3003—81），其规定：平托盘规格为，825 毫米×1 100 毫米、545 毫米×825 毫米两种规格；箱式托盘和柱式托盘为，800 毫米×1 000 毫米和 500 毫米×800 毫米。我国铁路使用的托盘规格主要有：850 毫米×1 250 毫米、900 毫米×1 250 毫米、950 毫米×1 250 毫米和 1 000 毫米×1 250 毫米四种规格。

4. 托盘码放的形式

不同的托盘码放形式如图 7-18 所示。

（1）重叠式码放。各层码放发布方式相同，上下对应，层与层之间不交错堆码。

优点：操作简单，工人操作速度快，包装物四个角和边重叠垂直，承压能力大。

缺点：层与层之间缺少咬合，稳定性差，容易发生塌垛。

适用范围：货物底面积较大情况下，比较适合自动装盘操作。

（2）纵横交错式码放。相邻两层货品的摆放旋转 90°，一层为横向放置，另一层为纵向放置，层次之间交错堆码。

优点：操作相对简单，层次之间有一定的咬合效果，稳定性比重叠式好。

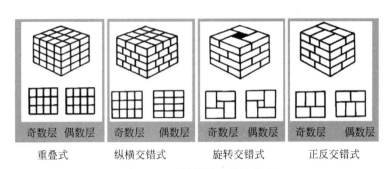

图 7-18　不同的托盘码放形式

缺点：咬合强度不够，稳定性不够好。

适用范围：比较适合自动装盘堆码操作。

（3）旋转交错式码放。第一层相邻的两个包装体都互为 90°，两次之间的堆码相差 180°。

优点：相邻两层之间咬合交叉，托盘货品稳定性较高，不容易塌垛。

缺点：堆码难度大，中间形成空穴，降低托盘承载能力。

（4）正反交错式码放。同一层中，不同列货品以 90°垂直码放，相邻两层货物码放形式旋转 180°。

优点：该堆码方式不同层间咬合强度较高，相邻层次之间不重复，稳定性较高。

缺点：操作较麻烦，人工操作速度慢。

5. 托盘的作用

托盘是最基本的物流器具，又称"活动的平台""可移动的地面"。它是静态货物转变成动态货物的载体，是装卸搬运、仓储保管以及运输过程中均可利用的工具。作为物流运作工程中重要的装卸、储存和运输设备，托盘与叉车配套使用可以大幅度地提高装卸搬运效率，在现代物流中发挥着巨大的作用。

6. 托盘作业

（1）直达托盘作业。搬运作业的重大原则就是作业量最少原则，即当货物移动时尽量减少"二次搬运"和"临时停放"，使搬运次数尽可能地少。

（2）托盘作业情况。托盘的发展可以说与叉车同步。叉车与托盘的共同使用形成了有效的装卸系统，使装卸效率大幅度提高。

7. 我国托盘存在的主要问题

（1）使用方式落后，不能完全发挥托盘的优点。

（2）受托盘周转方式的制约，流通过程成本过高。

（3）难以与国际规格接轨。

8. 托盘发展建议

（1）规范中国的托盘标准化。

（2）以托盘生产企业和使用企业为主，尽快成立托盘行业协会。

（3）加强与国外托盘业界的交流。

 **即测即练**

课后复习题

一、填空题

1. 包装按功能不同可分为（　　　）和（　　　）。
2. 工业包装的设计程序包括（　　　）、（　　　）、（　　　）、（　　　）和（　　　）。
3. 集装化的条件包括（　　　）、（　　　）和（　　　）。

二、简答题

1. 简述包装机械的作用。
2. 简述集装的特点和效果。
3. 简述集装化的意义。
4. 简述托盘的流通方式。

阅读案例

全面推动标准托盘循环共用系统建设

随着经济的快速发展，国内物流体系不断完善，行业运行日益成熟和规范，物流技术也不断进步。托盘作为物流系统中重要的作业单元和信息存储单元，已被广泛应用于供应链的生产、运输、仓储、配送等环节，发挥着串联贯通物流各环节作业的关键作用。

托盘实现了物品包装的单元化、规范化和标准化，保护物品、方便运输。

但目前国内存在 1 200 毫米×1 000 毫米、1 200 毫米×800 毫米、1 100 毫米×1 100 毫米多个标准，物流装卸无法实现有效协调，供应链企业物流效率及成本无法优化，不利于国家建设统一大市场，畅通经济大循环的战略要求。

全国人大代表、湖南佳惠百货董事长李小红建议，在已经实行的物流标准化基础上，强制性将 1 200 毫米×1 000 毫米尺寸统一为国家标准。

李小红建议在托盘标准统一的基础上，继续加强托盘循环共用服务体系建设，一是持续培育托盘运营服务骨干企业，迅速扩大托盘池规模、全国布局运营与服务网络；二是持续支持托盘赋码与数字化创新，使托盘更好地融入物流与供应链发展；三是支持建设全国性标准托盘运营服务平台，为相关各方提供多方面服务。

　　"在托盘尺寸唯一的前提下,制订生产制造领域相关标准,推动产品设计、生产、包装与干线运输环节的标准化,使之与标准托盘的应用高效匹配,引导和支持生产企业使用托盘运营企业和管理平台的服务。"李小红认为,"从产线末端开始使用标准托盘、全面对接商贸领域,便于实现供应链全链条的带托运输,货物单元信息的互联互通。"

　　资料来源:两会湘声|李小红:全面推动标准托盘循环共用系统建设[EB/OL].(2023-03-06).https://baijiahao.baidu.com/s?id=1759621616367260036&wfr=spider&for=pc.

第 **8** 章

流 通 加 工

本章学习目标

1. 掌握流通加工的概念；
2. 了解流通加工在物流中的地位和作用；
3. 理解流通加工和生产加工的区别；
4. 熟悉典型的流通加工作业形式；
5. 理解流通加工合理化措施。

引导案例

阿迪达斯的特殊门店

阿迪达斯公司在美国有一家超级市场，设立了组合式鞋店，摆放的不是做好了的鞋，而是做鞋用的半成品，款式花色多样，有 6 种鞋跟、8 种鞋底，均为塑料制造，鞋面的颜色以黑、白为主，搭带的颜色有 80 种，款式有百余种，顾客进来可任意挑选自己所喜欢的各个部位，交给职员当场进行组合。只要 10 分钟，一双崭新的鞋便唾手可得。

这家鞋店昼夜营业，职员技术熟练，鞋子的售价与成批制造的价格差不多，有的还稍便宜些。所以顾客络绎不绝，销售金额比邻近的鞋店多 10 倍。

资料来源：阿迪达斯公司在美国有一家超级市场［EB/OL］．（2020-12-21）．https：//wenda．so．com/q/1662493347217042．

8.1 流通加工概述

8.1.1 流通加工的概念和产生的背景及观念变化

1. 国家标准术语

我国国家标准《物流术语》（GB/T 18354—2021）中将流通加工定义为：根据顾客的需要，在流通过程中对产品实施的简单加工作业活动的总称。

2. 流通加工的定义

流通加工是在物品从生产领域向消费领域流动的过程中，为了促进销售、维护产品质量和提高物流效率,对物品进行的加工,使物品发生物理、化学或形状的变化。

3. 流通加工产生的背景及观念变化

流通加工产生的背景及观念变化体现在以下几个方面。

1）流通加工的出现与现代生产方式有关

生产的集中化进一步引起产需之间的分离,即存在"空间距离"和"时间差异"。现代生产发展趋势之一就是生产规模大型化、专业化,依靠单品种、大批量的生产方法降低生产成本获取规模经济效益,这样就出现了生产相对集中的趋势。这种规模的大型化、生产的专业化程度越高,生产相对集中的程度也就越高。产需分离的表现首先让人们认识的是空间、时间及人的分离,即生产及消费不在同一个地点,而是有一定的空间距离;生产及消费在时间上不能同步,而是存在一定的"时间差";生产者及消费者不是处于一个封闭的圈内,某些人生产的产品供给成千上万人消费,而某些人消费的产品又来自其他许多生产者。弥补上述分离的手段则是运输、储存及交换。

生产及需求在产品功能上的分离也越发明显。近年来,人们进一步认识到,现代生产引起的产需分离并不局限于上述三个方面,这种分离是深刻而广泛的。第四种重大的分离就是生产及需求在产品功能上分离。尽管"用户第一"等口号成了许多生产者的主导思想,但是,生产毕竟有其规律,尤其在强调大生产的工业化社会,大生产的特点之一就是"少品种、大批量、专业化",产品的功能（规格、品种、性能）往往不能和消费需要密切衔接。弥补这一分离的方法,就是流通加工。所以,流通加工的诞生实际是现代生产发展的一种必然结果。

2）流通加工不仅是大工业的产物,也是网络经济时代服务社会的产物

流通加工的出现与现代社会消费的个性化有关。消费的个性化和产品的标准化之间存在一定的矛盾,使本来就存在的产需第四种形式的分离变得更加严重。本来,弥补第四种分离可以采取增加一道生产工序或消费单位加工改制的方法,但在个性化问题十分突出之后,采取上述弥补措施将会使生产及生产管理的复杂性及难度提升,按个性化生产的产品难以组织高效率、大批量的流通。所以,在出现消费个性化的新形势及新观念之后,就为流通加工开辟了道路。

3）流通加工的出现还与人们对流通作用的观念转变有关

在社会再生产全过程中,生产过程是典型的加工制造过程,是形成产品价值及使用价值的主要过程,再生产型的消费究其本质也是和生产过程一样,通过加工制造消费了某些初级产品而生产出深加工产品。历史上在生产不太复杂、生产规模不大时,加工制造几乎全部集中于生产及再生产过程中,而流通过程只是实现商品价值及使用价值的转移而已。

在社会生产向大规模、专业化生产转变之后,社会生产越来越复杂,生产的标准化和消费的个性化出现,生产过程中的加工制造常常满足不了消费的要求。而由于流通的复杂化,生产过程中的加工制造也常常不能满足流通的要求。于是,加工活动开始部分地由生产及再生产过程向流通过程转移,在流通过程中形成了某些加工活动,这就是流通加工。

流通加工的出现使流通过程明显地具有了某种"生产性",改变了长期以来形成的"价值及使用价值转移"的旧观念,这就从理论上明确了:流通过程从价值观念来看是可以主动创造价值及使用价值的,而不单是被动地"保持"和"转移"的过程。因此,人们必须研究流

通过程中孕育着多少创造价值的潜在能力,这就有可能通过努力在流通过程中进一步提高商品的价值和使用价值,同时,却以很小的代价实现这一目标。这样,就引起了流通过程从观念到方法的巨大变化,流通加工则适应这种变化而诞生。

4) 效益观念的树立也是促使流通加工形式发展的重要原因

20 世纪 60 年代后,效益问题逐渐引起人们的重视,过去人们盲目追求高技术,引起了燃料、材料投入的大幅度上升,结果虽然采用了新技术、新设备,但往往是得不偿失。20 世纪 70 年代初,第一次石油危机的发生证实了效益的重要性,使人们牢牢树立了效益观念,流通加工可以以少量的投入获得很大的效果,是一种高效益的加工方式,自然获得了很大的发展。所以,流通加工从技术上来讲,可能不需要采用什么先进技术,但这种方式是现代观念的反映,在现代的社会再生产过程中起着重要作用。

4. 流通加工的内涵

流通加工是流通中的一种特殊形式。商品流通是以货币为媒介的商品交换,它的重要职能是将生产及消费(或再生产)联系起来,起桥梁和纽带作用,完成商品所有权利实物形态的转移。

5. 流通加工与生产加工的区别

(1) 加工的对象不同。流通加工的对象是进入流通过程的商品,具有商品的属性,以此来区别多环节生产加工中的一环。生产加工的对象不是最终产品,而是零配件、半成品,并使物品发生物理、化学变化。

(2) 加工过程不同。流通加工过程大多都是简单加工,而不是复杂加工,如果必须进行复杂加工才能形成人们所需的产品,那就需要由生产加工来完成。

(3) 价值观点不同。生产加工的目的在于创造价值及使用价值,而流通加工则在于完善其使用价值,并在不做大改变情况下提高价值。

(4) 组织者、加工单位不同。流通加工的组织者是从事流通工作的人员,能密切结合流通的需要进行加工活动,从加工单位来看,流通加工由商业或物资流通企业完成,而生产加工由生产企业完成。

8.1.2 流通加工的作用

1. 作为商品流通的桥梁和纽带

流通加工作为商品流通的桥梁和纽带,承担着将生产者和消费者连接起来的重要角色。通过连接生产者和消费者,实现供需双方之间的信息传递和物资流动,促进了生产与消费之间的互动和合作,有利于实现供需之间的衔接和资源的合理配置。通过销售渠道和物流系统,生产者可以将自己生产的商品推向市场,并了解消费者的需求和反馈,从而调整生产策略和产品设计。消费者则通过购买渠道得到所需的商品,并通过消费行为向生产者传递自己的偏好和需求。

2. 提升物流系统效率和效果

通过流通加工,可以对物流系统进行优化和改进,提升其效率和效益。一方面,流通加工可以通过分拣和分类,对不同类别和规格的商品进行合理的整理与包装。这样做可以使物流过程更加顺畅高效,减少出错和混乱,降低运输和仓储的成本。另一方面,流通加工还可以对物流过程进行跟踪和管理,如采用物流信息技术,实现对物流环节的实时监控和管控。这样可以提高物流的可追溯性和可控性,避免物流过程中的延误和损失。

3. 提高加工效率及设备利用率

流通加工能够以集中加工的形式对大量商品进行统一加工和处理。通过批量的加工流程,可以节约时间和成本,并且提高设备的利用率。通过采用自动化设备和技术,实现对商品的自动化加工,降低加工过程中的错误和损耗,减少人工参与和管理成本,提高生产效率。同时,可以优化加工流程和布局,使得设备和工作空间的利用更加高效。通过重新规划加工流程,将同类型的商品集中在一起加工,减少物料搬运和设备转换时间,提高设备利用率。

4. 进行方便用户的初级加工

通过流通加工,可以对商品进行一些基本的加工处理,如去除杂质、简单的包装等初级加工措施,有利于提高增加商品的附加值,使其更加符合用户的要求,并提高用户的购买欲望和满意度。同时,进行初级加工可以使商品更加易于使用,减少用户在使用过程中的操作和准备时间。例如,在食品流通中,对水果进行去皮、切片等加工处理,可以使用户在食用时更加方便,节省食材准备时间。此外,通过初级加工,流通加工能够提供更加个性化和定制化的商品,并满足用户对商品的个性化需求。

5. 充分发挥各种输送手段的最高效率

流通加工可以通过选择最合适的输送手段,如传送带、输送管道、物流车辆等,将货物从生产者到消费者高效地运输。根据货物的性质、体积、质量和运输距离等因素,流通加工可以选择合适的输送手段,以最大限度地提高货物的运输速度和效率。流通加工还可以通过优化运输方式和运输线路,提高货物的运输效率和设备的利用率。通过合理安排运输计划、选择高效的运输线路和合理调配运输资源,可以减少运输时间和成本,提高运输效率。例如,可以采用集中配送的方式,将多个目的地的货物集中在一起,然后一次性进行批量运输,减少运输次数,降低车辆利用率。

6. 通过改变商品功能提高效率

流通加工的改变功能是指对商品进行改变或调整,以适应市场需求和提高流通效率。通过流通加工,可以对商品进行包装、分拣、标识、整理等处理,使其更适应市场需求,并提高流通效率。通过改变功能,流通加工可以提高商品的适应性和流通效率,使得商品更符合市场需求,减少时间和成本浪费。这将对促进商品流通的顺畅进行,提高市场竞争力和效率有重要的作用。

8.1.3 流通加工的地位

1. 流通加工能有效地完善物流

流通加工能有效地完善物流系统,通过合理选择输送手段、优化仓储设施、利用先进的信息技术和物流管理系统等手段,充分发挥不同输送手段的优势,提高物流各个环节的运输效率,减少时间和资源浪费,从而提高整个流通过程的效率和效益。这对于提升企业的竞争力、降低成本、提高客户满意度等都具有重要的意义。

2. 流通加工是物流中的重要利润源

流通加工可以提高商品的附加值和市场竞争力。通过对商品进行包装、标识、分拣等处理,可以提升商品的品质和形象,增强顾客购买的欲望,并使商品与竞争对手区别开来。其可以优化物流运作和降低成本。通过流通加工,可以对商品进行分拣、整理和质量检测,提高货物的处理速度和准确性,从而减少了物流环节中的错误和延误。流通加工还可以提供附加服务,如售后服务和维修等,为消费者提供更好的购物体验和满意度,从而建立良好的客户关系和口碑,提高品牌忠诚度和重复购买率,增加销售额和利润。

3. 流通加工在国民经济中也是重要的加工形式

流通加工可以满足消费者对多样化、个性化商品的需求。通过对商品进行包装、标识、改良等处理,可以满足消费者多样化的需求,提高消费者的满意度,还可以刺激消费的增长,推动经济的发展,提升产品的附加值和市场竞争力。通过对商品进行精细化加工和增值处理,改善商品的质量、功能、外观等方面,使其具有更高的附加值,还可以促进产业链的延伸和协同发展。流通加工需要各个环节之间的紧密配合,涉及原材料供应、加工加值、分销渠道等多个环节的协作。流通加工作为一种重要的加工形式,在国民经济中具有非常重要的地位。它能够满足消费者的多样化需求,提高产品的附加值和市场竞争力,并促进产业链的延伸和协同发展。因此,流通加工对于推动经济的增长、提高企业竞争力、促进产业升级等方面都具有重要的意义。

8.2 流通加工形式

8.2.1 基本的流通加工形式

1. 为弥补生产领域加工不足的深加工

有许多产品在生产领域的加工只能进行到一定程度,不能完全实现终极加工。例如,钢铁厂的大规模生产只能按标准的规格生产,以使产品有较强的通用性,使生产有较高的效率和效益,而进一步的下料、裁切、处理等加工,则由流通加工完成。

2. 为满足需求多样化进行的服务性加工

需求多样化是市场的主流。生产型用户应尽量减少流程,集中力量从事较复杂的、技术性较强的劳动,而不是将大量初级加工包揽下来。这种初级加工带有服务性,由流通加工来完成,帮助消费者省去烦琐的预处置工作,增强消费的方便性。

3. 为保护产品所进行的加工

这种加工主要采取稳固、改装、冷冻、保鲜、涂油等方式。在物流过程中,直到用户投入使用前都存在对产品的保护问题,以防止产品在运输、储存、装卸、搬运、包装等过程中遭到损失。

4. 为方便物流的流通加工

一些产品本身的形态使之难以进行物流操作,如鲜鱼的装卸、过大的设备的搬运、气体物运输等。对这类货物进行流通加工,可以使物流各环节易于操作。

5. 为促进销售的流通加工

流通加工可以从若干方面起到促进销售的作用,如将过大包装或散装物分装成适合一次销售的小包装的分装加工;将原以保护产品为主的运输包装改换成以促进销售为主的装潢性包装,以起到吸引、指导消费的作用;将零配件组装成用具、车辆,以便于直接销售;将蔬菜、肉类洗净、切块以满足消费者要求等。

6. 为提高加工效率的流通加工

流通加工以集中加工的规模性,消除了单个企业加工效率不高的弊病。以一家流通加工企业代替了若干生产企业的初级加工工序,促使生产水平提高。

7. 为提高原材料利用率的流通加工

流通加工利用其综合性强、用户多的特点,可以采取合理规划、合理套裁、集中下料的办法,有效提高了原材料的利用率,减少损失浪费。

8. 衔接不同运输方式,使物流合理化的流通加工

在干线运输及支线运输的节点,设置流通加工环节,可以有效解决大批量、低成本、长距离干线运输与多品种、小批量、多批次末端运输和集货运输之间的衔接问题,提高物流效率。

9. 以提高经济效益、追求企业利润为目的的流通加工

流通加工可以提升产品价值,从而增加企业利润。这种类型的流通加工是在满足生产和消费需求的基础上取得利润,促使流通加工在各个领域中有效发展。

10. 促进生产流通一体化的流通加工

依靠生产企业与流通企业的联合,形成合理分工,统筹安排,实现生产流通一体化的加工。这种形式可以促进产品结构及产业结构的调整,充分发挥供应链的优势。

8.2.2 典型的流通加工作业

1. 钢材流通加工

各种钢材,如钢板、型钢、线材的长度、规格不完全适用于客户,若采用单独剪板下料方

视频 8.1 剪板机

式,设备闲置时间长、人力消耗大;采用集中剪板、集中下料方式,可以避免单独剪板下料的一些不足,提高材料利用率。

2. 木材流通加工

木材流通加工可依据木材种类、地点等决定加工方式。在木材产区可对原木进行流通加工、使之成为容易装载、易于运输的形状,可以提高原木利用率、出材率,也可以提高运输效率,具有相当可观的经济效益。

(1)磨制木屑,压缩输送。这是一种可提高流通(运输)效益的加工方法。木材体积大,往往使车船满装不能满载,同时,装车、捆扎也比较困难。从林区外送的原木中,有相当一部分是造纸材料,在美国,人们在林木生产地就地将原木磨成木屑,采取压缩方法,使之成为容重较大、容易装运的形状,然后运至靠近消费地的造纸厂,取得了较好的成果。采取这种办法比直接运送原木节约一半的运费。

(2)集中开木下料。在流通加工点将原木锯裁成各种规格的锯材,同时将碎木、碎屑集中加工成各种规格板,甚至还可进行打眼、凿孔等初级加工。用户直接使用原木,不但加工复杂、加工场地大、设备多,更严重的是资源浪费大,采用集中开木下料可以使原木利用率、出材率大幅提升,有相当好的经济效果。

视频 8.2 全自动玻璃切割机

视频 8.3 异形玻璃切割

3. 平板玻璃流通加工

平板玻璃流通加工的主要方式是"集中套裁、开片供应"。在城镇中设立若干玻璃套裁中心,按客户要求开片、向客户供应成品,客户可直接将其安装到采光面。这样就可形成从工厂到套裁中心,再到客户的物流过程。这种方式使平板玻璃的利用率大幅提升;可以从工厂向套裁中心运输大包装平板玻璃。这不但节约了大量包装用木材,而且可防止流通中大量破损,减少玻璃破碎、废品率。

4. 煤炭、燃料流通加工

煤炭流通加工有多种形式,如除矸加工、煤浆加工、配煤加工等。除矸加工可提高煤炭运输效益和经济效益,减少运输能力浪费;煤浆加工可以采用管道运输方式运输煤浆,减少煤炭消耗、提高煤炭利用率;配煤加工可以按所需发热量生产和供应燃料,防止热能浪费。

煤炭流通加工潜力大,可大大节约运输能源,降低运输费用,经济价值高。

(1)除矸加工。在运力十分紧张的地区,要求充分利用运力,多运"纯物质",少运矸石,可以采用除矸的流通加工排除矸石。

(2)为管道输送煤浆进行的加工。在流通的起始环节将煤炭磨成细粉,再用水调和成浆状,使之具备了流动性,可以像液体一样进行管道输送。

(3)配煤加工。在使用地区设置集中加工点,将各种煤及一些其他发热物质,按不同配方进行掺配加工,生产出各种不同发热量的燃料。

(4)天然气、石油气的液化加工。天然气、石油气的液化加工技术在储存和运输方面具有诸多优势。首先,液化后的天然气体积缩小为原体积的 600 分之一左右,便于保存和运输;其次,液化天然气可以通过船舶、卡车等多种方式进行长距离运输,扩大了天然气的市场;此外,液化天然气储存方便,可满足地方和季节性需求。

5. 食品流通加工

视频 8.4　水果分选加工

食品流通加工项目很多,如冷冻加工、分选加工、分装加工和精制加工等。如鱼、禽、肉类的精制加工。在生产场地开设加工点,除去无用部分,再进行切分、洗净、分装等加工,可以分类销售,方便客户,现在应用得十分普遍。在食品流通加工中还可对加工过程中的淘汰物进行综合利用。

(1)冷冻加工。为解决鲜肉、鲜鱼在流通中保鲜及搬运装卸的问题,采取低温冻结方式的加工。

(2)分选加工。农副产品离散情况较大,为获得一定规格的产品,采取人工或机械分选的方式加工。

(3)精制加工。农、牧、副、渔等产品,精制加工是在产地或销售地设置加工点,去除无用部分,甚至可以进行切分、洗净、分装等加工。

(4)分装加工。许多生鲜食品零售起点量较小,而为保证高效输送,出厂包装可较大,也有一些是采用集装运输方式运达销售地区。这样,为了便于销售,在销售地区按所要求的零售起点量进行新的包装,即大包装改小、散装改小包装、运输包装改销售包装。

6. 机电产品流通加工

机电产品是机械和电气设备的总和。现代技术和管理中一般概念上的机电产品泛指机械产品、电工产品、电子产品和机电一体化产品及这些产品的零件、配件、附件等。多年以来,机电产品的储运困难较大,主要原因是不易进行包装,如进行防护包装,包装成本过大,并且运输装载困难,装载效率低,流通损失严重。

(1)组装加工。自行车及机电设备,为解决储运问题,降低储运费用,以半成品(部件)高容量包装出厂,在消费地拆箱组装。组装一般由流通部门进行,组装之后进行销售。

(2)石棉橡胶板的开张成型加工。按用户所需垫塞物体尺寸裁制,不但方便用户使用及储运,而且可以安排套裁,提高利用率,减少边角余料损失,降低成本。

7. 天然气、石油的液化加工

天然气、石油的液化加工即在产出地将天然气或石油气压缩到临界压力之上,使之由气体变成液体,可以用容器装运,使用时机动性也较强。

8. 输送水泥的熟料在使用地磨制水泥的流通加工

在需要长途调入水泥的地区,变调入成品水泥为调进熟料这种半成品,在该地区的流通加工据点(粉碎工厂)粉碎,并根据当地资源和需要掺入混合材料及外加剂,制成不同品种及标号的水泥,供应当地用户,这是水泥流通加工的重要形式之一。

9. 集中搅拌供应商品混凝土

将粉状水泥输送到使用地区的流通加工据点(集中搅拌混凝土工厂或称生混凝土工厂),在那里搅拌成生混凝土,然后供给各个工地或小型构件厂使用。这是水泥流通加工的另一种重要方式。

8.3 流通加工合理化

8.3.1 不合理流通加工的主要原因

1. 流通加工地点设置得不合理

流通加工地点设置及布局情况,是影响整个流通加工是否有效的重要因素。一般而言,为衔接单品种大批量生产与多样化需求的流通加工,加工设置在需求地区,实现大批量的干线运输与多品种末端配送的物流优势。为了方便,物流的流通加工环节应设在产出地,设置在进入社会物流之前。如果处理不善,就会出现不合理,如交通不便,距离较远,流通加工点的投资过高,加工点周围社会及自然环境条件不良等。

2. 流通加工方式选择不当

流通加工方式包括流通加工对象、流通加工工艺、流通加工技术、流通加工程度等。流通加工不是对生产加工的代替,而是对生产加工的一种补充和完善。一般而言,工作复杂、技术装备要求较高的货物,不宜再设置流通加工。如果流通加工方式选择不当,就会出现与生产夺利的恶果。

3. 流通加工作用不大,形成多余环节

有的流通加工过于简单,对生产者及消费者的作用都不大,甚至盲目,成为商品流通中的多余环节,造成物流效率降低、物流成本增加。

4. 流通加工成本过高,效益不好

流通加工之所以有生命力,其重要优势之一是有较大的投入产出比,对生产加工起着补充和完善的作用。如果流通成本过高,则不能达到以较低投入实现更高使用价值的目的,是不合理的表现。

8.3.2　流通加工合理化因素

（1）选择加工场所与分析加工过程的安全性、经济性。

（2）加工机械的配置与空间组织。

（3）流通加工的技术、方法。

（4）流通加工作业规程。

（5）加工质量保障体系。

（6）加工对象如产品的销售渠道与销售市场情况。

（7）满足客户需要的指标及考核。

（8）降低流通加工费用。

（9）流通加工组织与管理。

8.3.3　流通加工合理化的主要措施

1. 加工和配送结合

将流通加工设置在配送点中，一方面，按配送的需要进行加工；另一方面，加工点是配送业务流程中分货、拣货、配货的一个环节，加工后的产品直接投入配货作业，这就无须单独设置一个加工的中间环节，使流通加工有别于独立的生产，与中转流通巧妙地结合在一起，同时由于配送之前有加工，可使配送服务水平大大提高，这是当前对流通加工做合理选择的重要形式，在煤炭、水泥等产品的流通中已表现出较大的优势。

2. 加工和配套结合

在对配套要求较高的流通中，配套的主体来自各个生产单位，但是完全配套有时无法全部依靠现有的生产单位，进行适当流通加工，可以有效促成配套，大大提高流通的桥梁与纽带作用。例如，托盘尺寸可以根据不同的产品的尺寸来进行生产改变。

3. 加工和合理运输相结合

流通加工合理化还要考虑流通加工与运输的有机结合，流通加工的方式与运输方式、运输工具、运输线路的选择密切相关，通过流通加工与运输的合理配置达到最佳的流通加工效益。

4. 加工和合理商流相结合

通过加工有效促进销售，使商流合理化，也是流通加工合理化的考虑方向之一。加工和配送的结合，提高了配送水平，强化了销售，是加工与合理商流相结合的一个成功例证。此外，通过简单改变包装的加工，使购买方便；通过组装加工，解决用户使用前进行组装调试的困难，都是有效促进商流的例子。

5. 加工和节约相结合

节约能源、节约设备、节约人力和节约耗费是流通加工合理化重要的考虑因素,也是目前我国设置流通加工考虑其合理化较普遍的形式。

 即测即练

课后复习题

一、填空题

1. 流通加工是根据( )的需要,在( )中对产品实施的( )作业活动的总称。
2. 平板玻璃流通加工的主要方式是( )、( )。

二、简答题

1. 简述流通加工的作用。
2. 简述基本的流通加工形式。
3. 简述流通加工合理化的主要措施。

阅读案例

广西南城百货股份有限公司是一家以从事超市、百货零售业为核心,经营产品多元化的连锁零售公司,公司成立于 2001 年,总部位于南宁,时至今日,已迅速成长为广西本土超市连锁业当仁不让的龙头品牌企业。其网点布局已经覆盖广西的南宁、柳州、来宾、桂林、北海、防城港、河池、钦州、百色、贵港等 10 个市、县。为了让各地客户在"品牌齐全,环境舒适、物美价廉"的购物环境下愉快地购物,南城百货股份有限公司成立了自己的配送中心。

在激烈的市场竞争中,为了获得更多的客户青睐,提高客户的忠诚度,该公司在自己的配送中心建立后,开始尝试开展一些简单的流通加工作业和包装作业,借此来满足部分顾客的个性化需求,希望以此获取更大的经济效益和社会效益。

资料来源:桂林市南城百货有限公司[EB/OL]. https://31169662.b2b.11467.com/about.asp.

第 9 章

信　息

本章学习目标

1. 掌握物流信息的概念、特征、功能等；

2. 掌握条码的结构、类别，了解条码技术的一般应用；

3. 熟悉 RFID、EDI、EOS、POS、GPS 等技术的基本原理，了解其应用；

4. 理解物流信息系统的概念及组成结构；

5. 了解物联网、人工智能等新技术在物流行业的应用。

引导案例

菜鸟的 RFID 技术

近年来，随着信息技术的不断发展，物流行业的竞争形势变得越来越激烈。菜鸟作为全球物流类独角兽企业，深知智慧物流的重要性，而 RFID 技术更是智慧物流的核心，因此开始大力研发部署 RFID 技术。

RFID 作为继条形码、二维码之后的第三代识别技术，被视为 21 世纪最具发展潜力的信息技术之一，一般被用于供应链的商品流通中的货物盘点、出入库交接，以及全链路追踪。然而因为技术突破有限，识别准确率不高，RFID 一直未能大规模投入实际应用。

2021 年，菜鸟主导的 RFID 技术曝光。彼时有媒体报道称，通过优化芯片、读写器及其背后的一整套识别算法，菜鸟将 RFID 的识别准确率大幅提升，达到全球领先。这一关键技术的突破，使 RFID 的大规模商业应用成为可能。

2022 年，菜鸟物流科技 IoT 产品再次获得成果——由菜鸟主导的精准射频识别技术电子标签芯片出货量超 1 亿，位居物流企业首位。业内人士认为，物联网是供应链数智化升级的关键路径，菜鸟能够在较短时间内取得上述成果，既预示着菜鸟在技术上得到了更充分的沉淀，也反映出市场对菜鸟 RFID 产品的认可。

在大量的实际应用中，菜鸟的技术和解决方案，打造了漂亮的、颠覆行业的数据：

(1) 航空包裹行李 RFID 标签的识别定位准确率从 95% 提高到 99.5%；

(2) 金属货架上服装 RFID 标签盘点的识别准确率从 85% 提高到 99.3%；

(3) 大型商超供应链物流实心托上 RFID 标签的盘点准确率从 80% 提高到 99.7%；

(4) 在家装专线物流的平板大车上的 RFID 标签的盘点准确率从 80% 提高到 99.4%。

在未来，相信菜鸟仍将积极推进 RFID 技术的应用，加强对智能物流的研究和开发，助力整个物流行业更好、更快地发展。同时，菜鸟也将不断完善自身的运营和服务体系，为广大客户提供更加高效、便捷、可靠的物流服务,不断优化用户体验,成为全球物流业的领军企业。

资料来源:阿里启动菜鸟集团上市,RFID物流领域或将迎来爆发[EB/OL].(2023-05-26).https://baijiahao.baidu.com/s?id=1766937118466441990&wfr=spider&for=pc.

9.1 物流信息概述

9.1.1 物流信息的概念

物流信息在现代物流管理中占据着越来越重要的地位,它带来了企业管理方式和管理效率翻天覆地的变革。企业投入越来越多的努力,以信息替代资源,削减物流成本,信息化的物流管理成为今天物流管理甚至供应链管理的核心,没有了相应的信息技术和运用,物流管理就失去了发挥作用的基础和平台。我国国家标准《物流术语》(GB/T 18354—2021)将物流信息定义为:反映物流各种活动内容的知识、资料、图像、数据的总称。

从狭义的范围来看,物流信息是指与其他物流活动(如运输、保管、包装、装卸、流通加工)有关的信息。在物流活动的管理和物流活动的决策方面,如运输工具的选择、运输路线的确定、每次运送批量的确定、在途货物的追踪、仓库的有效利用、最佳库存数量的确定、库存时间的确定、订单管理及如何提高顾客服务水平等,需要详细、准确的物流信息。因此,物流信息对运输管理、库存管理、订单管理、仓库作业管理等其他物流活动具有支持保证的功能。

从广义的范围来看,物流信息不仅指与其他物流活动有关的信息,而且包含与其他流通活动有关的信息,如商品交易信息和市场信息。商品交易信息是指与买卖双方的交易过程有关的信息,如销售和购买信息、订货和接收订货信息、发出货款和收到货款信息等。市场信息是指与市场活动有关的信息,如消费者的需求信息、竞争者或竞争性商品的信息、销售促进活动信息、交通通信等基础设施信息等。

物流信息是物流活动所必需的信息,是由物流活动引起并能反映物流活动实际状况、特征及发展变化,并被人们处理了的对物流有用的数据、情报、指令、消息等的统称。

9.1.2 物流信息的内容

物流信息包括伴随物流活动而发生的信息和在物流活动以外发生的但对物流有影响的信息。物流信息量大,来源分散,更多、更广地掌握物流信息,是开展物流活动的必要条件。物流信息主要包括以下几个方面。

(1)货源信息。
(2)市场信息。
(3)运能信息。
(4)企业物流信息。
(5)物流管理信息。

9.1.3 物流信息的分类

物流信息分类有很多种,而且信息种类多,信息数量大,动态强。

(1) 按管理层次,物流信息可分为战略型信息、决策型信息和管理型信息。

(2) 按作用,物流信息可分为计划信息、统计信息、控制及作业信息和支持信息。

(3) 按活动领域,物流信息可分为仓库信息、运输信息和采购信息等。

9.1.4 物流信息的特征

在电子商务时代,随着人类需求向着个性化的方向发展,物流过程也在向着多品种、少量生产和高频度、小批量配送的方向发展,因此,物流信息在物流的过程中也呈现出很多不同的特征。和其他领域信息比较,物流信息的特征主要表现在以下几方面。

(1) 范围大、信息源点多、信息量大。

(2) 物流信息动态性特别强,及时性要求较高。

(3) 物流信息种类多。

9.1.5 物流信息的目的和作用

1. 物流信息的目的

(1) 向顾客提供满意的服务。

(2) 实现物流总成本的最低化,消除物流活动各个环节的浪费,通过顺畅、高效的物流系统实现物流作业的成本最优化。

2. 物流信息的作用

(1) 物流信息承担着类似神经细胞的作用。

(2) 物流信息在物流计划阶段中起到关键作用。

(3) 物流信息在建立长期战略计划和本期实绩的计算中起着重要作用。

(4) 物流信息是物流活动的基础。

(5) 物流信息是物流控制的手段。

(6) 物流信息是进行物流调度指挥的手段。

(7) 物流信息在物流评价阶段的作用很大。

9.2 物流信息技术

9.2.1 物流信息技术的概念

我国国家标准《物流术语》(GB/T 18354—2021)将物流信息技术定义为:以计算机和

现代通信技术为主要手段实现对物流各环节中信息的获取、处理、传递和利用等功能的技术总称。

物流信息技术是指运用物流领域的信息技术,是信息技术在物流各作业环节中的应用,根据物流的功能以及特点,物流信息技术包括如计算机技术、网络技术、信息分类编码技术、条形码(bar code)、RFID、GIS、GPS、EDI、ITS(智能交通系统)等。

9.2.2 条形码技术

1. 概念

条形码是由一组规则排列的条、空组成的符号,可供机器识读,用以表示一定的信息,包括一维条码和二维条码。条形码技术是在计算机和信息技术基础上产生和发展起来的集编码、识别、数据采集、自动录入和快速处理等功能于一体的新兴信息技术。条形码以其独特的技术性能(如实时生成或预先制作均可,操作简单,成本低廉,技术成熟等),广泛应用于各行各业,迅速地改变着人们的工作方式和生产作业管理,极大地提高了生产效率。其中,尤以现代化物流业运用最为广泛、有效。

2. 一维条码

一维条码是仅在一个维度方向上表示信息的条码符号,这种由条、空组成的数据编码可以供机器识读,而且很容易译成二进制数和十进制数。因此此技术广泛地应用于物品信息标注中。因为符合条码规范且无污损的条码的识读率很高,所以一维条码结合相应的扫描器可以明显地加快物品信息的采集速度。加之条码系统的成本较低,操作简便,又是国内应用最早的识读技术,所以在国内有很大的市场。但一维条码表示的数据有限,条码扫描器读取条码信息的距离也要求很近,而且条码损污后可读性极差,所以限制了它的进一步推广应用,同时一些其他信息存储容量更大、识读可靠性更好的识读技术开始出现。较常用的一维条码码制类型主要有 EAN 码、39 码、128 码、93 码和库德码(Codabar)等。一维条码样例如图 9-1 所示。

图 9-1 一维条码样例

其中,EAN-13 为通用商品条形码,是国际物品编码协会(EAN)在全球推广应用的商品条码,它是一种定长、无含义的条码,没有自校验功能。EAN-13 码使用 0~9 共 10 个字符。其组成如下:

前缀码：由 3 位数字组成，是国际 EAN 组织标识各会员组织的代码；

厂商代码：由 4 位数字组成，是 EAN 组织在 EAN 分配的前缀码的基础上分配给厂商的代码；

商品代码：由 5 位数字组成，由厂商自行编码；

校验码：由一位数字组成，是为了校验前面代码的正确性。

3. 二维条码

由于一维条码的信息容量很小，如商品上的条码仅能容纳几位或者十几位阿拉伯数字或字母，商品的详细描述只能依赖数据库提供，离开了预先建立的数据库，一维条码的使用就受到了局限。基于这个原因，人们发明一种新的码制，其除具备一维条码的优点外，同时还有信息容量大（根据不同的编码技术，容量是一维条码的几倍到几十倍）、可靠性高（在损污 50％时仍可读取完整信息）、保密防伪性强等优点。这就是在水平和垂直方向的二维空间存储信息的二维条码技术。二维条码继承了一维条码的特点，条码系统价格低，识读率高且使用方便。

二维条码可以分为堆叠式/行排式二维条码和矩阵式二维条码。堆叠式/行排式二维条码形态上由多行短截的一维条码堆叠而成；矩阵式二维条码以矩阵的形式组成，在矩阵相应元素位置上用"点"表示二进制"1"，用"空"表示二进制"0"，"点"和"空"的排列组成代码。二维条码的原理可以从矩阵式二维条码的原理和行列式二维条码的原理来讲述。

1）堆叠式/行排式二维条码

堆叠式/行排式二维条码又称堆积式二维条码或层排式二维条码，其编码原理是建立在一维条码基础之上，按需要堆积成二行或多行。它在编码设计、校验原理、识读方式等方面继承了一维条码的一些特点，识读设备与条码印刷与一维条码技术兼容。但由于行数的增加，需要对行进行判定，其译码算法与软件也不完全相同于一维条码。有代表性的行排式二维条码有 Code 16K、Code 49、PDF417、MicroPDF417 等（图 9-2）。

图 9-2　行排式二维条码样例

2）矩阵式二维条码

矩阵式二维条码又称棋盘式二维条码，是在一个矩形空间通过黑、白像素在矩阵中的不同分布进行编码。在矩阵相应元素位置上，用点（方点、圆点或其他形状）的出现表示二进制"1"，点的不出现表示二进制的"0"，点的排列组合确定了矩阵式二维条码所代表的意

图9-3　矩阵式二维码样例

义。矩阵式二维条码是建立在计算机图像处理技术、组合编码原理等基础上的一种新型图形符号自动识读处理码制。具有代表性的矩阵式二维条码有 Code One、Maxi Code、QR Code、Data Matrix、Han Xin Code、Grid Matrix 等(图9-3)。

3) 特点

(1) 高密度编码,信息容量大:可容纳多达1 850个大写字母或2 710个数字或1 108个字节,或500多个汉字,比普通条码信息容量高几十倍。

(2) 编码范围广:该条码可以对图片、声音、文字、签字、指纹等可以数字化的信息进行编码,用条码表示出来;可以表示多种语言文字;可表示图像数据。

(3) 容错能力强,具有纠错功能:这使二维条码因穿孔、污损等引起局部损坏时,照样可以正确地得到识读,损毁面积达30%仍可恢复信息。

(4) 译码可靠性高:它比普通条码译码错误率(百万分之二)要低得多,误码率不超过千万分之一。

(5) 可引入加密措施:保密性、防伪性好。

(6) 成本可控:成本低,易制作,持久耐用。

(7) 灵活性:条码符号形状、尺寸大小比例可变。

(8) 容易读取:二维条码可以使用激光或 CCD 阅读器(一种利用电荷耦合器件技术的设备)识读。

扩展阅读9.1　条形码诞生50周年全球每天扫码次数达60亿次

4. 条形码在物流作业中的应用

(1) 订货作业。

(2) 进货验收作业。

(3) 补货作业。

(4) 拣货作业。

(5) 交货时的交点作业。

(6) 仓储配送作业。

9.2.3　无线射频识别技术

1. 射频识别的含义

RFID 是射频识别技术的英文"radio frequency identification"的缩写,射频识别技术是20世纪90年代开始兴起的一种自动识别技术,我国国家标准《物流术语》(GB/T 18354—2021)将射频识别定义为:在频谱的射频部分,利用电磁耦合或感应耦合,通过各种调式和编码方案,与射频标签交互通信唯一读取射频标签身份的技术。

2. 射频识别系统的组成和工作原理

射频识别系统主要由电子标签、写卡器、阅读器和主控制计算机等部分组成,其基本工作过程是：写卡器将待识别物体的有关信息写入电子标签内，并将电子标签贴附到待识别物体的表面上；阅读器工作时通过其天线不断地发出一定频率的射频信号；当带有电子标签的物体进入阅读器的无线电磁场范围，接收到阅读器的射频信号时，即刻向阅读器发出反馈信号，阅读器与电子标签进行信号交换，将存储在电子标签内的相关信息发送给阅读器；阅读器将读取到的有关数据解码后传送给主控制计算机系统，进行相关数据处理，实现对物体的识别。射频识别系统的组成和工作原理如图 9-4 所示。

视频 9.1　RFID 简介

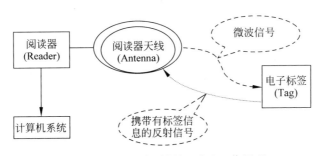

图 9-4　射频识别系统的组成和工作原理

3．射频识别系统的特点

（1）可以对物体实行非接触识别，识别距离较远（几十厘米至几米，在自带电源的主动标签时，有效识别距离可达 30 米以上）。

（2）对物体的识别不受视线局限，无须光源，可以透过外包装进行读取。

（3）电子标签数据容量大，并且具有可读写性，可重复使用，可以根据需要反复改写数据内容，而且电子标签数据可动态更改。

（4）读取方便快捷，识别速度快。

（5）可以对物体位置和状态进行实时的动态追踪和监控。

4．射频识别技术的应用

RFID 的低频系统主要用于短距离、低成本的应用中，如多数的门禁控制、校园卡、煤气表、水表等；高频系统则用于需传送大量数据的应用中。

9.2.4　电子数据交换技术

1．EDI 的概念

EDI 是"electronic data interchange"的缩写，即电子数据交换，我国国家标准《物流术语》（GB/T 18354—2021）将电子数据交换定义为：采用标准化的格式，利用计算机网络进行业务数据的传输和处理。EDI 是将贸易、运输、保险、银行和海关等行业的信息，用一种国际公认的标准格式，通过计算机通信网络，使各有关部门、公司与企业之间进行数据交换与处理，并完成以贸易为中心的全部业务过程。由于使用 EDI 能有效地减少直到最终消除贸易过程中的纸面单证,因而 EDI 也被俗称为"无纸交易"。

2. EDI 的特点

(1)迅速准确。在国际、国内贸易活动中使用 EDI 业务,以电子文件交换取代传统的纸面贸易文件(如订单、发货票、发票),双方使用统一的国际标准格式编制文件资料,利用电子方式将贸易资料准确、迅速地由一方传递到另一方,是发达国家普遍采用的"无纸贸易手段",也是世界贸易组织成员将来必须使用和推广的标准贸易方式。

(2)方便高效。采用 EDI 业务可以将原材料采购与生产制造、订货与库存、市场需求与销售,以及金融、保险、运输、海关等业务有机地结合起来,集先进技术与科学管理于一体,极大地提高了工作效率,为实现"金关"工程奠定了基础。

(3)安全可靠。在 EDI 系统中每个环节都建立了责任的概念,每个环节上信息的出入都有明确的签收、证实的要求,以便为责任的审计、跟踪、检测提供可靠的保证。在 EDI 的安全保密系统中广泛应用了密码加密技术,以提供防止流量分析、防假冒、防否认等安全服务。

(4)减少了许多重复劳动,提高了工作效率。如果没有 EDI 系统,即使是高度计算机化的公司,也需要经常将外来的资料重新输入电脑。从一部电脑输出的资料数据需要再输入其他的电脑,既费时又容易出错。EDI 使贸易双方能够以更迅速有效的方式进行贸易,大大简化了订货或存货的过程,使双方能及时地充分利用各自的人力和物力资源。美国 DEC公司应用了 EDI 后,使存货期由 5 天缩短为 3 天,每笔订单费用从 125 美元降到 32 美元。新加坡采用 EDI 贸易网络之后,使贸易的海关手续从原来的 3~4 天缩短到 10~15 分钟。

扩展阅读 9.2 信息化推动京东物流快速发展

视频 9.2 京东智慧物流

(5)降低成本。EDI 系统规范了信息处理程序,信息传递过程中无须人工干预,在提高信息可靠性的同时,大大降低成本。香港对 EDI 的效益做过统计,使用 EDI 可提高商业文件传送速度 81%,降低文件成本 44%,减少错漏造成的商业损失 41%,降低文件处理成本 38%。

3. EDI 系统的组成

EDI 系统三要素:EDI 软件和硬件、通信网络、数据标准化。

(1)EDI 软件。将用户数据库系统中的信息,翻译成 EDI 的标准格式,以供传输交换。

(2)EDI 硬件。一个部门或企业要实现 EDI,首先必须有一套计算机数据处理系统,主要包括计算机、调制解调器、通信线路。

(3)通信网络。通信网络的优劣也是关系到 EDI 成败的重要因素之一。

(4)数据标准化。EDI 标准是整个 EDI 最关键的部分,由于 EDI 是以商定的报文格式进行数据传输和信息交换,因此,制定统一的 EDI 标准至关重要。

9.2.5 电子订货系统

我国国家标准《物流术语》(GB/T 18354—2021)将电子订货系统(EOS)定义为:不同组织间利用通信网络和终端设备进行订货作业与订货信息交换的系统。企业间利用通信网络[VAN(增值网络)或互联网]和终端设备以在线联结(online)方式进行订货作业和订货信息交换的系统。EOS 按应用范围可分为企业内的 EOS(如连锁店经营中各个连锁分店与总部之间建立的 EOS),零售商与批发商之间的 EOS 以及零售商、批发商和生产之间的 EOS。

9.2.6　销售时点系统

1. 销售时点系统的含义

我国国家标准《物流术语》(GB/T 18354—2021)将销售时点系统(POS)定义为:利用自动识别设备,按照商品最小销售单位读取实时销售信息,以及采购、配送等环节发生的信息,并对这些信息进行加工、处理和共享的系统。利用 POS 的范围也从企业内部扩展到整个供应链。

2. 销售时点系统的组成

一般零售业销售时点系统都由前台 POS 销售系统和后台管理系统两部分组成,两者之间可以通过局域网或广域网相联系。

(1) 前台 POS 销售系统。前台 POS 销售系统即 POS 的终端设备,是 POS 的直接应用部分。

(2) 后台管理系统。后台管理系统主要用于整个商场全部商品的进货、销售、调拨、库存管理。

3. 销售时点系统的工作过程

在商品销售时,采用 POS 机的条码扫描器对商品条码进行扫描,并即刻将扫描读取的商品条码传送到后台计算机系统;后台计算机接收到商品条码之后,立即从商品数据库中进行检索处理,并把商品名称、价格等信息迅速返回到 POS 机,POS 机显示器即可显示商品信息;交易成功之后,收款人员操作收款机键盘,进行小票打印。

商场后台计算机在检索到商品信息的同时,对该商品的销售信息进行记录,同时对该商品的销售数量、销售额和库存数量的数据进行更新处理。大型连锁零售企业、各商场后台计算机还要把商品的销售信息通过网络传送给企业总部和物流中心;企业总部和物流中心根据这些信息,可对商品库存进行调整或订货,并可对销售信息进行统计分析,了解分析消费者的购买倾向,进而对商品的品种结构、零售价格等进行调整。

4. 销售时点系统在销售物流管理中的基本功能

(1) 自动读取销售时点信息。
(2) 信息集中管理。
(3) 单品管理。
(4) 商品跟踪管理。
(5) 客户管理。

5. 销售时点系统应用效果

（1）作业水平。

① 收银台业务的省力化,商品检查时间缩短。

② 数据收集能力大大提高。

（2）店铺营运水平。

① 店铺作业的合理化。

② 店铺营运的效率化。

（3）企业经营管理水平提高。

① 资本周转率提高。

② 商品计划的效率提高。

9.2.7   定位导航技术

1. 地理信息系统的含义

地理信息系统是综合性学科交叉的产物,它以地理空间数据为基础,采用地理模型分析方法,适时地提供多种空间的和动态的地理信息,是一种为地理研究和地理决策服务的计算机技术系统。其基本功能是将表格型数据（无论它来自数据库、电子表格文件或直接在程序中输入）转换为地理图形显示,然后对显示结果浏览、操作和分析。

我国国家标准《物流术语》（GB/T 18354—2021）将地理信息系统定义为：在计算机技术支持下,对整个或部分地球表层（包括大气层）空间中的有关地理分布数据进行采集、储存、管理、运算、分析、显示和描述的系统。

2. 全球定位系统的含义

我国国家标准《物流术语》（GB/T 18354—2021）将全球定位系统定义为：以人造卫星为基础、24 h 提供高精度的全球范围的定位和导航信息的系统。全球定位系统的基本定位原理是测量出已知位置的卫星到用户接收机的距离,然后综合多颗卫星的数据即可测算出接收机用户的具体位置。GPS 导航卫星部分不断地发射导航电文,用户 GPS 接收机可接收到用于授时的精确时间信息和用于计算定位时所需卫星坐标的广播星历等信息,经过数据处理和解算即可实时测得用户的准确三维位置;对于运动的载体,还可以测出准确的三维速度,从而实现定位和导航目的。

GPS 在物流领域可以实时监控车辆等移动目标的位置,根据道路交通状况向移动目标发出实时调度指令。而 GIS、GPS 和无线通信技术的有效结合,再辅以车辆路线模型、最短路径模型、网络物流模型、分配集合模型和设施定位模型等,能够建立功能强大的物流信息系统,使物流变得实时并且成本最优。

全球卫星定位系统由空间部分、地面控制部分和用户设备部分三个部分组成。

（1）空间部分。GPS 空间部分是由太空中的 24 颗卫星组成的卫星星座。24 颗卫星分布在 6 条地球准同步轨道上,每隔 12 小时绕地球一周,使地球上任一地点都能够同时观测到 4 颗以上的卫星,并能保持良好定位解算精度的几何图像。

(2) 地面控制部分。GPS 地面控制部分的主要功用是对空中的卫星系统进行监测、控制,并向每颗卫星注入更新的导航电文。

(3) 用户设备部分。GPS 用户设备部分即 GPS 信号接收机,能够接收定位卫星发射的信号,并以此计算出定位数据。根据这些数据,接收机中的微处理计算机就可按定位解算方法进行定位计算,计算出用户所在地理位置的经度、纬度、高度、速度和时间等信息,实现 GPS 定位和导航功能。

GPS 信号接收机多种多样,主要可以根据其用途和应用场合的不同进行分类、设计和选用。

3. 北斗卫星导航系统

北斗卫星导航系统(Beidou Navigation Satellite System,BDS,又称 COMPASS)是中国自行研制的全球卫星导航系统,也是继 GPS、GLONASS 之后的第三个成熟的卫星导航系统。北斗卫星导航系统和美国 GPS、俄罗斯 GLONASS、欧盟 GALILEO,是联合国卫星导航委员会已认定的供应商。

北斗卫星导航系统由空间段、地面段和用户段三部分组成,可在全球范围内全天候、全天时为各类用户提供高精度、高可靠定位、导航、授时服务,并且具备短报文通信能力,已经初步具备区域导航、定位和授时能力,定位精度为分米、厘米级别,测速精度 0.2 米/秒,授时精度 10 纳秒。

截至 2023 年 12 月,全球范围内已经有 130 多个国家与北斗卫星导航系统签下了合作协议。随着全球组网的成功,北斗卫星导航系统未来的国际应用空间将会不断扩展。

4. 定位导航技术在物流业的应用

(1) 打造数字物流企业,规范企业日常运作,提升企业形象。

(2) 通过对运输设备的导航跟踪,提高车辆运作效率,降低物流费用。

(3) 通过对物流运作的协调,促进协同商务发展,让物流企业向第四方物流角色转换。

9.3　物流信息系统概述

9.3.1　物流信息系统的概念

物流信息系统是根据物流管理运作的需要,在管理信息系统基础上形成的物流系统信息资源管理、协调系统。物流信息系统作为信息系统的主要组成部分,可理解为通过对与物流相关信息的收集、加工、处理、储存和传递来达到对物流活动的有效控制和管理,并为企业提供信息分析和决策支持的人机系统。它具有实时化、网络化、系统化、规模化、专业化、集成化、智能化等特点。

9.3.2　物流信息系统的功能

物流信息系统的主要功能是进行物流信息的收集、存储、传输、加工整理、维护和输出，为物流管理者及其他组织管理人员提供战略、战术及运作决策的支持，以达到组织的战略竞争优势，提高物流运作的效率与效益。物流信息系统是物流系统的神经中枢，它作为整个物流系统的指挥和控制系统，可以分为多个子系统或者多种基本功能。

通常，可以将其基本功能归纳为以下几个方面。

1. 数据收集

物流数据的收集首先是将数据通过收集子系统从系统内部或者外部收集到预处理系统中，并整理成为系统要求的格式和形式，然后再通过输入子系统输入物流信息系统中。这一过程是其他功能发挥作用的前提和基础，如果一开始收集和输入的信息不完全或不正确，在接下来的过程中得到的结果就可能与实际情况完全相左，这将会导致严重的后果。因此，在衡量一个信息系统性能时，应注意它收集数据的完善性、准确性，以及校验能力和预防与抵抗破坏的能力等。

2. 信息存储

物流数据经过收集和输入后，在其得到处理之前，必须在系统中存储下来。即使在处理之后，若信息还有利用价值，也要将其保存下来，以供以后使用。物流信息系统的存储功能就是要保证已得到的物流信息不丢失、不走样、不外泄、整理得当，随时可用。无论哪一种物流信息系统，在涉及信息的存储问题时，都要考虑到存储量、信息格式、存储方式、使用方式、存储时间、安全保密等问题。如果这些问题没有得到妥善的解决，信息系统是不可能投入使用的。

3. 信息传输

在物流系统中，物流信息一定要准确、及时地传输到各个职能环节，否则信息就会失去其使用价值。这就需要物流信息系统具有克服空间障碍的功能。物流信息系统在实际运行前，必须充分考虑所要传递的信息种类、数量、频率、可靠性要求等因素。只有这些因素符合物流系统的实际需要，物流信息系统才是有实际使用价值的。

4. 信息处理

物流信息系统的最根本目的就是要将输入的数据加工处理成物流系统所需要的物流信息。数据和信息是有所不同的，数据是得到信息的基础，但数据往往不能直接利用，而信息是从数据加工得到，它可以直接利用。只有得到了具有实际使用价值的物流信息，物流信息系统的功能才算发挥。

5. 信息输出

信息的输出是物流信息系统的最后一项功能，也只有在实现了这个功能后，物流信息系统的任务才算完成。信息的输出必须采用便于人或计算机理解的形式,在输出形式上力求易读易懂、直观醒目。

以上五项功能是物流信息系统的基本功能,缺一不可。而且,只有五个过程都没有出错,最后得到的物流信息才具有实际使用价值,否则会造成严重后果。

9.3.3　物流信息系统的构成

1. 进货管理系统

确定合理的订货量,选择优秀的供应商和保持最佳的安全储备是进货管理系统的重点。请购单(审批权限)、询价单(报价单)、采购单、进货处理(接货)、退货处理和供应商管理(信用额度)。

2. 销售管理系统

报价单(询价单)、销售单、出货处理、退货处理、客户信息管理、销售预测与分析。

3. 库存管理系统

库存管理系统是根据以最少的数量满足需求的目标,为满足经营活动顺利进行备齐所需商品,防止库存浪费和保管费用增加的系统。库存计划、商品分类分级、入库、出库、调拨处理和盘点。

9.3.4　物流信息系统的分类

1. 按物流信息系统的功能分类

(1) 事务处理信息系统。
(2) 办公自动化系统。
(3) 管理信息系统。
(4) 决策支持系统。
(5) 高层支持系统。
(6) 企业间信息系统。

2. 按管理决策的层次分类

(1) 物流作业管理系统。
(2) 物流协调控制系统。
(3) 物流决策支持系统。

3. 按系统采用的技术分类

(1) 单机系统。
(2) 内部网络系统。

（3）与合作伙伴、客户互联的系统。

9.4　新技术在物流行业的应用

9.4.1　物联网

1. 物联网的概念

物联网是指通过信息传感器、射频识别、全球定位系统、红外感应器、激光扫描器等各种装置与技术，实时采集任何需要监控、连接、互动的物体或过程，采集其声、光、热、电、力学、化学、生物、位置等各种需要的信息，通过各类可能的网络接入，实现物与物、物与人的泛在连接，实现对物品和过程的智能化感知、识别和管理。物联网是一个基于互联网、传统电信网等的信息承载体，它让所有能够被独立寻址的普通物理对象形成互联互通的网络。

2. 物流网在物流行业的应用

目前物联网在物流行业相对成熟的应用主要集中在以下四个方面。

（1）产品的智能可追溯网络系统。在医药、农产品、食品、烟草等行业领域，产品的智能可追溯网络系统发挥着货物追踪、识别、查询、信息采集与管理等方面的巨大作用，基于物联网技术的可追溯网络系统为保障产品的质量与安全提供了保障。

（2）物流过程的可视化智能管理网络系统。此即基于 GPS 卫星导航定位、RFID、传感等多种技术，在物流过程中实时实现对车辆定位、运输物品监控、在线调度与配送可视化与管理的系统。目前，物流作业的透明化、可视化管理已经初步实现，全网络化与智能化的可视管理网络还有待发展。

（3）智能化的企业物流配送中心。其基于传感器、RFID 等物联网技术建立物流作业的智能控制、自动化操作的网络，实现物流配送中心的全自动化，实现物流与生产联动，并与商流、信息流、资金流全面协同。

（4）后勤保障网络系统。基于物联网技术升级智慧物流和智慧供应链的后勤保障网络系统，满足电商快速发展及智能制造等环境下产生的大量个性化需求，帮助企业准确预测客户需求，实现整个供应链的智慧化。

3. 物联网在物流领域中的应用发展方向

物联网在物流领域中的应用会向以下四个方向发展。

（1）智慧供应链与智能生产的结合。RFID 系统、条码识别技术、传感器技术的应用逐渐增加，再加上物联网的应用，会促进企业在生产、物流、采购和销售方面的智能化整合，进一步带动智慧供应链与智能生产的结合，使物流系统成为企业经营过程的一部分，从而改变传统经营模式，建设智慧企业。

（2）智慧物流网络与社会物联网的结合。物联网技术属于聚合型应用，企业运用物联网是跨行业应用的体现。将产品的可追溯智能网络与社会物联网结合，能够为用户提供便捷的信息查询功能，社会物联网也可能与其他物流体系结合，或者由相关网络与物流体系实现信息对接,从而改变人们的生活方式。

(3) 智慧物流与多种互联网技术的结合。RFID、全球定位系统、条码识别等技术在物流领域中的应用已经比较普遍,物联网技术水平还在不断提高,之后的物流行业为了进一步提高自己的运作效率,会增加对 M2M(machine to machine)技术、蓝牙技术以及音视频识别等技术的应用。例如,冷链物流中应用了温度感知技术,物流操作过程中运用了音视频感知技术,物流防盗系统中运用了侵入感知技术等。这些应用进一步提升了冷链物流系统的服务质量与服务水平。

(4) 物流行业中出现多种物联网应用模式。前述几种物流业对物联网的应用方式仅仅是智慧物流的一小部分,物联网仍在进步,物流行业中还会出现许多物联网应用模式。例如,位于无锡的某粮食物流企业尝试在粮食仓储物流中运用感知技术,掌握仓库中的空气温度和湿度等数据,致力于建设能够进行智能粮食配送和质量监管的智慧物流体系。

9.4.2　物流大数据

1. 物流大数据的概念

物流大数据就是通过海量的物流数据,即运输、仓储、搬运装卸、包装及流通加工等物流环节中涉及的数据、信息等,挖掘出新的增值价值,通过大数据分析可以提高运输与配送效率,减少物流成本,更有效地满足客户服务要求。

2. 物流大数据的作用

物流大数据对于物流企业来讲具有以下三个方面的重要作用。

(1) 提高物流的智能化水平。通过对物流数据的跟踪和分析,物流大数据可以根据情况为物流企业作出智能化的决策和建议。在物流决策中,大数据技术应用涉及竞争环境分析、物流供给与需求匹配、物流资源优化与配置等。在竞争环境分析中,为了达到利益的最大化,需要对竞争对手进行全面的分析,预测其行为和动向,从而了解在某个区域或是在某个特殊时期,应该选择的合作伙伴。

在物流供给与需求匹配方面,需要分析特定时期、特定区域的物流供给与需求情况,从而进行合理的配送管理。在物流资源优化与配置方面,主要涉及运输资源、存储资源等。物流市场有很强的动态性和随机性,需要实时分析市场变化情况,从海量的数据中提取当前的物流需求信息,同时对已配置和将要配置的资源进行优化,从而实现对物流资源的合理利用。

(2) 降低物流成本。由于交通运输、仓储设施、货物包装、流通加工和搬运等环节对信息的交互和共享要求比较高,因此可以利用大数据技术优化配送路线、合理选择物流中心地址、优化仓库储位,从而大大降低物流成本,提高物流效率。

 扩展阅读 9.3　顺丰加强物流大数据应用

(3) 提高用户服务水平。随着网购人群的急剧膨胀,客户越来越重视物流服务的体验。通过对数据的挖掘和分析,以及合理地运用这些分析成果,物流企业可以为客户提供最好的服务,提供物流业务运作过程中商品配送的所有信息,进一步巩固和客户之间的关系,增加客户的信赖,培养客户的黏性,避免客户流失。

3. 大数据技术在物流领域的典型应用

(1)需求预测。通过收集用户消费特征、商家历史销售等大数据,利用算法预测需求,前置仓储与运输环节。这方面目前已经有了一些应用,但在预测精度上仍有很大提升空间,需要扩充数据量、优化算法。

(2)设备维护预测。通过物联网的应用,在设备上安装芯片,可实时监控设备运行数据,并通过大数据分析做到预先维护,延长设备使用寿命。

(3)供应链风险预测。通过对异常数据的收集,可以对诸如贸易风险、不可抗力引起的货物损坏等供应链风险进行预测。

(4)网络及路线规划。利用历史数据、时效、覆盖范围等构建分析模型,对仓储、运输、配送网络进行优化布局,如通过对消费者数据的分析,提前在离消费者最近的仓库进行备货。甚至可实现实时路由优化,指导车辆采用最佳路由线路进行跨城运输与同城配送。

此外,大数据技术在了解运输全局、优化库存管理、客户细分等方面也具有广阔的应用前景。

当前中国的网络购物规模空前扩大,这对物流提出了很高的要求,信息需求量也越来越大。而借助物流大数据分析,可以提高运输与配送效率、降低物流成本并且提高客户满意度,更有效地满足客户服务要求,以借助大数据和云计算所进行的京东平台"双十一"精准营销为例:根据大量的历史销售对商品在各个城市的销量进行预测,从而提前将商品转移到距离消费者最近的前置仓;通过对用户相关大数据进行分析,可以实现对核心城市各个区域的主流商品需求量的较准确的预测,提前在物流分站发货;根据历史销售数据以及对未来市场的预测,在制订精准生产计划方面为商家提供帮助,帮助他们进行合理的区域分仓等。大数据在智慧化物流活动中起到的作用是至关重要的。合理地运用大数据可以为企业带来更多创新机遇,这将对物流企业的管理与决策、维护客户关系、配置资源等起到相当大的推动作用。

9.4.3　人工智能

人工智能是研究、开发用于模拟、延伸和扩展人的智能的理论、方法、技术及应用系统的一门技术科学。而其他关于动物或人造系统的智能也普遍被认为是其相关的研究课题。

人工智能是新一轮科技与产业变革的核心驱动力,它可以看成是正在积累历次科技与企业变革的能量,并将其叠加释放,从而快速催生一系列的物流领域新型产品、服务与业态结构。在其创新驱动作用下,出现了很多引发新一轮物流智慧化行业变革的新型技术,如自动货物分拣系统、智能配送机器人、智能客服等。人工智能技术将成为未来物流行业极具竞争力的技术领域。

人工智能技术主要有以下五个物流应用场景。

1. 智能运营规则管理

未来将会通过机器学习,使运营规则引擎具备自学习、自适应的能力,能够在感知业务条件后进行自主决策。如未来人工智能可对电商高峰期与常态不同场景订单,依据商品品类等条件自主设置订单生产方式、交付时效、运费、异常订单处理等运营规则,实现人工智能处理。

2. 仓库选址

扩展阅读 9.4　人工智能助力物流"最后一公里"

人工智能技术能够根据现实环境的种种约束条件,如顾客、供应商和生产商的地理位置、运输经济性、劳动力可获得性、建筑成本、税收制度等,进行充分的优化与学习,从而给出接近最优解决方案的选址建议。

3. 决策辅助

利用机器学习等技术来自动识别场院内外的人、物、设备、车的状态,学习优秀的管理和操作人员的指挥调度经验、决策等,逐步实现辅助决策和自动决策。

4. 图像识别

利用计算机图像识别、地址库和卷积神经网络提升手写运单的机器有效识别率和准确率,大幅减少人工输单的工作量、降低差错率。

5. 智能调度

通过对商品数量、体积等基础数据分析,对各环节如包装、运输车辆等进行智能调度,如通过测算百万 SKU(最小存货单位)商品的体积数据和包装箱尺寸,利用深度学习算法,由系统智能地计算并推荐耗材和打包排序,从而合理安排箱型和商品摆放方案。

9.4.4　云计算

1. 云计算的含义

"云"实质上就是一个网络,从狭义上讲,云计算就是一种提供资源的网络,使用者可以随时获取"云"上的资源,按需求量使用,并且可以看成是无限扩展的,只要按使用量付费就可以,"云"就像自来水厂一样,我们可以随时接水,并且不限量,按照自己家的用水量,付费给自来水厂就可以。从广义上说,云计算是与信息技术、软件、互联网相关的一种服务,这种计算资源共享池叫作"云",云计算把许多计算资源集合起来,通过软件实现自动化管理,只需要很少的人参与,就能让资源被快速提供。也就是说,计算能力作为一种商品,可以在互联网上流通,就像水、电、煤气一样,可以方便地取用,且价格较为低廉。

2. 云计算的特点

(1) 虚拟化技术。虚拟化突破了时间、空间的界限,是云计算最为显著的特点。虚拟化技术包括应用虚拟和资源虚拟两种。众所周知,物理平台与应用部署的环境在空间上是没有任何联系的,正是通过虚拟平台对相应终端操作完成数据备份、迁移和扩展等。

（2）动态可扩展。云计算具有高效的运算能力,在原有服务器基础上增加云计算功能能够使计算速度迅速加快,最终实现虚拟化层次的动态扩展,达到对应用进行扩展的目的。

（3）按需部署。计算机包含了许多应用、程序软件等,不同的应用对应的数据资源库不同,所以用户运行不同的应用需要较强的计算能力对资源进行部署,而云计算平台能够根据用户的需求快速配备计算能力及资源。

（4）灵活性高。目前市场上大多数 IT 资源,软、硬件都支持虚拟化,比如存储网络、操作系统和开发软、硬件等。虚拟化要素统一放在云系统资源虚拟池当中进行管理,可见云计算的兼容性非常强,不仅可以兼容低配置机器、不同厂商的硬件产品,还可以外设获得更高性能计算。

（5）可靠性高。倘若服务器故障也不影响计算与应用的正常运行,因为单点服务器出现故障可以通过虚拟化技术对分布在不同物理服务器上面的应用进行恢复或利用动态扩展功能部署新的服务器进行计算。

（6）性价比高。将资源放在虚拟资源池中统一管理在一定程度上优化了物理资源,用户不再需要昂贵、存储空间大的主机,可以选择相对廉价的 PC（个人计算机）组成云,一方面减少费用,另一方面计算性能不逊于大型主机。

（7）可扩展性。用户可以利用应用软件的快速部署条件来更为简单快捷地对自身所需的已有业务以及新业务进行扩展。例如,计算机云计算系统中出现设备的故障,对于用户来说,无论是在计算机层面上抑或是在具体运用上均不会受到阻碍,可以利用计算机云计算具有的动态扩展功能来对其他服务器开展有效扩展。这样一来,就能够确保任务有序完成。在对虚拟化资源进行动态扩展的情况下,同时能够高效扩展应用,提高计算机云计算的操作水平。

3. 云计算对物流管理的影响

利用云计算技术可以提高单个物流活动的执行效率,由局部优化提高整体物流效能。云计算作为新型技术在物流活动的运营与管理中起了重要作用。例如,在对单个活动的优化中,借助相关云计算平台收集运输车辆信息,对运输车辆进行实时监控,计算车辆的实际物流运输能力,从而加快物流运输的速度,提高了装卸、配送、运输过程中的效率。

（1）利用云计算进行资源整合。目前,许多物流企业缺乏一个完善的物流系统管理标准,导致物流效率低、物流成本高,主要还是由于没有进行信息共享。利用云计算对物流企业的系统信息和资源数据进行集中整理,加强企业对物流信息系统的管理,进而达到改善物流运输效率的目的。比如,通过云计算平台对客户的信息进行统计整合;利用大数据技术计算最优物流运输路线;针对企业工作人员,通过云计算实现业绩考核等。同时,在得到物流反馈信息后,在大数据分析下,企业可以根据云计算对物流运输路线进行适当修正,重构传统物流配送模式,节约运输成本,以及降低设备的采购支出和人员的支出。

（2）利用云计算搭建数据共享平台。物流行业流程相当复杂,物流活动也极其多样化,运输、仓储、包装、配送以及相关的物流信息流动等环节,互相连接,共同组成一条完整的物流产业链。在现代物流企业与其他物流企业、客户的交流中,构建完善的物流信息网络是非常重要的。云计算平台的出现实现了这一目标,云计算平台可以实现物流企业对于运输、仓储、配送等环节的全程电子化、智能化,客户只需要登录企业云物流平台便可以快速查询到自己的货件相关信息,这样有利于加强用户的体验,提升用户满意度,扩大服务范围。

(3) 利用云计算提供数据存储服务。数据存储对于物流企业堪称至关重要,随着信息化程度不断提高,各大物流企业平时在业务中产生的信息量也越来越大,如果采用传统的存储方式,所需机房占地面积大、所需人力成本高,并且需要更多地在软件和硬件设施上进行升级维护。但是,如果采用云存储服务方式,首先在数据安全上可以得到充分保障,在极大程度上防止信息泄露,同时云存储服务还可以提供数据备份和数据恢复等功能,进一步确保数据的安全性和可靠性。云存储服务还可以将系统资料、信息数据分享给子公司,从而节省下一大笔数据传输的费用,同时也能避免数据在传输过程中遭到丢失或损坏。利用移动设备实现虚拟存储,还可以对货物的情况进行实时监控,库存和信息交换信息都可以通过云存储服务实现。

9.4.5 区块链

1. 区块链的含义

区块链,就是一个又一个区块组成的链条。每一个区块中保存了一定的信息,它们按照各自产生的时间顺序连接成链条。这个链条被保存在所有的服务器中,只要整个系统中有一台服务器可以工作,整条区块链就是安全的。这些服务器在区块链系统中被称为节点,它们为整个区块链系统提供存储空间和算力支持。如果要修改区块链中的信息,必须征得半数以上节点的同意并修改所有节点中的信息,而这些节点通常掌握在不同的主体手中,因此篡改区块链中的信息是一件极其困难的事。相比于传统的网络,区块链具有两大核心特点:一是数据难以篡改;二是去中心化。基于这两个特点,区块链所记录的信息更加真实可靠,可以帮助解决人们互不信任的问题。

狭义区块链是按照时间顺序,将数据区块以顺序相连的方式组合成链式数据结构,并以密码学方式保证的不可篡改和不可伪造的分布式账本。

广义区块链技术是利用块链式数据结构验证与存储数据,利用分布式节点共识算法生成和更新数据,利用密码学的方式保证数据传输和访问的安全,利用由自动化脚本代码组成的智能合约,编程和操作数据的全新的分布式基础架构与计算范式。

2. 区块链的类型

(1) 公有区块链(public blockchains):世界上任何个体或者团体都可以发送交易,且交易能够获得该区块链的有效确认,任何人都可以参与其共识过程。公有区块链是最早的区块链,也是应用最广泛的区块链,虚拟数字货币均基于公有区块链,世界上有且仅有一条该币种对应的区块链。

(2) 行业区块链(consortium blockchains):由某个群体内部指定多个预选的节点为记账人,每个块的生成由所有的预选节点共同决定(预选节点参与共识过程),其他接入节点可以参与交易,但不过问记账过程(本质上还是托管记账,只是变成分布式记账,预选节点的多少,如何确定每个块的记账者成为该区块链的主要风险点),其他任何人可以通过该区块链开放的 API(应用程序接口)进行限定查询。

(3) 私有区块链(private blockchains):仅仅使用区块链的总账技术进行记账,可以是一个公司,也可以是个人,独享该区块链的写入权限,本链与其他的分布式存储方案没有太大区别。传统金融都是想实验尝试私有区块链,而公链的应用已经工业化,私链的应用产品还在摸索当中。

3. 区块链的特征

(1) 去中心化。区块链技术不依赖额外的第三方管理机构或硬件设施,没有中心管制,除了自成一体的区块链本身,通过分布式核算和存储,各个节点实现了信息自我验证、传递和管理。去中心化是区块链最突出、最本质的特征。

(2) 开放性。区块链技术基础是开源的,除了交易各方的私有信息被加密外,区块链的数据对所有人开放,任何人都可以通过公开的接口查询区块链数据和开发相关应用,因此整个系统信息高度透明。

(3) 独立性。基于协商一致的规范和协议,整个区块链系统不依赖其他第三方,所有节点能够在系统内自动安全地验证、交换数据,不需要任何人为的干预。

(4) 安全性。只要不能掌控全部数据节点的 51%,就无法肆意操控修改网络数据,这使区块链本身变得相对安全,避免了主观人为的数据变更。

(5) 匿名性。除非有法律规范要求,单从技术上来讲,各区块节点的身份信息不需要公开或验证,信息传递可以匿名进行。

4. 区块链技术在物流中的应用

(1) 在融资环节中应用区块链技术。在物流行业的发展中,有国家政策的支持,加上区块链技术的辅助,解决企业发展过程中存在的融资问题,可全面促进物流行业的发展,使其服务于社会、发展国民经济,进而推动我国社会经济的快速发展。

(2) 在货物安全上应用区块链技术。货物安全是物流供应链中需要重点关注和解决的问题,而将区块链技术应用在货物安全方面,有望解决该问题。传统物流发展经营模式下,包裹数据普遍集中在几个节点上,很容易出现物流信息被篡改、信息数据丢失等情况。在引入区块链技术之后,包含收货、转运以及派件等过程在内的物流步骤,都能够清晰地记录下来。如果货物物流信息发生变化,所有参与到本次物流运输的人员都能够记录变更信息,保证货物信息的公开性和透明性。使用区块链技术记录下来的信息无法伪造,使上面记录的信息成为非常可靠的证据。如果包裹在运输时发生损毁或是丢失,相关单位和个人可以查询区块链信息,明确各方责任。

(3) 在 EDI 业务中应用区块链技术。将区块链技术应用在国际物流供应链中,改变多个参与主体之间的分层结构形式,在区块链上所有主体都属于平等节点。如果各主体都以区块链技术制定统一的数据交换标准,则有希望快速改进目前复杂的数据交换格式,提高数据交换效率,实现数据之间的高效交换,并且能够提高其可靠性,消除数据信息保密性和安全性等方面的问题。在国际物流供应链中应用区块链技术,对于推动物流的发展具有重要意义。

(4) 在信用评价中应用区块链技术。在物流供应链的发展中,信用关系非常重要。物流企业与需要物流服务的客户之间存在双向选择性,物流企业面对的客户来自各个行业,客户在选择物流企业时,通常考虑企业的宣传信息、社会评价等公开信息,以此判断企业是否符合自己的物流需求。物流企业在洽谈业务时,想要了解客户的信息难度更高。记录在区块链上的信息具有真实性和公开性,不能被篡改,可以为参与交易的主体均提供可靠的依据。因此,可在物流供应链中的信用评价系统中使用区块链技术。

(5)在防快递诈骗中应用区块链技术。区域链技术的应用可以有效解决快递诈骗问题,该技术最大的优点就是具备可追踪性和不可更改性,可以降低不法分子利用"货到付款"漏洞实施诈骗的行为,因为不能在区域链系统中伪造身份,所以能保障用户的合法利益免受侵害。同时,该技术的应用还可以达到实时追踪货物动态信息的目的,从根本上降低快递诈骗事件的发生频率。

扩展阅读 9.5 "四通八达"的菜鸟网络

现代信息技术的快速发展极大地推动物流业的转型升级,未来物流业必须与各种信息技术深度融合,走向自动化、智能化、智慧化的方向。

 **即测即练**

 课后复习题

一、填空题

1. 物流信息是反映物流各种活动内容的(　　　)、(　　　)、(　　　)、(　　　)的总称。
2. 物流信息按管理层次可分为(　　　)、(　　　)和(　　　)。
3. POS 由(　　　)和(　　　)组成。
4. 地理信息系统是指在计算机技术支持下,对整个或部分地球表层(包括大气层)空间中的有关地理分布数据进行(　　)、(　　)、(　　)、(　　)、(　　)、(　　)和(　　)的系统。
5. 北斗卫星导航系统由空间段、地面段和用户段三部分组成,可在全球范围内全天候、全天时为各类用户提供(　　)、(　　)、(　　)、(　　),并且具备(　　)能力。
6. 物联网是指通过(　　)、(　　)、(　　)、(　　)、(　　)等各种装置与技术,实时采集任何需要监控、连接、互动的物体或过程。

二、简答题

1. 简述物流信息的内容。
2. 简述物流信息的特征。

3. 简述条形码在物流作业中的应用。

4. 简述物流信息系统的功能和作用。

5. 简述区块链技术在物流中的应用。

 阅读案例

华润杜邦物流信息化案例

华润物流有限公司(CRC Logistics)是华润(集团)有限公司全资附属专业化的第三方物流供应商,其前身华夏企业有限公司,于1949年在香港建基立业,从事海运业务,逐渐扩展至物流内各个领域,华夏企业(集团)有限公司自2001年1月1日起更名为华润物流有限公司。

杜邦集团(DuPont Group)经过近200年的发展,现已成为世界上历史最悠久、业务最多元化的跨国企业集团,分布在全球的制造厂多达180余家,遍布全球70多个国家和地区,市场遍布世界150多个国家和地区。杜邦集团有六个SBU(战略业务单元)将货物委托给华润物流有限公司进行物流服务。华润物流有限公司为杜邦服务的仓库面积约为5000平方米,分A、B、C、D四个库区,约400个库位。杜邦的产品没有特殊的存储条件要求,各类产品可以在一起存放,平均每天的业务量为3~4个集装箱。

1. 现存问题

华润物流有限公司在为杜邦集团提供物流服务时,由于自身物流信息化的工作还需要进一步完善,在实施信息化之前存在下面的问题。

(1) 现存数据不准确,准确率只能达到90%左右。杜邦的产品要求满足先进先出原则,由于库存数据不准,有些货物达不到客户的要求,而在库存报表中没有体现。

(2) 货物经过严密包装,不同的货物从外观上很难区分,经常出现发错货物的情况;业务人员的工作强度大,人工操作易出现人为的错误,经常出现货物和批次号对应的错误。

(3) 库存数据的提供不及时,每次出库或入库后,人工修改报表,速度慢,错误率高;且不能实现报表的Web查询。

(4) 没有应用条码技术,对于入库的货物还没有有效的检验核对的手段,不能及时发现到达的货物的准确性。

(5) 在文件报告和配送管理方面也还存在缺陷。

2. 信息化解决方案简介

作为华润物流有限公司的战略合作伙伴,中软冠群公司的顾问在充分了解了其仓库业务流程后,针对物流业务特点,提供了一整套基于ES/1 Logistic从仓库管理到最终货物配送管理的系统解决方案。

(1) 网络技术方案。ES/1服务器在香港,操作系统为IBM AIX,数据库为Oracle8i。深圳杜邦仓库的工作人员通过NetTerm远程登录到服务器上操作ES/1系统。杜邦集团在全球的公司的网络对外只开放80端口,因此杜邦集团如果要查询库存,必须通过互联网查询。

Web服务器使用ES/1的数据库,使用JAVA语言,直接编写库存查询程序,网上公布。

(2) 主要功能。主要功能包括入库过程、出库过程、货物移仓、退货管理、计费管理、在途管理和文件报表生成等。

(3) 困难与解决措施。

① EDI 数据传输方案与对接。两个应用系统分别拥有自己的 FTP(文件传输协议)服务器,两个应用系统分别将文件上传到自己的服务器,并分别从自己的服务器读取需导入的文件。这时要处理两个中转服务器之间的文件传递,并保证实现定时传递或是触发传递,以及进行文件传递的完整性验证。

② 条码方案。条形码打印机、盘点数据采集器和条码扫描枪在与系统连接时的技术问题的解决。

③ Web 方式下的网上客户操作的问题。设计了简洁的界面风格,并配有详细的帮助说明。

④ 上线后系统的运行速度问题。尽量保证服务器的最优配置,同时选择了最佳的网络拓扑结构。

资料来源:华润杜邦物流信息化案例 [EB/OL]. (2021-07-04). https://wenku. so. com/d/2700848100f7535652d97df974f6d8b6.

第 **10** 章

几种特殊的物流

本章学习目标

1. 理解快速物流的概念，掌握其特点和类型；
2. 理解应急物流的概念，熟悉应急物流系统的组成及其流程；
3. 理解冷链物流的概念，了解冷链物流的原则及类型；
4. 理解电商物流的概念，掌握电商物流的模式；
5. 掌握国际物流的概念及其特点。

引导案例

如火如荼的冷链物流

近年来，随着国家骨干冷链物流基地、产地销地冷链设施建设稳步推进，冷链装备水平显著提升。中国物流与采购联合会 2024 年 6 月 28 日发布《中国冷链物流发展报告(2024)》。根据报告，我国冷链市场需求增长，2023 年我国冷链市场规模占全球冷链市场规模的比重约为 25%。根据报告，随着国民经济逐步恢复向好，我国冷链物流市场需求逐步回升。2023 年冷链物流需求总量约 3.5 亿吨，同比增长 6.1%。

2023 年，全国冷库总量约为 2.3 亿立方米，同比增长 8.3%。华北、华东、华南等地区的一二线及沿海发达地区和城市，四川、河南等中西部核心城市圈仍是冷链仓储需求主力。另外，江西、河南、湖北、广西等地新增冷库体量较大，冷链服务与基础设施升级趋势正稳步向二线城市扩展。

另外，2023 年，全国冷藏车市场保有量达到 43.2 万辆，同比增长 12.9%。从区域流入来看，华东区域保持销量最多，占总销量的 31.8%。在"双碳"目标的持续推进和政策支持下，新能源冷藏车销量同比增长 61.3%。

资料来源：2023 年我国冷链市场规模占全球比重约 25%综合竞争力不断提升[EB/OL]. (2024-06-29). https://www.163.com/dy/article/J5RGG12F0514R9L4.html.

10.1　快　速　物　流

10.1.1　快速物流概述

1. 快速物流的定义

快速物流(fast logistics)是为社会提供以快速为特征的一体化物流服务模式。快速物流是从快递发展起来的一种新型现代物流服务模式。快速物流的服务对象广、范围大,它不仅仅局限于某个地区、某个行业或某个企业的群体,它可能是全国、全球任何一个端到端的快速物流服务。

2. 快运、快递和快速物流的关系与不同

扩展阅读 10.1　中通快运与中通快递

快运是运输的一种形式,快递也称"速递"。快递不同于运输中的"快运"。快递的物品相对于快运来说较小,一般在100 克至 20 千克之间,且品种多,并均为门到门服务;快运的物品一般较重且成批量。就时间性来说,快递最强。快运、快递、快速物流在服务性质、服务原则、服务对象、服务范围、服务方式、服务标准、价格体系等方面均不同。

下面就快速物流与快运、快递做个简单的比较,从而得出各自业务的特点和作用。

(1) 服务对象不同:快速物流服务的是企业或组织;而快递服务面向社会大众,实行普遍服务准则。

(2) 服务范围不同:快速物流和快运主要针对所有普通货物;快递服务则以商务文件、资料、小件样品为主。

(3) 提供快速和灵活方便的服务:快速和灵活方便是快速物流的灵魂。

(4) 从服务品质来看:快速物流在整个运输过程中都处于计算机的监控之下,通信联络十分密切。从快运到快递再到快速物流对物品的控制要求越来越高。

10.1.2　快速物流的特点

快速物流具有速度快、一体化、网络化、规模化、专业化、信息化的特点。

1. 速度快

这也是快速物流最主要的特点,提供快速和方便的服务,这是快速物流的灵魂,也是区别于其他类型物流服务的关键所在。要做到快速和灵活方便,快速物流企业必须具备完成长途运输的快速运输工具和负责集散、分发、配送货物的小型运输工具,具备这种要求的运输工具是飞机和各种类型的专用汽车。

2. 一体化

快速物流服务包含采购、运输、存储、包装、装卸、流通、加工、信息等现代物流服务的所有内容。

3. 网络化

快速物流服务必须在目标市场内达到经营网点全面覆盖,形成网络才能提供快速物流服务。

4. 规模化

快速物流企业只有达到一定的规模,才能确保为相应的物流市场提供快速物流服务。

5．专业化

快速物流的运作体系不同于其他类型的物流企业,它具有高度的专业性。也就是说,能够提供其他物流服务的物流企业,不一定能够提供快速物流服务。目前提供快速物流服务的企业一般都是由快递企业发展而来。

6．信息化

快速物流业是所有物流企业中对信息技术运用程度最高的,因为要实现物流服务的高速度,就需要依赖高技术。快速物流企业必须及时、准确地接收顾客信息、快速处理、实现物品的全程跟踪、随时解答顾客查询等。为实现这些功能,快速物流企业必须配备先进的计算机网络、通信网络以及能够满足和实现各种个性化的、特殊的快速物流服务需求的特有软件和硬件功能。

10.1.3　快速物流的类型

快速物流的分类有以下几种。

(1) 从"快"的内涵角度分类:快速物流、快运物流和快速反应物流。

(2) 从快速物流覆盖的区域角度分类:同城快递、国内快运快递和国际快运快递。同城快递是指在同一个城市内进行的快递服务,其范围为以中心局所辖各市县,所进行的服务是快速收寄、分发、运输、投递(派送)单独封装具有名址的信件和包裹等物品,以及其他不需要储存的物品,按照承诺时限递送到收件人或指定地点,并获得签收的寄递服务。国内快运快递一般是指发件地和收件地都在国内的快递、物流业务。国际快运快递则是指在两个或两个以上国家(或地区)之间所进行的快递、物流业务。

扩展阅读 10.2　快速物流典范——戴尔公司

(3) 从快速物流的手段角度分类:航空快递和特快专递。航空快递是指航空快递企业利用航空运输,收取收件人的快件并按照向发件人承诺的时间将其送交指定地点或者收件人,掌握运送过程的全部情况并能将即时信息提供给有关人员查询的门到门速递服务。特快专递是指在中国境内由中国邮政提供的一种快递服务,简称 EMS。

10.2　应 急 物 流

10.2.1　应急物流概述

我国在国家标准《物流术语》(GB/T 18354—2021)中将应急物流(emergency logistics)定义为应对突发事件提供应急生产物资、生活物资供应保障的物流活动。以提供突发性自然灾害、突发性公共卫生事件等突发性事件所需应急物资为目的,应急物流是以追求时间效益最大化和灾害损失最小化为目标的特种物流活动。

10.2.2　应急物流的特点

应急物流是在各类突发事件中对物资、人员、资金的需求进行紧急保障的一种特殊物流活动。它具有以下特点。

1. 突发性

由突发事件所引起的应急物流,其最明显的特征就是突然性和不可预知性,这也是应急物流区别于一般物流的一个最明显的特征。由于应急物流的时效性要求非常高,必须在最短的时间内,以最快捷的流程和最安全的方式来进行应急物流保障。

2. 不确定性

应急物流的不确定性,主要是由于突发事件的不确定性,人们无法准确地估计突发事件的持续时间、影响范围、强度大小等各种不可预期的因素,使应急物流的内容随之变得具有不确定性。许多意料之外的变数可能会导致额外的物流需求,甚至会使应急物流的主要任务和目标发生重大变化,如在抗洪应急物流行动中,可能会暴发大范围的疫情,使应急物流的内容发生根本性变化,由最初的对麻袋、救生器材、衣物、食物等物资的需求,变成对医疗药品等物资的需求。

3. 弱经济性

应急物流的最大特点就是一个"急"字,如果运用许多常规的物流理念,按部就班地进行,就会无法满足应对紧急的物流的需求。在一些重大险情或事故中,平时物流的经济效益原则将不再作为一个物流活动的核心目标加以考虑,因此应急物流目标具有明显的弱经济性。在应急物流中社会公共事业物流多于企业物流,因此经济效益的重要性位于社会效益之后。

4. 非常规性

应急物流本着特事特办的原则,许多平时物流过程的中间环节将被省略,整个物流流程将表现得更加紧凑,物流机构更加精干,物流行为表现出很浓的非常规色彩。如在 1998 年的抗洪抢险战斗中,庐山站作为九江地区抗洪前沿的卸载站,承担了 324 个列车的卸载任务,列车卸载最短时间仅为 20 分钟,超过该站卸载能力的 1 倍。

5. 事后选择性

应急物流的突发性和随机性,决定了应急物流的供给不可能像一般的企业内部物流或供应链物流,根据客户的订单或需求提供产品或服务。应急物流供给是在物流需求产生后,在极短的时间内在全社会调集所需的应急物资。

6. 不均衡性

应急物流的突发性决定了应急物流系统必须将大量的应急物资在极短的时间内快速

运送,这就可能使应急物流系统在短时间内形成大量的流量。

7.时间紧迫性

应急物资多是为抢险救灾之用,事关生命,事关全局。应急物流速度的快慢直接决定了突发事件所造成危害的强弱。

10.2.3　应急物流的分类

1.按规模大小

企业级应急物流、区域级应急物流、国家级应急物流、国际级应急物流。

2.按起因

自然灾害应急物流、事故疾病应急物流、军事应急物流等。

3.按是否有军队参与

地方应急物流、军队地方联合参与应急物流。

4.按应急发生起因的数量

单一型应急物流、综合型应急物流。

5.按应急物流的层次

微观应急物流、中观应急物流、宏观应急物流。

10.2.4　应急物流系统组成和运作流程

1.应急物流系统组成

应急物流体系主要包括应急物流组织系统、应急物资系统、应急物流设施设备系统、应急物流专业人员系统、应急物流信息管理系统、应急物流理论系统、应急物流政策法规系统七个系统。这七个系统是应急物流体系的基础要素,也是应急物流体系建设的着力点。

(1)应急物流组织系统。应急物流组织系统是指应急物流体系运作所需的机构设置(组织架构)、部门职责、人员编制、工作流程等。它是应急物流体系的"大脑",发挥着指挥调度物流的功能作用,决定了应急物流的运作流程。

(2)应急物资系统。应急物资系统是指应急物资的数量规模、品种结构、布局形式、生产能力、存在状态等相关构成要素。它是应急物流体系的作用对象,是实现有"物"可流的必备条件。

(3)应急物流设施设备系统。应急物流设施设备系统是指具有应急物流功能的站台、码头、交通航线和路线等各种固定设施,以及运输、库存保管、搬运装卸、包装等相关设备和工具等。它是开展应急物流活动的必要条件和有效运作的物质基础。

　　（4）应急物流专业人员系统。应急物流专业人员系统包括应急物流指挥决策人员、科研工作人员、专业技术人员、操作使用人员等各级各类专业人员。它是应急物流体系的能动力量。

　　（5）应急物流信息管理系统。应急物流信息管理系统是指用于应急物流需求感知、传递、分析、汇总、反馈的信息网络系统，相当于应急物流体系的"神经系统"。

　　（6）应急物流理论系统。应急物流理论系统是指有关应急物流的基础理论、应用理论和对策研究等，它是推动应急物流体系建设实践的理论基础和强大动力。

　　（7）应急物流政策法规系统。应急物流政策法规系统是指有关应急物流的国家法律、地方（部门、行业）法规和配套规章制度体系，政府出台的政策措施、制订的应急物流预案计划，以及各种技术标准、性能规范等，主要起到规范、约束应急物流活动的作用。

2. 应急物流的运作流程

　　如图 10-1 所示，应急物流协调指挥中心下设采购、运输保障和物流中心管理等部门，并通过物流信息平台进行协调指挥。指挥中心控制和管理各部门的作业，向各部门发送指令信息，同时各部门实时回馈信息，各部门间实现信息的双向传递。物资采购业务主要由采购部门负责，物资在途运输由运输部门负责，物资在物流中心的分拣、加工和包装由物流中心管理部门负责，物资配送由管理部门和运输部门共同负责。

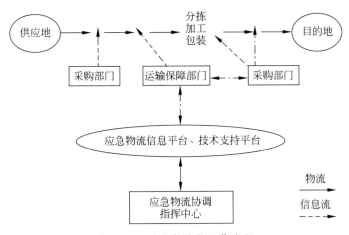

图 10-1　应急物流的运作流程

10.2.5　我国应急物流发展趋势

扩展阅读 10.3　加快构建国家现代应急物流体系

　　在借鉴和学习其他国家先进应急物流经验的同时，应结合我国实际情况，探索出一条符合我国国情的中国特色应急物流体系。在大数据、"互联网＋"、云计算平台、物联网、RFID 技术等的支持环境下，我国应急物流应结合先进的科学技术，早日实现自动化、智能化、高效化。在应急物流保障机制方面，我国要积极改进补偿法律体系层面的不足，以及建立以政府为主导的多元化补偿方式，明确应急物流补偿法律体系中参与主体的权利义务关系。除此之外，政府应积极推动应急物流产业的发展，鼓励志愿者活动的开展,使社会力量在救灾过程中协助政府保障人民生命财产安全,为社会的稳定发展作出贡献。在突发事件发生时,政府一定要重视群众的力量,构建军民一体的应急物流联动机制,各地要根据应急救援历史经验,建立应急物流紧急预案,提前建立针对应急状况的社会资源耦合机制,实现应急物流系统的规模效益最大化。

10.3 冷链物流

10.3.1 冷链物流概述

1. 冷链物流的定义

冷链物流指为了保持商品的新鲜或效能以及减少损耗,在生产、贮藏、运输、销售等各个环节中始终处于规定的温度环境下的一项系统工程。它是随着科学技术的进步、制冷技术的发展而建立起来的,是以冷冻工艺学为基础、以制冷技术为手段的特殊物流过程。

2. 冷链物流的原理

"3T"原则,即在冷链中储藏和流通的时间(time)、温度(temperature)和产品耐藏性(tolerance)。该理论认为,冷链商品的质量与在低温流通过程中时间、温度以及商品本身性质存在着一定的关系。

3. 冷链物流的适用范围

冷链物流的适用范围包括:初级农产品,如蔬菜、水果、肉、禽、蛋、水产品、花卉产品等;加工食品,如速冻食品,禽、肉、水产等包装熟食,冰淇淋和奶制品,快餐原料等;特殊商品,如疫苗、血液等。

4. 冷链物流的特点

由于冷链物流是以保证商品品质为目的,以保持适宜温度环境为核心要求的供应链系统,它比一般常温物流系统的要求更高、更复杂,建设投资也要大很多,组织协调性要求更高,所以冷链物流是一个庞大的系统工程。

(1)时效性。由于冷链物流所承载的产品都是不易储存,而且是易腐烂的,因此,冷链物流必须在短时间内完成作业,以保证产品不会出现任何问题。

(2)复杂性。与常温物流相比,冷链物流涉及制冷技术、保温技术、温湿度检测、信息系统和产品变化机理研究等技术,有的产品甚至涉及法律法规的约束,且每种产品均有其对应的温湿度和储藏时间要求,一旦断链将会造成前面的努力白费,因此大大加大了冷链物流的复杂性。

(3)高成本性。冷链物流的成本远比常温物流投入要高。首先,设备成本较高,冷链物流中心仓库和冷链车辆的成本一般是常温仓库和车辆的数倍,而且因涉及食品等需要特殊的设施设备,需要大量的资金投入;其次,冷链物流运营成本较高,冷库需要不间断地打冷才能保证温度处于恒定状态,造成冷库的电力成本居高不下;冷藏车也需要不间断打冷才能保证产品的温度恒定,就需要更多的费用。冷链物流资本回收期较长,不是一般的企业所能承担。冷链物流流程如图 10-2 所示。

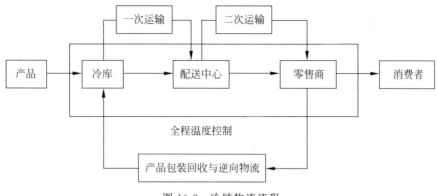

图 10-2　冷链物流流程

10.3.2　冷链物流的原则

冷链物流的核心即保持适宜的温度环境,以确保商品的安全与品质。与常规的物流系统相比,冷链物流有其自身的特点,在操作过程中需要遵循以下原则。

1."3P"

原料的品质(produce)、处理工艺(processing)和货物包装(package),要求原料品质好、处理工艺质量高、包装符合货物的特性。这是货物进入冷链时的早期质量。

2."3C"

"3C"即在整个加工和流通过程中,对产品的爱护(care)、保持清洁卫生(clean)的条件以及低温(cool)的环境,这是保证产品"流通质量"的基本条件。

3."3T"

产品最终质量取决于低温的储藏与流通的时间、温度和产品耐藏性。"3T"原则指出了冷藏食品品质保持所允许的时间和产品温度之间存在的关系。由于冷藏食品在流通中因时间—温度的经历而引起的品质降低的累积和不可逆性,因此对不同的产品种类和不同的品质要求都有相应的产品控制和储藏时间的技术经济指标。

4."3Q"

"3Q"即冷链物流中设备的数量(quantity)协调、设备的质量(quality)标准的一致和快速(quick)的作业组织。冷链设备数量和质量标准的协调能够保证货物总是处在适宜的环境之中,并能提高各项设备的利用率。因此要求产销部门的预冷站、各种冷库和运输工具等,都按照食品原料及产品物流的客观需要,相互协调。快速的作业组织则指的是加工部门的生产过程,经营者的货源组织运输部门的车辆准备与途中服务、换装作业的衔接,销售部门的库容准备等均应快速组织并协调配合。

5."3M"

"3M"即保鲜工具与手段（means）、保鲜方法（methods）和管理措施（management），在冷链中所用的储运工具及保鲜方法要适合食品的特性，并能保证既经济又取得最佳的保鲜效果，同时，要有相应的管理机构和行之有效的管理措施，以保证冷链协调、有序、高效地运转。

10.3.3 冷链物流的几种形式

1. 配送型冷链物流企业

配送型冷链物流企业通过建立集约共配构建全国网络提供冷链物流服务。在冷链物流行业中，最为常见的便是配送型企业。

2. 综合型冷链物流企业

综合型冷链物流企业是指以从事低温仓储、干线运输以及城市配送等综合业务为主的物流企业。综合型冷链物流企业一般多元化运行，并不断加码配送比重。

3. 运输型冷链物流企业

运输型冷链物流企业是指以从事货物冷链运输业务为主的物流企业，包括干线运输、区域配送以及城市配送。

4. 平台型冷链物流企业

在冷链物流迅速发展的今天，依然存在散落的问题，面对资源信息的不对称，有一些平台型冷链脱颖而出。平台型冷链物流企业是指以大数据、互联网技术、智能化技术为依托，融合物流金融、保股等增值服务，构建"互联网＋冷链物流"的冷链资源交易平台，引领行业集约化发展的物流企业。

5. 供应链型冷链物流企业

供应链型冷链物流企业是指围绕核心企业，通过对信息流、物流、资金流的控制，从采购到终端整个过程提供冷链运输、加工、仓储、配送服务，然后由分销网络把产品送到消费者手中的物流企业。这种商业模式比较先进，是国内最近两年才兴起的，对企业整合能力要求极高。

6. 电商型冷链物流企业

自2012年生鲜电商元年启幕，生鲜电商蓬勃发展，与之配套的冷链物流也随之发展。因此，在冷链物流的商业模式中，电商型冷链物流是一种新兴模式，主要指的是那些生鲜电商企业自主建设的冷链平台，它们除了自用之外，还可以为电商平台上的客户提供冷链物流服务。

7. 仓储型冷链物流企业

作为冷链物流的主要基础设施,我国冷库资源依然不充足,与欧美发达国家仍有一段差距,我国冷库方面还呈现出资源分布不均衡、行业集中度低、制冷技术落后、设备陈旧等现象。这类企业以提供各种冷库服务为主。

10.3.4　我国冷链物流发展趋势

扩展阅读 10.4　麦当劳与夏晖物流

随着生活水平的提高和商业模式的改变,人们对于生鲜产品的需求剧增。线上、线下相结合的新零售模式助力整个物流业加大对冷链运输、仓储等方面的投入,国家政策扶持、国外资本注入及国内企业不断加大投资力度,冷链物流技术不断创新,冷链物流行业保持快速发展,且市场发展潜力巨大。然而,我国冷链物流行业发展仍然存在诸多问题,包括专业的第三方物流企业较少、冷链物流食品安全监督力度较差、冷链物流体系不健全、冷链物流人才供给不足等。未来我国将会推行冷链物流发展政策、制定生鲜产品冷链物流行业标准、培养冷链物流专业型人才、引进冷链物流技术等,以促进我国冷链物流行业的发展。

10.4　电　商　物　流

10.4.1　电商物流概述

1. 电商物流的定义

电子商务物流是指在电子商务交易活动中,为实现商流转移而进行的储存、包装、搬运、配送、运输等实物处理与流动过程。它是在特定时间和空间范围内,由商品、包装设备、装卸搬运机械、运输工具、仓储设备、人员和信息网络等要素组合而成的系统整体。

扩展阅读 10.5　中海物流

2. 电子商务与物流之间的关系

(1)物流是电子商务的重要组成部分。
(2)电子商务推动了物流的发展。
(3)物流是电子商务的保证。
① 物流保证生产。
② 物流服务于商流。
③ 物流是实现"以顾客为中心"理念的根本保证。

3. 电商物流配送模式

(1)自建物流模式。自建物流模式,是指电子商务企业为了更好地实现企业目标,而选择进行物流的运输工具、储存仓库等基础硬件的投资,并对整个企业内的物流运作进行计划、组织、协调、控制管理的一种模式。自建物流模式是目前国内综合企业广泛采用的一种物流模式。

目前采用自建物流的电子商务企业主要有两类：一类是资金实力雄厚且业务规模较大的电子商务企业，如亚马逊、京东；另一类是传统的大型制造企业或大型批发企业经营的电子商务网站，如中粮集团、苏宁易购等。

（2）第三方物流模式。第三方物流模式是指电子商务企业将其物流业外包给专业的第三方物流企业去完成物流服务的物流运作方式（图10-3）。按照供应链的理论，将不属于核心业务的业务外包给从事该业务的专业企业去做，这样从原材料供应到生产，再到产品的销售等各个环节的各种职能，都是由某一领域具有专长或核心竞争力的专业企业互相协调或配合来完成，这样形成的产业链具有最大的竞争力。

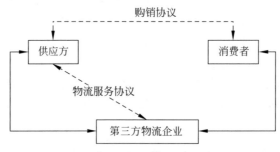

图10-3　第三方物流运作流程

（3）物流联盟模式。电子商务物流联盟模式主要是指多家电子商务企业与一家或多家物流企业进行合作，或多家电子商务企业共同组建一家联盟企业为其提供物流服务，为了实现长期的合作而组合到一起的组织方式（图10-4）。

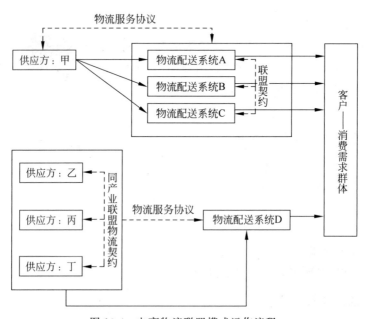

图10-4　电商物流联盟模式运作流程

电商物流的三种模式各有优势和劣势,适合于不同类型或不同阶段的电商企业。其具体见表 10-1 和表 10-2。

表 10-1　三种物流模式的比较

参考因素	自建物流模式	第三方物流模式	物流联盟模式
控制能力	较强,可跟踪物流变化	失去对物流的控制权	一般
物流成本	前期投入成本大	成本低	成本较低
服务水平	可以不断改进、提高,提供个性化的服务	因第三方物流而定,整体服务水平偏低	共同协商谈判
响应速度	比较快	稍慢	一般水平
信息水平	及时、有效	延后、不健全	及时、有效
服务对象	电子商务企业自身	没有限制	联盟组建企业
覆盖范围	有区位优势但是范围较小	覆盖范围较广	范围较广
专业化水平	缺乏物流专业管理人才,专业化水平低	专业化	专业化
选择风险性	高	相对较低	较高
资金周转	前期基本投入高,加大了固定资金的占有率;但销售资金回笼快,资金流动性好	销售资金回笼慢,影响资金的流动性	销售资金回笼较快,有利于加速资金流动

表 10-2　三种物流模式的优劣势及适用范围

优劣势	自建物流模式	第三方物流模式	物流联盟模式
优势	零售电子商务企业对物流配送有较强的控制能力 物流部门与其他职能部门易于协调 企业容易保持供应链的稳定	电子商务企业可以将力量与资源集中于自己的核心主业降低经营成本、改进客户服务	可以降低经营风险和不确定性 较少投资 获得物流技术和管理技巧
劣势	物流基础设施需要非常大的投入 需要较强的物流管理能力	我国的第三方物流尚未成熟容易受制于人	更换物流伙伴较为困难
适用范围	大型集团零售企业或零售连锁企业	处理物流配送能力相对较弱的 B2C(企业对消费者)企业或 C2C(消费者对消费者)网上零售商家	销售网络完善的传统零售企业开展电子商务时

10.4.2　电商物流的特点

1. 物流信息化

物流信息化是指物流企业运用现代信息技术对物流过程中产生的全部或部分信息进行采集、分类、传递、汇总、识别、跟踪、查询等一系列处理活动,以实现对货物流动过程的控制,从而降低成本、提高效益的管理活动。物流信息化是现代物流的灵魂,是现代物流发展的必然要求和基石。物流信息化能够以最小的成本带来最大的效益。电商物流要求物流企业和电商企业在信息系统上深度融合,为客户提供更加全程化、透明化、动态化的信息服务。

2. 物流自动化

物流自动化是指在一定的时间和空间里,将输送工具、工业机器人、仓储设施及通信联系等高性能有关设备,利用计算机网络控制系统相互制约,构成有机的具有特定功能的整体系统。电商物流有周转速度快、效率高、成本控制严格等特点,物流自动化是重要的发展方向。

3. 物流网络化

由于网络上的物流信息能够即时甚至提前于物流过程在相关环节中传递,系统可以收集到足够的信息,提前测算并模拟出最佳的物流线路,指导实际的物流过程,使货物的实际输送过程变得相对自动化,甚至是精确。这消除了无效物流和冗余物流,缩短了等待时间,加上自动化的操作水平和即时的响应速度,使"按需生产、零库存、短在途时间、无间隙传送"成为网络物流的理想状态。

视频 10.1 电商智慧物流

4. 物流智能化

物流智能化是利用集成智能化技术,使物流系统能模仿人的智能,具有思维、感知、学习、推理判断和自行解决物流中某些问题的能力。智能物流的未来发展将会体现出四个特点:智能化,一体化和层次化,柔性化,社会化。在物流作业过程中的大量运筹与决策的智能化;以物流管理为核心,实现物流过程中运输、存储、包装、装卸等环节的一体化和智能物流系统的层次化;智能物流的发展会更加突出"以顾客为中心"的理念,根据消费者需求变化来灵活调节生产工艺;智能物流的发展将会促进区域经济的发展和世界资源优化配置,实现社会化。通过智能物流系统的四个智能机理,即信息的智能获取技术、智能传递技术、智能处理技术、智能运用技术。

这是物流发展的必然趋势,是智能物流的典型特征,它贯穿于物流活动的全过程。随着人工智能技术、自动化技术、信息技术的发展,其智能化的程度将不断提高。它不仅仅限于解决库存水平的确定、运输道路的选择、自动跟踪的控制、自动分拣的运行、物流配送中心的管理等问题,随着时代的发展也将不断地赋予新的内容。

5. 物流柔性化

物流柔性化战略是指为了使物流作业适应消费需求的"多品种、小批量、多批次、短周期"趋势,灵活地组织和实施物流作业。柔性化本来是为实现"以顾客为中心"的理念而在生产领域提出的,但要真正做到柔性化,即真正地根据消费者需求的变化来灵活调节生产工艺,没有配套的柔性化的物流系统是不可能达到目的的。

6. 物流敏捷化

物流敏捷化是指以核心物流企业为中心,运用科技手段,通过对资金流、物流、信息流的控制,将供应商、制造商、分销商、零销商及最终消费者用户整合到一个统一的、快速响应的、无缝化程度较高的功能物流网络链条之中,以形成一个极具竞争力的战略联盟。

敏捷物流通过建立物流企业联盟,大大提高了物流的服务质量。从制造成本、库存成本、延期交货惩罚成本三方面可以定量评价在不同物流过程环节采用不同策略的优劣。敏捷化的核心是顾客需求的快速反应,敏捷化的目标是低成本与高效率的统一。

10.4.3　电商物流的模式

1. 轻公司轻资产模式

轻公司轻资产模式是指电子商务企业做自己最擅长的,如平台、数据,而把其他业务如生产、物流都外包给第三方专业企业去做,最终是把公司做小、把客户群体做大。其典型企业是 PPG。

2. 垂直一体化模式

垂直一体化,也被称为纵向一体化,即从配送到运输队伍,全部由电商企业自己整体建设,这是完全相反于轻公司轻资产模式的物流模式,它将大量的资金用于物流队伍、运输车队、仓储体系建设。其典型企业有京东商城、苏宁易购等。

3. 半外包模式

相对于垂直一体化的过于复杂和庞大,半外包是比较经济而且相对可控的模式,它也被称为半一体化模式,即电商企业自建物流中心和掌控核心区域物流队伍,而对非核心区物流业务进行外包,典型的有卓越亚马逊、1 号店。

10.4.4　我国电商物流未来发展趋势

1. "自建仓"搭配"落地配"

继京东等自建物流的模式被业界认可后,诸如好乐买等一类垂直电商也开始自建物流,但凡客旗下如风达大幅裁员再次反映了电商自建物流"之伤"。尽管自建物流的服务质量比第三方物流更有可控性,但其带来的巨额人力成本往往让中小电商不堪重负。

此外,一些电子商务公司采取的是在当地自建仓储,而落地配送是由合作伙伴来完成的办法。综合来看,目前全国性的物流公司的市场格局基本已定,但是未来,立足于大平台的区域性落地配送和一些电子商务公司的区域性物流落地配送,都还蕴含着大量的进入机会。

2. 信息技术设备的大量运用

电商物流强调物流信息资源共享和信息快速准确的收集与传递,强调通过对物流信息的及时跟踪使有形的货物流动过程透明化,通过物流信息系统辅助物流决策。因而,信息技术已是物流企业核心竞争力的构成部分。

3. 仓库模式出现新形态

因为全国区域经济差距会越来越小,全国性采购和配送在所难免,母子仓将会越来越少,姐妹仓将成一大趋势。

（1）母子仓——子库覆盖区域订单，母库覆盖全国。订单经过子库筛选后，如不能满足，由母库负责配货。比如当当、新蛋、卓越。

（2）姐妹仓——两个分仓独立面向各自区域的顾客，如不能满足，只能登记缺货，删减订单。比如京东、红孩子。

4. 争抢"最后一公里"

"最后一公里"的物流服务是电商面对客户的唯一方式。随着物流大数据时代的到来，"最后一公里"蕴含的商业价值将会愈加明显。自提点建设整合的是最贴近消费者的零散社会资源，数量庞大，如果运作良好，这张网无疑会产生巨大的价值。这种模式，成本投入相对较低，但是谈判、培训、管理成本不可小视。目前最大的挑战在于消费者观念和行为习惯的改变。以京东商城为例，除了自建物流体系，京东先后推出校园营业厅、地铁自提点和社区自提柜服务；天猫也参与到"最后一公里"的建设中来。其阿里小邮局项目首批已和11家高校达成合作，在高校设服务站，提供快件收发、自提等服务。

10.5 国 际 物 流

10.5.1 国际物流概述

1. 国际物流的含义

我国在国家标准《物流术语》(GB/T 18354—2021)中将国际物流(international logistics)定义为跨越不同国家(地区)之间的物流活动。国际物流是流通范围扩大了的物品实体流动，是国内物流的延伸和进一步扩展。

扩展阅读10.6 我国国际物流运行总体持续向好

2. 国际物流的分类

（1）按物流的进出口，国际物流可分为进口物流和出口物流。

（2）按国际物流的种类，国际物流可分为国际商品物流、国际展品物流、国际邮政物流和国际逆向物流。

① 国际商品物流：指通过国际贸易实现的交易活动的商品在国际的流动(有去无回)。

② 国际展品物流：指以展览、展示为目的，暂时将商品运入一国境内，待展览结束后再复运出境的物流活动(有去有回)。

③ 国际邮政物流：指通过国际邮政运送系统办理的包裹、函件等递送活动(门到门或手到手)。

④ 国际逆向物流：指对国际贸易中回流的商品进行改造和重修的活动，包括循环利用容器和包装材料、退货、调货等，是目前物流领域中的热点。

10.5.2 国际物流的特点

1. 物流环境存在差异

国际物流的一个非常重要的特点是，各国(地区)物流环境的差异，尤其是物流软环境的差异。不同国家(地区)的物流法律不同,使国际物流的复杂性远高于一国(地区)的国(地区)内物流,甚至会阻断国际物流;不同国家(地区)不同经济和科技发展水平会使国际物流处于不同科技条件的支撑下,甚至有些地区根本无法应对某些技术而迫使国际物流系统水平下降;不同国家(地区)不同标准,也造成国际"接轨"的困难,因而使国际物流系统难以建立;不同国家(地区)的风俗人文也使国际物流受到很大局限。物流环境的差异就迫使一个国际物流系统需要在几个不同法律、人文、习俗、语言、科技、设施的环境下运行,无疑会大大提升物流的难度和系统的复杂性。

2. 物流系统范围广

物流本身的功能要素、系统与外界的沟通就已是很复杂,国际物流再在这复杂系统上增加不同国家(地区)的要素,这不仅是地域和空间的广阔,而且所涉及的内外因素更多、所需的时间更长,广阔范围带来的直接后果是难度和复杂性提升,风险增大。这导致国际物流只有融入现代化系统技术之后,其效果才比以前更显著。例如,开通某个"大陆桥"之后,国际物流速度会成倍加快,效益显著增加。

3. 国际化信息系统

国际化信息系统是国际物流尤其是国际联运非常重要的支持手段。国际信息系统建立的难度大,一是管理困难,二是投资巨大,再加上世界上有些地区物流信息水平较高,有些地区较低,所以会出现信息水平不均衡,因而信息系统的建立更为困难。当前国际物流信息系统一个较好的建立办法是和各国(地区)海关的公共信息系统联机,以及时掌握有关各个港口、机场和联运线路、站场的实际状况,为供应或销售物流决策提供支持。国际物流是最早发展"电子数据交换"的领域,以 EDI 为基础的国际物流将会对物流的国际化产生重大影响。

4. 标准化要求较高

要使国际物流畅通起来,统一标准是非常重要的。目前,美国、欧洲基本实现了物流工具、设施的统一标准,如托盘采用 1 000 毫米×1 200 毫米,集装箱的几种统一规格、条码技术等,这样一来,大大降低了物流费用,降低了转运的难度。而不向这一标准靠拢的国家(地区),必然在转运、换车底等许多方面要多耗费时间和费用,从而降低其国际竞争能力。在物流信息传递技术方面,欧洲各国不仅实现企业内部的标准化,而且实现了企业之间及欧洲统一市场的标准化,这就使欧洲各国之间的交流比其与亚、非洲等国家交流更简单、更有效。

物流业是一个庞大的服务行业,可以为不同行业赋能。同时工业、农业、商业等各个领域的发展又为物流行业带来了新机遇,从而产生了新的物流细分。随着我国产业结构的调整和科技的进步,未来一定会有更多的物流新形态、新模式涌现。

 即测即练

课后复习题

一、填空题

1. 应急物流体系主要包括（　　）、（　　）、（　　）、（　　）、（　　）、（　　）和（　　）七个系统。
2. 快速物流主要具有（　　）、（　　）、（　　）、（　　）、（　　）、（　　）的特点。
3. 电商物流的特点包括（　　）、（　　）、（　　）、（　　）和（　　）。
4. 冷链物流的原则包括（　　）、（　　）、（　　）、（　　）和（　　）。

二、简答题

1. 简述应急物流的特征。
2. 快速物流有哪几类？
3. 简述国际物流的特点。

阅读案例

京东物流出海

位于马来西亚吉隆坡的京东物流自营 1 号仓进入 2022 年 12 月便开始忙于各大品牌的补货、出货，其中便包括马来西亚知名母婴品牌 Anakku。2022 年 8 月，京东物流与 Anakku 达成了战略合作，为 Anakku 在马来西亚全境的超 1 000 家门店提供货物仓储及物流配送服务，并帮助 Anakku 实现全渠道订单 24 小时内出库，仓配履约效率提升 30% 以上，通过一体化物流解决方案助推客户实现业绩增长。

据了解，在与京东物流合作前，Anakku 一直苦于仓储准确率低、发货效率低且时效不稳定等物流供应链难题。面对这些问题，京东物流全面进行仓内规划，针对 Anakku 的整体货量、车辆、人员等进行了深度的调研梳理，基于客户的独特需求制订了端到端的一体化供应链物流解决方案。

在运输服务方面，京东物流与 10 余家尾程运输公司展开合作，并对其进行统一管理、效率监控，以提升配送效率并帮助客户节省管理成本；同时针对仓内用工模式，进行数据化分析，根据不同时段、不同产品进行人员最优分配，提升整体运营效率。

经过各个环节的供应链优化，Anakku 全渠道订单已实现 24 小时稳定发货，吉隆坡及周边订单可实现稳定的次日达，较马来西亚物流行业平均水平缩短一半以上。对于客户配送海岛等偏远地区的需求，马来西亚团队搭建了海陆联运的运输解决方案，帮助客户解决了偏远门店的补货难题。

值得一提的是，即便遇到大促等订单高峰期，京东物流仓配网络也能从容应对。京东物流亚太区马来西亚国家经理赵锦坤谈道，针对 2022 年 12 月以来本地客户的圣诞和春节促销，京东物流采用了弹性的生产制度，与客户供应链规划部门进行联动，对高峰期单量作出预测，力求将客户出货计划精确到日，并进行动态排产。

"12 月 Anakku 的出库件量增长 100% 以上，但仓内生产井然有序，全月无订单积压。

我们对大促的有力保障进一步增强了客户与京东物流合作的信心,改变了当地客户对物流行业大促即爆仓的刻板印象,让客户切实感受到一体化供应链的高效履约实力。"他谈道。

Anakku 首席商务官 Ng Meng Guan 也表示:"我们寻找合作伙伴的首要条件是可以互相信任,京东物流团队的应急处置和危机处理能力让人印象深刻。相比之前,我们的物流履约效率提升非常明显。此外,京东物流的管理团队也愿意倾听客户声音,和我们共同解决物流交付中的各种问题。"

在此次合作之后,Anakku 还期待与京东物流在更多领域开展合作,Ng Meng Guan 谈道,"期待与京东物流的合作不只解决物流的问题,未来还希望京东物流助力 Anakku 开拓更深层次的供应链合作,借助京东物流的供应链能力开发中国国内市场。"

事实上,京东物流持续进行海外基础设施建设,推进一体化供应链物流解决方案出海,助力更多海外客户实现降本增效。在马来西亚,京东物流运营多个自营仓、协同仓,为客户提供 B2B(企业对企业)、B2C 仓储物流服务,此外还提供正逆向一体化解决方案、BC 同仓一盘货库存管理等增值服务,以及海运、空运、卡派尾程、拖车等物流服务。

经过多年持续投入,京东物流链网融合建设成果已经显现,物流网络已触达全球。截至 2022 年 6 月 30 日,京东物流已在全球运营近 90 个保税仓库、直邮仓库和海外仓库,总管理面积近 90 万平方米,跨境网络总仓储面积同比增长超 70%。京东物流沉淀的这一套覆盖海外仓及跨境仓的国际物流供应链能力,已为多行业客户提供了一盘货发多个平台、多个渠道的一体化服务,极大地助力海外客户降本增效和高质量发展。

资料来源:一体化供应链出海! 京东物流助力东南亚母婴品牌 Anakku 履约效率提升 30%[EB/OL].(2023-01-31).https://baijiahao.baidu.com/s?id=17565031608869192802&wfr=spider&for=pc.

参 考 文 献

[1] 叶怀珍.现代物流学[M].4版.北京：高等教育出版社，2019：60-64.

[2] 戴恩勇.物流系统规划与设计[M].北京：清华大学出版社，2019：73-79.

[3] 魏学将.智慧物流概论[M].北京：机械工业出版社，2020：38-40.

[4] 霍艳芳.智慧物流与智慧供应链[M].北京：清华大学出版社，2020：136-138.

[5] 巴罗.企业物流管理：供应链的规划、组织与控制[M].北京：机械工业出版社，2006：265-269.

[6] 王道平，霍玮.现代物流信息技术[M].3版.北京：北京大学出版社，2022：131-135.

[7] 杨东援.加快构建韧性物流运输体系[J].交通与港航，2022，9(3)：2-4，109.

[8] 张琦可.物流运输车辆多站点协同配送模式及运行路径优化[J].中国储运，2022(9)：197-198.

[9] 曾惠敏.物流仓储管理机制优化策略研究[J].中国物流与采购，2021(17)：61-62.

[10] 王梓栋.第三方物流仓储的法律风险与对策研究[J].物流科技，2022，45(18)：3-5.

[11] 孙思明.交通运输企业物流仓储运作流程精细化管理研究[J].物流科技，2022，45(16)：95-99.

[12] 黄戈文.应急物流运输调度理论与方法研究[D].广州：广东工业大学，2021.

[13] 李英杰.基于遗传算法的低碳物流运输网络优化分析[J].物流工程与管理，2021，43(10)：60-62.

[14] 王若凝.论中国物流研究现状及发展趋势[J].中国航务周刊，2021(42)：50-51.

[15] 张晓雅.融合高速路网的新型物流网络构建与优化研究[D].石家庄：石家庄铁道大学，2022.

[16] 黄志雨，嵇启春，陈登峰.物联网中的智能物流仓储系统研究[J].自动化仪表，2011，32(3)：12-15.

[17] 王文娟.基于无线射频识别技术的数字化物流仓储管理系统[J].科学技术与工程，2019，19(2)：
170-174.

[18] 杨珺，冯鹏祥，孙昊，等.电动汽车物流配送系统的换电站选址与路径优化问题研究[J].中国管理科
学，2015，23(9)：87-96.

[19] 罗勇，陈治亚.基于改进遗传法的物流配送路径优化[J].系统工程，2012，30(8)：118-122.

[20] 张维泽，林剑波，吴洪森，等.基于改进蚁群算法的物流配送路径优化[J].浙江大学学报(工学版)，
2008(4)：574-578，597.

[21] 潘茜茜，干宏程.考虑碳排放的冷链物流配送路径优化研究[J].数学的实践与认识，2016，46(2)：
62-68.

[22] 沈贝.关于物流包装物的回收与环境可持续发展的研究[J].商场现代化，2016(11)：50-51.

[23] 朱思翰.我国绿色物流包装产业发展的对策与趋势[J].物流技术与应用，2018，23(12)：166-169.

[24] 李松庆.我国物流标准化建设思路探讨[J].中国流通经济，2003(6)：23-26.

[25] 戴雪红，艾明浩."互联网＋"背景下共享包装可持续发展的路径研究[J].包装工程，2022，43(8)：
340-347.

[26] 高俊.RFID技术在物流工程体系中的应用研究[J].中国物流与采购，2022(21)：63-64.

[27] 张昕.末端物流共同配送模式及决策路径——基于电商物流和社区服务的供需分析[J].财经问题
研究，2013(3)：123-129.

[28] 任腾，罗天羽，谷智华，等.考虑同时取送货的城市物流共同配送路径优化[J].计算机集成制造系
统，2022，28(11)：3523-3534.

[29] 马成颖，牟海波.考虑路况、配送员与顾客满意度的冷链物流车辆配送路径优化方法[J].交通信息
与安全，2022，40(5)：156-168.

[30] 初良勇，左世萍，阮志毅.考虑退货不确定性的多层次多站点逆向物流网络选址优化研究[J].运筹
与管理，2021，30(9)：73-79.

[31] 周浩，周建勤.考虑设施可靠性的线状需求物流节点选址研究[J].工业工程，2021，24(2)：148-154.

[32] 张馨予，孟亮.中欧班列发展问题及对策研究——基于物流供应链角度[J].北方经贸，2022(1)：

17-20.

[33] 谢龙,张晓东.农村地区冷链物流中心选址规划[J].山东科学,2022,35(5):89-96.

[34] 江怡欣.基于RFID技术的整车物流管理信息系统构建[J].商场现代化,2022(8):67-69.

[35] 肖建辉.智能物流背景下中国仓储行业发展对策——基于提高盈利能力视角[J].当代经济管理,2020,42(10):35-46.

[36] 赵树梅,门瑞雪."新零售"背景下的"新物流"[J].中国流通经济,2019,33(3):40-49.

[37] 谢梦瑶,黄利玲.基于大数据的应急物流信息系统研究[J].中国储运,2022(6):164-165.

[38] 朱戈.数字信息技术在物流管理中的应用[J].中国物流与采购,2022(24):79-80.

[39] 陈曦,丁旭,冯涛.数字时代物流业的服务转型:基于信息技术替代劳动力视角[J].产经评论,2022,13(1):132-145.

[40] 邵元顿,高堃,张淑丽.物流供应链管理技术的发展创新及其应用分析[J].中国市场,2023(24):177-180.

[41] 尤建新,任佳.供应链视角下的区块链技术进步[J].上海管理科学,2023,45(3):13-17.

[42] 裴爱晖,沈梦青.城市绿色配送评价指标体系研究[J].综合运输,2020,42(9):85-90.

[43] 陈莞,赵雪羽,任德俊.基于模糊综合评价法的城市快消品配送业务运营模式分析——以福州市A物流中心为例[J].物流科技,2021,44(3):24-27.

教师服务

  感谢您选用清华大学出版社的教材！为了更好地服务教学，我们为授课教师提供本书的教学辅助资源，以及本学科重点教材信息。请您扫码获取。

≫ 教辅获取

本书教辅资源，授课教师扫码获取

≫ 样书赠送

物流与供应链管理类重点教材，教师扫码获取样书

 清华大学出版社

E-mail: tupfuwu@163.com

电话：010-83470332 / 83470142

地址：北京市海淀区双清路学研大厦 B 座 509

网址：https://www.tup.com.cn/

传真：8610-83470107

邮编：100084